国家出版基金项目
“十二五”国家重点图书出版规划项目

新世纪中国电视栏目创意景观

李素艳 著

中国传媒大学出版社

目录
CONTENTS

总 序

软实力指的是一个国家或地区在政治、经济、军事等“硬实力”之外，在文化、价值观、道德准则、意识形态等领域体现出的能力，可以集中归纳为四个方面的影响力，即文化影响力、意识形态影响力、制度影响力和外交影响力。[①] 文化软实力是软实力的重要组成部分，当前各国尤其是发达国家对国家文化软实力建设越来越重视，纷纷将其作为文化发展战略，甚至是国家发展战略的核心内容之一。十七届六中全会明确指出，“我国文化改革发展，……显著增强了国家文化软实力”，但是“当今世界正处在大发展大变革大调整时期，世界多极化、经济全球化深入发展，科学技术日新月异，各种思想文化交流交融交锋更加频繁，文化在综合国力竞争中的地位和作用更加凸显，维护国家文化安全任务更加艰巨，增强国家文化软实力、中华文化国际影响力要求更加紧迫。”“坚持中国特色社会主义文化发展道路，推动社会主义文化大发展大繁荣”必须要“增强国家文化软实力，弘扬中华文化，努力建设社会主义文化强国”。[②]

影视文化是文化的重要组成部分，在大众文化广泛流行与信息高度发达的时代，文化软实力建设离不开大众传媒的传播介质作用，也离不开影视文化自身丰富精彩的内容，因此说，影视文化在文

① 参见〔美〕小约瑟夫·奈著，何小东、盖玉云译：《美国定能领导世界吗》，军事译文出版社 1992 年版。

② 参见《中国共产党十七届中央委员会第六次全体会议公报》。

化软实力建设中既扮演着媒介角色，也扮演着主体角色，影视文化软实力建设既关乎影视文化自身的发展，也关乎国家文化软实力的提升。

中国影视文化在百余年的历史进程中，为丰富人们的精神文化生活，传承优秀传统文化，塑造良好民族形象等作出了重要贡献，取得了宝贵的经验。新世纪以来，随着改革开放的不断深入，国家综合国力的快速提升，特别是中国特色社会主义市场经济的不断推进，中国影视文化发展迎来了大好的机遇，但与此相伴随的是前所未有的挑战与压力：中国影视文化如何应对行业自身的激烈竞争？如何满足人民群众日益增长的精神需求？如何跟进与国家政治经济地位快速增长相对应的文化新需求？如何应对全球影视文化的强力冲击……这些都是影视文化软实力研究的应有之义，因此，开展这一研究，对于从多元视角梳理中国影视文化的发展脉络，厘清中国影视文化的现实困惑与问题，拓展中国影视文化未来创新发展的空间，具有重要的理论意义与实践价值。

这个研究是我本人及科研团队长期以来关注的重点研究领域，也是我们在该领域多年积累的一次较为集中的成果展示。2010 年，我本人承担的教育部人文社科重点研究基地重大项目“文化创意产业与中国影视文化建设问题研究”（课题编号 2006JDXM222）顺利结项，我们的研究成果得到了众多领导专家的肯定与支持，此后这些研究成果又成功被列为“十二五”国家重点图书出版规划。2011 年，我们在这些已有成果的基础上，在中国传媒大学出版社的支持下，在各位领导、专家的帮助下，进一步丰富完善，又成功申请到了国家出版基金项目。

本基金项目的最终成果将以丛书形式呈现，尽管各部著作都有不同的侧重，但对写作我们提出了总体要求，简单说来就是“一个核心、两个关键词、三个视角”。

一个核心是体现“中国特色”。即梳理中国影视文化发展的历史经验，凝练中国影视的生产传播模式，探讨中国影视文化的特色发展之路。

两个关键词是聚焦“发展”与“创新”。即重点研究如何促进中国影视文化以创新为手段、为内容、为动力，实现中国影视文化在新形势下的科学发展，在世界竞争格局中如何特色发展，在公共文化服务与文化产业的双轮驱动下全面发展，进而探讨中国影视文化在创新中发展，在发展中创新。

三种视角是围绕“传媒”、“艺术”与“文化”。“传媒”的视角探究影视的传播力，“艺术”的视角探究影视的感染力，“文化”的视角探究影视的影响力。

按照以上总体要求，我们期待通过各位作者的努力，能够使丛书体现出四个特性，这就是创新性、权威性、文献性和应用性。

本丛书是以影视文化软实力为名义和研究对象汇成的一套丛书，这在国内尚属首次，因此希望这个体系和内容能够呈现出新观点、新思考、新视野、新理论、新方法；本丛书得到了本研究领域众多知名学者的指导，并有影视行业诸多行政主管部门领导、业界精英的亲自参与，因此希望它能够为我国相关政府部门制定影视文化战略、文化政策提供较为权威的资讯；本丛书对中国影视文化理论研究以及影视经典案例进行了大量的梳理和提炼，因此希望它能够体现文献典藏价值；本丛书关注了中国影视文化生产创作传播的诸多环节，因此希望它能够为中国影视生产传播一线提供启示与借鉴。

按照以上的要求和预期目标，项目组多次召开会议，经过充分讨论，决定将原来计划的 14 部压缩到 12 部，这 12 部著作分为三个系列，分别为“创新系列”(5 部)、“力量系列”(4 部)和“景观系列”(3 部)分别是：

创新系列(5 部)

1. 专著：中国影视文化创意产业发展创新研究(胡智锋)

2. 专著：中国电视公共文化服务发展创新研究(杨乘虎等)

3. 专著：中国影视政策创新研究(李继东)

4. 专著：中国电视节目创新研究(杨乘虎)

5. 编著：中国影视新媒体发展创新研究(戴建华)

力量系列(4 部)

1. 专著：真实的生命力——纪录片边界问题研究(赵曦)

2. 专著：仪式的传播力——电视媒介仪式研究(翟杉)

3. 专著：主体的影响力——广播电视有声语言传播主体研究(张政法)

4. 专著：影像的冲击力——新世纪中韩电视剧流变研究(张国涛、郑世明、崔玮)

景观系列(3部)

1.主编:新世纪中国影视研究景观(周建新)

2.专著:新世纪中国电影读片报告(袁庆丰)

3.专著:新世纪中国电视栏目创意景观(李素艳)

在丛书即将出版之际,本人代表研究团队对国家新闻出版总署给予该项目的资助表示衷心感谢;对中国传媒大学党政领导给予该项目的大力支持表示衷心感谢;对给予本丛书指导及部分参与写作的各位前辈和朋友表示衷心感谢;对中国传媒大学文科科研处、科技处、财务处、电视与新闻学院、经济与管理学院等部门的支持表示衷心感谢;对中国传媒大学出版社社长蔡翔先生、总编辑闵惠泉先生、责任编辑李水仙女士为丛书顺利出版付出的心血表示特别感谢。最后,我还要对所有参与本丛书的科研团队成员三年来紧张、全力的投入和辛苦劳作表示衷心感谢!

由于本研究命题本身的难度,受作者水平所限,本丛书的写作难免有瑕疵之处,还请广大读者批评指正。

胡智锋

2013年6月于北京

〔胡智锋系中国传媒大学传媒艺术与文化研究中心主任、《现代传播》主编,教育部“长江学者”特聘教授,中国高校影视学会学长〕

中央电视台《新闻联播》

一、《新闻联播》栏目简介

1.《新闻联播》栏目概况

中央电视台《新闻联播》栏目创办于1978年1月1日，是新中国改革开放的忠实记录者。经过三十多年的发展，其“扬独家优势，会天下精华”的特点逐渐成熟，且成为国内电视新闻界收视率和影响力一直名列前茅的新闻栏目。

《新闻联播》的前身是北京电视台（后更名为中央电视台）于1958年9月2日开播的《电视新闻》，这两个栏目前后一脉相承，有着“直系”血缘关系。1976年7月1日，北京电视台经与全国省级台共同协商第一次试播全国电视新闻联播节目，向全国十多个省、直辖市电视台传送信号，由这些电视台共同转播。该节目就是《新闻联播》的雏形，但当时的名称仍叫《电视新闻》。一年半后正式启用《新闻联播》名称，一直沿用到今天，这也是我国唯一一档具有三十多年历史的栏目。

《新闻联播》1988年4月20日片头

起初，《新闻联播》栏目使用电影胶

片直播，每次时长约20分钟，节目只有国内新闻，采用单人主持和串播；后来增加了国际新闻和天气预报，男女双人串联播音，这种模式一直沿用至今。目前《新闻联播》播出时长一般为30分钟，如果当天发生重大突发事件或与中国关系重大事件时，则会根据事件的大小和性质适当延长播出时间。

自1982年9月1日起，中共中央明确规定，重要新闻首先在《新闻联播》中发布，由此开始奠定《新闻联播》作为官方新闻发布渠道的重要地位，节目宗旨"宣传党和政府的声音，传播天下大事"。在新闻内容的编排上，《新闻联播》往往以国家领导人参与的重大事件为开端，接着是祖国各地的建设成就、人民大众的精神面貌等一系列新闻，最后以节奏紧张的国际新闻和体育新闻作为结束，既注意了时间的布局，也给人一种很强烈的空间感。《新闻联播》作为党和政府的第一传声筒，作为上情下达和下情上传的重要通道，作为很多重要新闻片段公开发布的唯一途径，其自身一直都保持着极强的政治性、导向性和权威性，为国内新闻类栏目起到了模范带头作用。

《新闻联播》2007年至今新闻片头

《新闻联播》开播至今的三十余年里，在形式上基本没有很大的变化，但在理念上却发生了不小的变化，它更多地体现了我们国家的执政理念，它与受众的交流更多地是"神往"，体现的是一种民族理念、国家精神。2011年，电视台对《新闻联播》进行了大的调整和改版。

2.《新闻联播》栏目定位

《新闻联播》栏目初期定位为"尽可能反映当前国家和人民政治生活中的重要事件，报道社会主义建设的成就"。这样定位的初衷是立足中国、面向世界，通过这个窗口向世界展示我国的发展成就。但是随着时代的发展和经济的进步，受众对《新闻联播》又有了许多新的要求。《新闻联播》的言论工作由短评向"本台评论"和系列评论方向发展，从重大事件向政治、经济、社会、文化等多领域延伸。作为党和政府的喉舌，《新闻联播》对每一则消息的评述，都代表着中央对它的表态和"定调”。因此，《新闻联播》栏目非常注重规范性与客观性，不仅关注新闻事件，更重视新闻价值的持续开发，坚决不走“说新闻”的娱乐路线，在有限的时间里为观众提供尽可能多的新闻资讯。

近些年来《新闻联播》更多地体现了它的政治性、导向性和权威性。如果将《新闻联播》的若干特质排序，位列第一的当是其政治性。具体说，就是以政治价值作为栏目立身的核心价值和新闻取材、叙事的出发点与落脚点，栏目的其他特质都是在这一价值取向的基础上衍生而出的。当然，政治控制稍微放松时，它也曾出现向新闻价值靠拢的迹象，但是最后因为其特殊地位而未能持续。

导向性是指使事情向某个方向发展的特性。我们知道，导向性是媒介的天职和客观功能，但并非所有新闻都是为传播者特定的导向意图而制作。对《新闻联播》而言，把握导向性是栏目始终遵守的行为规范。通过对新闻事实、节目编排、报道角度、播发时机等元素的严格筛检，栏目的每一条新闻都携带着主流意识形态所提倡或反对的价值理念，其中既有职业示范的案例，也不乏道德示范和生活引导的典型。

多年来，借助特殊的社会关系网络，《新闻联播》栏目在获取信息来源、重大时政新闻发布和特殊新闻渠道控制等方面都具有得天独厚的优势，因此也获得了国内新闻传播的权威地位，从而提升了自身的公信力和权威性。

二、改版后的《新闻联播》栏目创意分析

作为一档新闻节目，由于其特有的全国转播权，在全国观众当中具有很高的知名度，但这并不代表观众对其的认可度。在现阶段媒体资源相对过剩的情况下，观众有了更多的媒体选择和内容选择，《新闻联播》多年不变的风格在时代环境迅速转变的今天显得有些不符合时代的潮流。栏目的改版势在必行。在这种环境下，《新闻联播》在2010年对节目板块进行了一系列的调整，减少了会议新闻所占的比重，增加了“本台短评”的新模块，国际新闻也由原来的三分钟扩展到五分钟以上。2011年9月25日，《新闻联播》又向节目的改革创新迈出了坚实的一步，作为新生力量的欧阳夏丹和郎永淳搭档出镜。在给节目带来年轻活力的同时，悄然开启了《新闻联播》发展的新时期。改版后的《新闻联播》的创新之处主要表现在以下

几个方面：

1.叙事风格的转变

改版后的《新闻联播》对叙事风格做了相应的调整，语言风格更加亲民化。首先，新闻片开始由记者配音。在相关新闻中我们听到的配音不再由专业的播音员来完成，而是由直接负责采访的记者将片子的配音工作完成。虽说这些配音不如专业播音员的标准，但是，这种安排体现了记者的参与性，也加强了新闻的现场感和生动性。

《新闻联播》本台评论

其次，在有记者出镜的新闻报道中，也不再是“站立式”报道，而是体验式报道，更加随意化，增强了互动性。

再次，在采访类新闻中，一改往日后期配音的方式，更多采用被访者的同期声，让新闻报道的当事人描述事件和内心的真实感受。这大大加强了新闻的现场感、可信度和吸引力。

最后，改版后的《新闻联播》在语言上更加口语化，给人以亲切感。改版后的主播导语与往日的“联播书面语”不同，充满了口语气息，既有“呢”这样的语气助词的加入，又有如“这不”、“可把”、“火了”这样的日常通俗表达。

2.新闻画面更加丰富

电视是视听媒介，电视新闻摄像画面承载着“视觉”通道上的所有内容。在观众那里，画面就是屏幕的代名词，画面和解说同为电视新闻的两大表现手段，因此，新闻画面的好坏对新闻的质量起着决定性的作用。改版后的《新闻联播》节目画面相比以往也有较大的改变。以往在评论播报时，我们只能看到评论内容大篇幅出现在屏幕上，播音员的播报则以配音形式出现。改版后的《新闻联播》更注重人性化，在缺乏灵动性的文字旁配以播音员的出镜画面，同时增加了示意图表的数量。这些图表不同于以往刻板的绘制，不但注重绘制的时尚感、色彩感，还加入了卡通元素，给示意图以生命力，让图片“动”起来。这些改变赋予评论播报以灵动感和现场感，增加了新闻评论的可视性，充分体现了电视媒体视听结合的传播特点。

改版后的《新闻联播》对新闻标题采用白蓝色彩，字幕为透明底衬白字，字体更大更醒目。“新闻联播”四个字的 3D 标识也有所改变，为深蓝底色、亮黄中文、白色拼音，配以 3D 转动的地球，且位置移到屏幕左下角。这些改变都使栏目更具画面感，更为时尚，给观众带来更高的视听享受。

3. 内容编排上的调整

改版后的《新闻联播》在新闻内容编排上的变化主要体现在以下三个方面：

第一，改版后的《新闻联播》更加注重来自基层的、聚焦百姓生态、关注社会万象、提供生活服务的新闻。改版后首日的《新闻联播》特别将提供生活服务的新闻向前编排至第 11 分钟的位置，介绍了铁路退票费开始执行 5% 的新标准和“十一”出游的信息与策略。

第二，在改版当日的《新闻联播》头条新闻中，不再是主播说完导语后，新闻片一播到底，而是主播共说了三段出镜词，将新闻片串联成三个部分，并更好地融入新闻片，穿针引线，以期引起观众持续的观看兴趣。

第三，改版后的《新闻联播》将原来的“简讯”部分打造成国内与国外两个“联播快讯”，并用“好，下面请看一组《联播快讯》”这样的标志性语言作为开头，这是《新闻联播》打造品牌板块、塑造栏目符号的重要举措。此外，改版后该栏目还新增“最新消息”板块，彰显对新闻时效性的追求。从 1996 年 1 月 1 日起，《新闻联播》由录播改为直播，而此次“最新消息”板块的加入进一步提升了该栏目直播的动感。

4. 主持面孔的年轻化

《新闻联播》传播的是党和政府的声音，具有极高的权威性。因此它的主持人一般都是挑选给大众一种正直、睿智、有亲和力和可信度的形象，确切地说就是要长着一张“新闻脸”。《新闻联播》栏目的播音员代表着国家的声音，他们的形象同样也代表着国家的形象，因此节目的播音员阵容一直比较固定，没有太大的变化，少有的几次新鲜血液的补充几乎吸引了全国人民的眼球。欧阳夏丹与郎永淳的加入使《新闻联播》展现出了一种扑面而来的朝气。

郎永淳是中央电视台第一位戴眼镜出镜的新闻播音员，这副眼镜的出现也打破了《新闻联播》自创办以来的惯例，不仅没有显得多余，反而多了些儒雅之感，与播音员本身的气质特征非常吻合。这两位新加入的播音员相比以往的播音员更加年轻，当他们充满朝气与热情地坐在主播台前播报新闻时，受众对《新闻联播》的印象发生了改变。《新闻联播》不再是老成持重的代名词，它同样可以焕发生机！

《新闻联播》主持人欧阳夏丹、郎永淳

几乎每一个中国人心中都有一个《新闻联播》情结，不管大家对它是批评也好，拥护也好，节目在广大受众中有着一个特殊的地位。随着时代的变迁，一成不变的节目形式和内容当然需要适时调整和更新，否则将无法满足观众的需求。《新闻联播》栏目改版的意义不在于一下子变化多大，而在于它正处在变化之中。它要做的是在保留其政治性、导向性和权威性的同时，积极地寻找一个切入点适时进行改革，使其具有鲜明的时代特征。

广东卫视《社会纵横》

一、《社会纵横》栏目简介

《社会纵横》是广东卫视1989年9月开办的一档名牌栏目，也是国内开办最早、历史最长的电视舆论监督节目，其前身是《社会聚焦》。《社会聚焦》以犀利的视角对社会焦点、疑点和难点问题予以报道，大量运用纪实的拍摄手法，以现场采访、现场主持、同期声等为主要表现手段，使习惯于传统电视节目表现形式的观众倍感清新。《社会聚焦》对社会消极丑恶现象进行了勇敢无畏的揭露，其大胆干预生活的勇气与力度构建了电视舆论监督栏目的雏形。

1992年，《社会聚焦》合并《事事关心》，组成《社会纵横》。《社会纵横》在延续了《社会聚焦》的电视舆论监督功能的同时，将定位更改为："追踪新闻热点，传递百姓心声，评析疑点难点，透视社会人生。"

《社会纵横》logo

二十多年来，《社会纵横》始终高擎"干预生活、针砭时弊、弘扬正气"的旗帜，坚持"为人民鼓与呼"的立场，制作播出了一大批很有社会影响力的节目，赢得了观众的喜爱，树立了良好的品牌形象。目前，它已成长为一个在广东乃至全国家喻户晓的电视栏目，也是位居广东卫星频道收视率排名前列的栏目之一，曾获得包括中国新闻奖、中国电视奖、广东新闻奖在内的各种国家级、省级奖项，如1999年被评为“首届中国新闻名专栏”；被广电总局评为2008年度全国电视节目创新创优20个电视节目形态之一；2009年成功入选“新中国60年有影响的60个广播电视栏目”（是广东省唯一入选的广播电视栏目）。

二、《社会纵横》栏目创意分析

打造有影响力的栏目，以此提升栏目品牌在受众心目中的美誉度和忠诚度，通过品牌的社会影响力进一步拓展栏目的广度和深度，使《社会纵横》由单纯的品牌栏目逐步过渡到优秀电视新闻、时政专题类栏目制作平台。这是《社会纵横》努力探索的一条自我发展之路。

1.绿色监督的栏目定位

《社会纵横》栏目自创办之初，就高举舆论监督旗帜，在中国电视发展史上较早提出电视舆论监督的报道理念，并矢志不移地坚守舆论监督这一定位不动摇。同时，《社会纵横》倡导并践行“绿色监督”理念，努力做到“定位不变、方向不偏、实时准确、监督有力”，打造权威监督报道，赢得持久的社会影响力。《社会纵横》所制播的节目中，舆论监督报道节目数量始终占据全部节目量的50%以上。

《社会纵横》栏目倡导的“绿色监督”理念，具体来说包括以下几个方面：

一是，监督的目的是着眼于解决问题，而不是为曝光而曝光；

二是，监督的内容是事关工作大局、事关百姓整体利益的大事，而不是胡子眉毛一把抓；

三是，监督的手法是实事求是，既要微观真实，更要宏观真实；

四是，监督的流程既管前又管后，不仅披露问题，更注重后续的结果展示，尊重被监督者发表意见的权利；

五是，监督的控制，依靠完善的制度体系确保监督到位，让监督者也成为被监督者的监督对象。[①]

对于舆论监督类节目来说，不是仅靠一腔热血、几多才华就可完成的，有热情、有责任心，更要把握火候，找准报道时机。恰当的报道时机，能够提升内容的影响力。负面报道的时机如果把握不当，则不仅不利于问题的解决，仓促出击，打草惊蛇，往往会失去进一步展开深入调查的空间，失去“一击致命”的良机，错失舆论监督可能达到的最佳成效。《社会纵横》栏目对报道时机的把握一直比较重视，栏目组将选题机制概括为三个字：“热、猛、准”。所谓“热”就是人民群众普遍关注的事情，热切希望形成舆论的东西，舆论只有热起来，才能形成监督；“猛”是指事件确实值得引起关注，确实值得发掘和发现；“准”是新闻舆论的核心所在，即媒介所指的真实性。

新闻栏目往往钟情于“反常”，“偏爱”坏消息。尽管负面的事实对于社会是一种威胁和损害，但坏消息的及时报道也是对社会的警醒和理性的提示。揭丑的目的是为了监督，这是新闻最基本的社会责任和良知。舆论引导的本质在于客观公正地告诉人们事物的真相，公布事实、辨明是非、指出利害、讲清大局、揭示趋势，目的都是为了引导。与个别媒体开展舆论监督只追求轰动效应和新闻卖点不同的是，《社会纵横》栏目的出发点就是“舆论监督”。“舆论监督的目的，就是希望社会更加和谐”，栏目监制王今的话语道出其实质。在具体操作中，栏目组既不事无巨细、有闻必录，为监督而监督；也不对问题简单一曝了之、一批了之；更不会为了泄私愤、鸣不平而走极端。坚持新闻舆论监督只给党和政府帮忙而不添乱的原则，是《社会纵横》栏目带给我们的有益启迪。

《社会纵横》片头

《社会纵横》栏目不仅关注事物的表层，而且注重挖掘事物的本质。在深入发现的基础上，深入报道，深入现场，获得第一手的真实资料。有些问题刨根问底，甚

---

① 资料来源：广东卫视《社会纵横》栏目组。

至连续几期进行追踪报道，以求事实与真相大白于天下。有了深入发现、深度报道的前提，栏目的深层影响也就水到渠成。栏目不仅得到百姓和政府的双重认可，而且收获了最大的社会效益。《社会纵横》用自己的真诚热情、高度的责任心，将监督的视角触及岭南的每一个角落，也对新闻工作者“舆论监督”的基本价值做了最好的诠释。

2. 真实、独特的内容选题

《社会纵横》在内容选题上以广东特色为基础，把时政类的硬新闻“回润化”、“特色化”，在“人性”上做文章，从原生态的事件中发掘衍生具有“生活化和故事化”的内容。通过调查、层层递进的方式方法，表现出对事实真相穷追不舍的精神，挖掘出观众想知道的事实，讲出观众想说的话，让观众看得过瘾。《社会纵横》从关注社会、尊重观众出发，从他们对社会、对人生的感知需求角度去选题，如“老百姓现在最需要什么样的关怀，他们共同担心的是什么，他们共同留恋的又是什么”等等，有了这样的视角与思考，节目更具有亲和力和贴近性，内容会更加“充实”和“厚重”，有深层底蕴，耐人寻味。

真实是新闻的生命。对于电视新闻而言，真实的报道来源于真实的画面，真实的画面来源于真实的现场。《社会纵横》通过声画同步、图文配合等方式，营造出强烈的现场感，再加上主持人、现场记者的讲解、体验等多方面因素，交替运用音效、画面、同期声，串联成一个自然和谐的视听冲击场，把全方位的信息有效地传递给受众，让受众在栏目代言人的引领下主动参与到新闻事实中，达到信息和受众在观念上、情感上的交流与呼应。

《社会纵横》采访现场

纵观《社会纵横》栏目，对社会热点、焦点的解剖，往往在把握来龙去脉、弄清前因后果的基础上，力求通过调查构建新闻内部统一的时空，增加说服力。在后期编辑时，尽量注意时空中整体因素的统一，做到声音真实，画面的空间感明确，事件发生的过程明了，同时有节奏有起伏，有高潮有张力，内容逐次推进，结论得出自然妥帖。对于正面报道的选题做到呈现真实，也许并不是难事，但对于一些曝光类选题，则需要记者冒着生命危险，通过采用暗访、隐蔽拍摄等手段，揭露违法的全过程，才能给人以很强的现场感和说服力。

在保持选题正面报道与负面报道的相对平衡性上，《社会纵横》栏目做得非常到位。《社会纵横》栏目正面报道与负面报道的比例始终保持在6∶4这样一个较为合理的平衡点上。在正面报道上，注重弘扬主旋律，讴歌社会正气，传承优良传统美德。在负面报道上，注重各类问题的社会警示意义，并没有将选题仅仅停留在揭丑的层面上，而是引导人们关注事件背后的原因，与正面报道相得益彰，为栏目坚持正确的舆论导向提供了基础。这样既充分暴露了社会存在的问题，又不至于观众受媒介“议程设置”的影响，而对社会、对生活丧失信心。这反映了我们的电视媒介视受众为公民，而不是简单地视受众为消费者的深层理念。视受众为公民，媒体就应当从社会发展和公民社会化的需要出发，除了考虑个体需要之外，还要考虑社会需要，做到既不一味地赞美，也不简单地堆砌问题，《社会纵横》栏目这种严肃认真、适度把握的态度是值得肯定的。

3.主持人精彩、适度的点评

对于舆论监督节目的新闻评论来说，针对不同的节目内容，或说明其意义所在，或剖析其危害之处，或挖掘其社会根源，或指出其潜在倾向，给人以多方面的启示和思考，产生不同的社会效果。但是也应该看到，目前在我国此类节目中，由于有些主持人缺少对评论语言“度”的恰当把握，因而出现了滥情评论和偏激评论等倾向。《社会纵横》栏目的新闻评论基本上做到了适中、适度。

《社会纵横》栏目的主持人在对报道的点评上兼具理性与感性特征。理性点评能够使主持人把握内容本质，客观公正，适度而为，点到为止，这种客观、冷静的点评，可以较好地树立新闻监督者的专业形象。而对新闻评论而言，冷静理性的同时，适当的感性色彩的加入，会使节目更具亲和力。主持人的感性点评，依托了节目内容，以平民的视角和情感表达方式来进行。适可而止的感性点评，能够为节目增添人文情怀。

4.先进的人才培养理念

在实践工作中《社会纵横》栏目体会到，掌握宣传的主动权，关键是要提升采编人员的眼界和判断力，让他们从单一的新闻事件中“跳”出来，站在全局的角度看问题。为此，从2002年起，《社会纵横》栏目采取“项目制”，陆续抽调采编人员负责中、大题材专题节目的制作，这不仅提升了采编人员的眼界，还增强了采编人员的把关意识和把关能力；同时，在这种“项目经理”的人才培养理念下，一批能力突出的采编人员正在逐步成长为能独当一面的项目负责人，他们集方案策划、节目摄制、经费管理、人际沟通于一身，还获得了不少国家级荣誉，如全国百家新闻工作者、金枪奖、金话筒奖等。

尽管《社会纵横》已经成为广东电视台的名牌栏目，但它并没有自满自足，而是一直在求索自己的创新之路。《社会纵横》栏目的全体采编人员都坚守着自己的责任与职业道德，通过更加辛苦的努力，不断推出精品新闻，以回报观众对自己的厚爱和期望。在电视新闻评论性节目趋于平缓的今天，《社会纵横》栏目更加坚定、更加鲜明、更加诚笃地坚持自己的话语立场，同时将不断开拓新角度、新观点、新言论、新体验，着力打造新的空间和深度，在与市场经济大背景、大环境的接轨中，实施品牌推介和营销策略，运用多种手段扩展栏目的社会影响。总之，《社会纵横》栏目将坚持“强化监督，活跃形式”的变革方向，继续寻求新的、更大的突破口。

中央电视台《焦点访谈》

一、《焦点访谈》栏目简介

《焦点访谈》诞生于1994年4月1日，由中央电视台新闻评论部创办，是一档以深度报道为主、以舆论监督见长的电视新闻评论性栏目。从创办至今的18年中，它迅速成长为一个家喻户晓的电视栏目，也是中央电视台收视率最高的栏目之一。《焦点访谈》自开播以来，受到了党和国家领导人以及社会各界的广泛关注和重视，栏目组平均每天能收到2300条来自观众通过电话、信件、传真、电子邮件、手机短信等方式提供的收视意见和报道线索。

《焦点访谈》栏目之所以被党和国家领导人以及老百姓关注和喜爱，是因为它一直选择“政府重视、群众关心、普遍存在”的话题，秉承“用事实说话”的理念和舆论监督的特色，立足“三个需要”，即需要客观、需要公正、需要真实。这其中，客观是《焦点访谈》的态度，公正是《焦点访谈》的立场，而真实是《焦点访谈》的生命之本。在《焦点访谈》栏目组已经形成这样一个共识：“不是我们在说话，也不是被肢解的事实在说话，而是我们通过客观的事实来说话。”这也成了《焦点访谈》

《焦点访谈》logo

的从业人员必须遵守的工作原则，并贯穿于采访、拍摄、编辑的全过程。

《焦点访谈》自开播以来制作播出了多期舆论监督和解决社会问题的节目，推动了中国的改革开放和民主法治进程。在节目形态上，《焦点访谈》采用演播室主持和现场采访相结合的结构方式，使报道有着落，评论有依据，述与评相互支持、相得益彰。近年来，《焦点访谈》栏目推出了一批观众喜爱和认可的记者、主持人，如方宏进、敬一丹、水均益、方静、翟树杰、张羽、张泉灵等。

二、《焦点访谈》栏目创意分析

1. 内容选择——“用事实说话”

《焦点访谈》最初以“实事追踪报道，新闻背景分析，社会热点透视，大众话题评说”为栏目定位语，在 2001 年 4 月 1 日栏目开播六周年之际，将栏目定位语改成更简明扼要的一句话——“用事实说话”。这一定位语不仅高度概括了栏目的精髓，而且公开倡导新闻的客观性，为更好地进行舆论监督树立了一面鲜明的旗帜。真实，是新闻媒体的生命线，《焦点访谈》栏目作为群众和政府的桥梁，需要真实真实再真实。

“用事实说话”，第一，要对事实进行调查，这就要求记者以“第三者”的角度去调查取证，力求将事实的基本要素、基本数据核实清楚；要本着实事求是的态度，追寻事件的真相，挖掘事件的本质，尽量提供大量的证据和线索，完整的调查过程有利于对观众产生说服力。第二，在对内容的选择上，也要做到三点——要高屋建瓴、要敢于出新、要充分考虑效果。吸引观众的题材才是有价值的节目保证。第三，在事实的表现环节，也要力求做到真实性和真实感。真实性是媒介的第一要务，拍摄到的真实，并不等于电视屏幕上所展现出来的真实；编导心中的真实，并不等于观众所相信的真实。真实性和真实感间差别的大小取决于电视人是否遵从信息传播规律，是否在运用符合电视传播规律的方法来记录真实的东西。

《焦点访谈》对社会热点问题的细心关注，不仅使它保持了与社会现实的同步，而且也获得了广大观众的关注，发挥了反映社情民意、实现上下沟通的作用，收到了释疑解惑、促进社会稳定和经济发展的良好效果。对新时期新闻传播实现用事实说话、用事实说理的传播职能提供了成功的范例，使《焦点访谈》现象在全国各地蔚然成风，许多社会热点问题得到了不同程度的化解，为推动全社会的长治久安打造了有利的舆论环境，可谓功不可没。

2. 核心价值——舆论监督

尽管属于舆论监督内容的报道在所有的报道内容中比例只占到约 21%，但显然，《焦点访谈》栏目之所以能稳定扎根，最核心的价值乃是其舆论监督作用。在观众眼中，多少年解决不了的问题，只要《焦点访谈》播出了，就可以解决，尤其是这种批评性的报道受众口碑是最好的，“曝恶、鞭丑”是栏目最突出的特色。

舆论监督这个定位既有民意基础，又有政治基础。《焦点访谈》栏目出现在我国的社会转型期，大量失范行为、腐败现象发生，各个阶层的群众自然对此拥有一定的知情权和发言权，非常希望找到一个能公开表达自己内心真实想法的地方，《焦点访谈》栏目无疑在一定程度上满足了群众的这一愿望。如果一概否定对社会上消极因素和负面问题的揭露与批判，那么群众将很难相信你的正面宣传，社会上的丑恶行径因缺少新闻舆论的监督而愈加有恃无恐。《焦点访谈》作为一档政治舆论监督栏目，其对于社会黑暗面的曝光，一向不遮不掩，开播十几年来，揭露了成千上万个违法犯罪事实，为净化社会环境，促进社会法治建设，推动舆论民主化作出了巨大贡献。

《焦点访谈》采访现场

《焦点访谈》栏目的成功主要在于其对核心价值的良好把握，它理解并较好地解决了长期困扰中国新闻界的一个难题：如何在发挥新闻强有力的舆论监督作用，激浊扬清，表达人民呼声的同时，又能坚持正确的舆论导向和党性原则。正确把握两者之间的度，也就是分寸感，是《焦点访谈》栏目多年来经久不衰、成功引领大众舆论走向的关键因素之一。

3. 栏目叙事方式——叙评结合

从栏目属性分类上来看，《焦点访谈》属于电视叙评类的新闻评论栏目。所谓

“叙”是指用电视画面和声音来叙述现场材料和背景材料，使评论时观点的形成有了客观事实基础。“评”则是对相应的事实展开的分析说理。顾名思义，电视叙评节目就是将对新闻事实的深度报道和新闻评论融于一身，在对事件进行横向、纵向挖掘的同时，适时进行分析评论。

李长江做客《焦点访谈》

《焦点访谈》在节目中普遍采用夹叙夹议的评论方式。首先，记者要在反映眼前事件的同时，注重追述事件发生的原因、环境、条件，注重交代事件背后隐藏的过去。节目多运用人证、物证，采访当事人和见证人，同时加入权威人士的意见等方式来给我们展示事件发生时的背景状况。其次，《焦点访谈》在报道事件的时候经常采用讲故事的方式，既追述了事件的由来，又追踪了事件的发展，这样能捕捉到整个过程中的细节及人物在事件中不同的活动。栏目许多成功的报道都得益于生动故事的讲述，而不仅仅是停留在静态的结果或主观的评论上。再次，一个舆论监督类的节目要做到客观公正，使报道更有说服力，多侧面采访是很重要的。无论是交代背景、讲述过程，还是表明各自的观点，多侧面采访都十分必要。特别是对有争议或容易产生异议的问题，更应广泛采访，表现出问题的不同层面，让受众在接受过程中去分辨和认识。最后，《焦点访谈》经常运用记者的即兴点评，在实践进行过程中的每一环节，或者采访层层递进的关键时刻，记者适当的评议都起到了画龙点睛的作用。

这样，《焦点访谈》较好地把握了如何将“叙”中形象的画面语言与“评”中抽象的分析论述性语言相结合：用具体的视听形象支撑并强化分析、议论的内容，用严密的思辨性提炼和提升形象性的画面所无法表达的思想内涵和理性分析，使《焦点访谈》成为真正在画面上吸引人、在情感上打动人、在道理上说服人的权威论述。因此《焦点访谈》的画面、音响、解说之间常常闪烁出令人折服的思辨光辉。尤其是主持人在节目结束之前一番简短有力的点评、颇富哲理的分析论述，使《焦点访谈》舆论监督叙评结合的价值再次凸显。

4.栏目主持——电视新闻评论员

新闻深度报道要想占领更多的领地，必须办出特色和个性，而个性化的深度报道栏目自然少不了个性化的主持人。主持人、记者个人的学识、风度、气质、亲和力及富有个性化的语言，都是新闻评论类节目内容和形式的重要组成部分。《焦点访谈》一开始就有一个目标：培养出各具特色的中国第一代电视新闻评论员。尽管主持人本身是不能有个人观点的，但《焦点访谈》栏目始终提倡主持人的个性化表达，注重用主持人的人格魅力塑造媒体形象。

《焦点访谈》栏目主持人有白岩松、敬一丹、水均益、方宏进、柏杨、翟树杰、方静等，他们专业背景不同，各有专长，主持风格各异。在节目中，他们的角色绝不仅仅限于以往主持人的"照本宣科"，他们既是节目主持人，也是优秀的记者。他们深入到群众中采访，有张有弛的提问给观众留下了深刻的印象和思考。他们不仅熟悉电视评论的理论和制作技术，还具有更为全面的素质——除了强烈的政治意识、责任意识、大局意识、观众意识，还具备敏锐的洞察力、敏捷的应变能力、广博的知识、极好的口才等。《焦点访谈》栏目从最初的记者轮换主持节目发展到相对稳定的主持人，有意识地在培养中国的电视新闻评论员，从而力图在工作方式上，改变以制片人与编导为中心的格局，形成以电视新闻评论员为中心的运作机制。

《焦点访谈》主持人敬一丹

2012年，《焦点访谈》栏目在深刻反思现状后进行了改版，栏目组在改版前明确提出要加大舆论监督报道力度。这是对现有问题的正视和反思，更为重新赢得受众指明了方向。重点的变化有三个：

一是选题突出时效性。作为一档老牌栏目，《焦点访谈》必须与时俱进。改版后的《焦点访谈》改变了过去"小火慢炖"的节奏，更加注重在第一时间捕捉鲜活内容，在公众关注度最高的节点推出报道。

二是做监督“回马枪”。做监督报道难，做出监督效果更难。很多在栏目中报道过的问题，过后仍未得到有效的解决，这在某种程度上对栏目的声誉也有不利影响。栏目组经过反思觉得舆论监督不能只是“雨过地皮干”，在推陈出新的同时，加强与有关部门的对接，在跟踪解决上下功夫。

三是善于将“盲点”变“焦点”。在这个信息高度爆炸的时代，改版后的《焦点访谈》不仅关注显性焦点，同时也要求记者们“创造”隐性焦点，充分运用自己国家媒体、品牌栏目的优势和资源，发掘其他媒体没有报道或是不敢报道的社会问题，揭开不为人知的阴暗面，让更多“假、恶、丑”暴露在阳光下。

从一定程度上讲，《焦点访谈》栏目已经不是一个简单意义上的电视栏目。一方面，它肩负着沉甸甸的舆论导向使命，它要符合政治和政策导向的要求；另一方面，它承载着厚重的观众期待和观众对媒体的正义寄托，它要完成自己的社会职能。与此同时，作为一个电视新闻栏目，它要符合新闻传播规律和电视表现规律，它还要在这些规律的约束中参与和同类、不同类栏目的竞争，要运用这些规律形成自己的表达风格，从而稳定收视群，这是决定这个栏目生存与否的决定性因素。未来的《焦点访谈》要继续保持栏目的核心价值，深入挖掘栏目的优势特点，与时俱进，不断提升新闻评论的质量，从而使其更好地为人民服务，为社会服务。

河南卫视《梨园春》

一、《梨园春》栏目简介

《梨园春》是河南电视台于1994年开播的一档以河南地方戏为主的电视晚会栏目，至今已有18年的历史。《梨园春》在创建阶段主要是以当地的戏曲文化为基础，以播放名家经典戏曲选段、戏曲小品为主要节目资源。1999年3月栏目全面改版，注入了擂台赛、直播热线、专家点评等新的内容和形式，不仅避免了长期播放名家选段等戏曲节目带来的重复性，还塑造了全新的亲民、通俗电视形象，给栏目以后的成熟发展做了准确的定位。

改版后的栏目焕发出了新的活力，在全国同类栏目普遍处于低潮的环境中，经过不断探索和实践，终于探索出一条现代电视手段和河南传统戏曲有机结合的道路，尤其是戏迷擂台赛的设置，充分调动起戏迷观众参与节目的积极性，使得收视率不断攀升。《梨园春》还创造了其他综艺栏目都很难企及的成绩：戏迷参与数十万人次；造就草根戏曲明星千余名；每期屏前赴约观众超过3亿；收视率在全国戏曲品牌栏目中高居榜首；先后四十余次荣获国家级奖项，被美国《哥伦比亚新闻评论》中文版评选为媒体行业的“中国标杆品牌”；2004年8月，时任国务委员陈至立做出重要批示，对河南电视台开办《梨园春》这样一档戏曲栏目的做法给予充分肯定，指出“河南的好做法值得推广”，要求全国广电部门、各省市电视台积极开办以弘扬民族戏曲艺术为主的电视戏曲栏目。《梨园春》已经成为河南卫视品牌栏目、

《梨园春》主持人

国内媒体知名度最高的戏曲名牌栏目，对繁荣电视文化事业、推动河南戏曲的发展以及弘扬民族文化都起到了积极的促进作用。

《梨园春》作为一个电视栏目的成功，恰是电视媒介和传统戏剧组合的成功，也是传统文化和现代科技结合的成功。正如河南电视台台长周绍成所说："我们瞄准戏曲节目，因为河南是一个戏曲大省，有强大的戏迷基础。另外这个节目有一定的基础，然后我们注入一些现代传媒的手段，注入一些现代的观念。"1999 年起，《梨园春》栏目采用"全国视角"，以"擂响中国——首届梨园春杯全国戏迷擂台赛"为切入点拉开了走"全国路线"的序幕，打破了戏曲类节目"我唱你听，我播你看"的固有模式，充分调动了受众参与节目的积极性。2004 年，《梨园春》栏目继续推进改革，在主题性大型晚会上下功夫，全年先后组织近 20 期特色鲜明的主题晚会，从事件影响的角度提高了栏目的知名度和受众的参与性，使得收视率不断攀升。

二、《梨园春》栏目创意分析

1.受众定位的"大众化"

戏曲是中国的国粹，历史非常悠久，但现在观看戏曲的人群逐渐向老龄化发展，所以大部分戏曲节目都定位为中老年受众群体，这也符合了受众准确定位原则。但随着科技的进步和现代理念元素融入到戏曲中，戏曲在低年龄阶段人群中也有一定的市场。因此，《梨园春》打破戏曲节目的收视群体通常为 60 岁以上的常态思维，将受众定位扩展到儿童、青少年，并争取吸引 20－45 岁之间的年轻人群。为此，《梨园春》在举办擂台赛之初就推出了少儿戏迷擂台，不仅吸引了众多小观众，也成功获取了小观众家长的关注。这一举措让《梨园春》的受众范围得到了很大程度的扩展。据《梨园春》栏目组调查，2005－2009 年上半年的受众中，4－14 岁的儿童在整个受众群中所占的比例达到了16.6%，这个数字是相当惊人的，而且这部分群体带动的家庭收视远高于这个数目。从受众定位角度出发，《梨园春》栏目的逆向定位模式为戏曲的繁荣拓展了一条新路，这种做法不仅维系了原来的中老年戏迷受众，还发展了戏曲栏目潜在的年轻受众后备军。

《梨园春》栏目为了让传统戏曲比赛更加大众化、平民化，戏迷擂台赛几乎是一场全民大选秀：无论男女老少，无论来自哪个地区，都可以报名参加擂台赛初选，每周五经过初选的四个人“打擂”并现场直播，由现场观众、现场专家、场外观众各占三分之一进行投票，票数最多者成为擂主，且能得到不菲的奖金，年度总擂主的奖品是价值二十多万元的家庭汽车。这些擂主的得主有60岁的农民、十岁的孩童、卖大蒜的农妇等等。2004年“五年总擂主”孙鸿雁，一位曾经刷过酒瓶、当过搬运工、卖过冷饮的农民，她的奖品是价值30万元的帕萨特汽车。《梨园春》的这种“平民化”模式是非常成功的，以至于后来的《超级女声》、《梦想中国》、《星光大道》等众多选秀节目都选择了这样的路线。

《梨园春》获奖小选手

为了更好地让大众参与到节目中，《梨园春》在参赛者的选择上摒弃了传统的“角儿”与“角儿”之间一比高下的专业打擂形式，每周的攻擂、守擂组成人员均是来自五湖四海的平民大众，当他们走上舞台时在没有额外负担的情况下从容地面对竞争对手，讲述自己与戏曲的缘分和故事，演唱参赛的唱段，并由专业的评委、戏曲演员为他们打分和点评。这种“去专业化”的平民路线，让节目真正地走向了大众，让普通戏迷成为戏曲舞台的主角，尽情地展示自我，真正使《梨园春》成为名副其实的“百姓的舞台”，同时也让很多戏迷实现了“戏剧梦”。20岁的张浩凭借在《梨园春》聚集的人气，组织起了自己的剧团，在全国巡演；秦梦瑶、张玫、孔莹、刘梦哲、牛欣欣等小小年纪就获得了戏曲界的最高荣誉——“小梅花金奖”；小擂主秦梦瑶更是通过《梨园春》登上了央视春晚的舞台。《梨园春》平民化的定位不仅为广大的普通民众带来了展现自我的机会，同时也为戏曲的大众传播拓宽了途径。

2. 传统戏曲与时尚流行相结合

《梨园春》打破传统戏曲的单一化表演形式，将传统的程式化戏曲表现形式注入了现代时尚流行元素和娱乐精神，既保留了戏曲的原始韵味（在一定程度上还原了最初广场戏曲的原初纯朴性和互动性，保存了传统戏曲艺术的最初完美特质），又使得节目与时俱进、现代时尚。

《梨园春》作为一种电视戏曲创新的尝试，能够从多方面增强节目的创新性和娱乐性。节目不拘泥于单纯的戏曲表演，还增加了类似才艺展示、纪实、新闻故事等内容，让观众得以全方位地了解戏曲。其中戏曲纪实板块还吸收了与戏曲相近的相声、小品、杂技和曲艺等表演形式，制作成戏曲小品，平民气息浓厚，增强了节目的可视性和观赏性，甚至还吸引了有其他艺术爱好的观众锁定《梨园春》。

为了增加节目的参与性和灵活性，《梨园春》还增加了选秀节目的竞赛元素，设置戏迷擂台赛，加入流行的互动抽奖内容。利用擂台赛、选秀、捧明星和汽车大奖等方式，《梨园春》勾画出了一幅传统戏曲与时尚流行相结合的大众娱乐的现代化图景。

《梨园春》比较注重形式的不断变化。从擂台赛板块的设置看，在最初的戏迷擂台赛基础上又增加了专业戏曲演员擂台赛，并且进行了细分。如按行当设置的旦角赛、生角赛、丑角赛；按流派设置的常派唱腔赛、陈派唱腔赛、崔派唱腔赛、马派唱腔赛；按职业设置的大学生擂台赛、教师擂台赛、医生擂台赛；按年龄设置的老年人擂台赛、少年儿童擂台赛等。在擂台赛的评分方式上，最初仅是现场评委打分，后增加了现场观众投票和场外观众短信投票，大大增强了节目的互动性与参与性。

最具创造性的还要数《梨园春》栏目制作的戏曲 MTV，很好地将戏曲与当代流行文化元素相结合。当音乐电视 MTV 风靡全球时，依托中国传统戏曲，借助时尚媒介电视而产生的戏曲 MTV 也悄然步入广大电视观众的视线。《梨园春》栏目制作的系列戏曲 MTV《花木兰》，在带给观众原汁原味的听觉享受的同时，也带给他们现代时尚的视觉盛宴，充分展示戏曲艺术和电视艺术交叉结合的艺术魅力，弘扬了“木兰精神”，博得了广大观众，特别是青年观众的喜爱。戏曲 MTV 的出现不仅丰富了荧屏，而且满足了一大批有着传统戏曲审美情结的当代观众的时尚审美需求，也为中国电视的民族化和传统戏曲的现代化作出了积极的贡献。

《梨园春》不仅将擂台竞赛及选秀、经典剧目赏析、奖品激励进行了良好的融合，也将舞台的灯光进行了更为专业化、现代化的处理。现今《梨园春》栏目根据现代技术不断地更新舞台效果设计，广泛应用国际化的舞台影音技术。在节目录制过程中，将以前单一的镜头摄制增加至现在的三个机位同时摄制；非常注重现场声音效果，采用现场乐器伴奏，增强了声音的立体感和节目的现场感。

3. 栏目的“走出去”战略

《梨园春》栏目创办的初衷并不仅仅是为河南的广大戏迷朋友打造一个欣赏本地戏曲的平台，还是为了传承古老的戏曲文化。2000 年以后，面对日益激烈的媒体竞争，如何进一步扩大影响、拓展栏目的品牌知名度已成为栏目急需解决的问题。面对压力与挑战，怎样关注现实民生，大胆地实施“走出去，请进来”的战略成为实现栏目品牌拓展与升级的关键一步。“走出去”意在走出河南地域的限制、走出戏曲曲目的限制、走出栏目的限制、走出受众人群的限制，走向全国、走向世界、走到广大群众最需要的地方去，是《梨园春》栏目在 2000 年后为扩大影响力、进行品牌拓展的主要手段。所谓“请进来”主要包括将优秀的戏曲形式请进来、不同地区的名人请进来、先进的技术请进来。为此，栏目组邀请京剧表演艺术家梅葆玖、李维康，著名豫剧表演艺术家常香玉、马金凤、崔兰田、陈素珍等全国知名的戏曲表演艺术家登台献艺，或作为擂台赛点评嘉宾。这在一定程度上为《梨园春》栏目“走出去”打下了坚实的基础。近年来，《梨园春》除了在宁陵、内乡、镇平、博爱等河南省内各市县举办专场演出外，还跨出省门、国门，走向国际。在提高栏目品牌知名度的同时，也为戏曲文化的传播打开了国门。

一个成熟的电视栏目不仅要依靠其扎实的内容和运营模式取得收视率和成功，更要不断地扩大品牌的知名度、强化品牌的美誉度。《梨园春》在实施“走出去”战略的同时成功塑造了栏目品牌的知名度。与此同时，栏目组还大胆尝试，逐步延伸产业链，将《梨园春》这个戏曲栏目的品牌衍生出众多产品，这些看似与栏目并不相关的产品却不断强化着“梨园春”这一品牌。如《梨园春》栏目通过与企业合作，先后推出了“梨园春酒”、“梨园春矿泉水”、“梨园春方便面”等产品，还联合德克士食品有限公司开办了德克士梨园餐厅，让众多并不知晓《梨园春》的潜在受众群，通过这些产品对栏目有所了解。《梨园春》栏目通过这些衍生品的开发，不断延伸产业链，达到了强化品牌的效果。

除了衍生品的开发，在栏目本身的延伸方面，《梨园春》还创办子栏目、成立艺术团和戏迷俱乐部等，梨园春艺术团、河南梨苑明星艺术团和多家梨园春戏迷俱乐部遍布各地。这些团体的活动在荧屏之外进一步扩大了《梨园春》的影响力，推动了栏目的品牌建设。

《梨园春》还突破现场演播室的限制，不仅在节目中与嘉宾、现场观众互动频繁，在节目外也与广大受众展开互动。栏目在擂台赛直播过程中开通短信支持、网络投票，让场外观众直接参与评选，这种模式激发了观众的参与意识。在刚设置这种模式时，场外观众为支持自己喜欢的“打擂者”，3 分钟打入《梨园春》栏目的热线有 8000 个，随后上百万封信寄到河南电视台。栏目不仅请来了专业的表演艺术家担当评委，还创造性地设置了网络评委，通过网络将戏迷纳入到评委的队伍里来。在每周的节目中，《梨园春》都会在网络上选出一位高水准的戏迷朋友担当戏迷评委，这大大提升了戏迷网友的参与热情。

为了争取更多年轻的观众和粉丝，《梨园春》栏目还开通了官方微博。在微博中不仅发布官方消息，还与戏迷进行交流互动。这种全方位的互动模式和对受众意见的尊重，极大地调动了受众的积极性。

《梨园春》栏目作为古老戏曲文化瑰宝的有力传承载体，它的特色是民族的、本土的，依托博大精深的中原文化，所以有取之不尽的文化宝藏和无限的生命力。而作为大众文化、平民文化传播载体的电视媒体，与戏曲文化的结合正是满足了广大群众当前对精神文化生活的需求。《梨园春》栏目追求雅俗共赏、老少皆宜的格调非常容易让群众接受和喜爱。

虽然《梨园春》栏目的节目资源库非常丰富，当务之急也面临着如何将已有的传统节目资源进行再加工、整合、创作，进而与时代保持同步，并得到进一步的传承。在丰富节目内容的同时，也为观众呈现新的戏曲文化面貌，进一步提高《梨园春》栏目的知名度和美誉度。

湖南卫视《快乐大本营》

一、《快乐大本营》栏目概况

1.《快乐大本营》栏目简介

《快乐大本营》是湖南电视台于1997年开办的一档综艺娱乐节目，是伴随湖南卫视上星同步播出的节目，已经有15年的历史了。节目从一开始就定位为“给观众送去快乐”，采用全民娱乐的方式，经常邀请一些有特殊才能的人物、可爱的孩子来表演，每期节目都会喊出“快乐大本营，天天好心情”的口号，呈现出节目独有的清新、青春、快乐、贴近生活的气息，再加上节目倡导的快乐理念与模式，很快受到广大观众的喜爱。后来转为选秀节目，选拔主持人；现在则变为嘉宾访谈游戏型的综艺节目，经常邀请一些知名艺人来访谈、游戏等。《快乐大本营》目前是湖南卫视的品牌节目之一，其收视率持续刷新并保持在国内综艺娱乐之首。2005年被《新周刊》评为15年来中国最有影响力的电视节目之一；2007年根据国家统计局第五次全国电视观众抽样调查结果，《快乐大本营》是唯一一档入围前十的观众最喜爱的非央视电视节目；2009年根据中国世界记录协会数据库记录，《快乐大本营》为中国收视率最高的电视综艺娱乐节目，同时被评为新中国成立60周年六十大电视节目之一的特别荣誉称号。

15年来,《快乐大本营》始终坚持“给观众送去快乐”的理念,不断创新,塑造了一个知名的“主持天团”,培养了一大批忠实的节目粉丝和主持人粉丝,一直保持着其在综艺娱乐节目中的“霸主”地位。

《快乐大本营》logo

2.《快乐大本营》栏目发展历程

《快乐大本营》创办于1997年7月11日。栏目创办初期,以娱乐休闲为主导,设有“精彩二选一”、“快乐传真”、“心有灵犀”、“火线冲击”等游戏环节,特别注重参与性,既有场内嘉宾和观众的现场参与,又有场外电视观众的热线参与。

从2004年开始,栏目开始确立以阶段性活动为亮点,以普通观众为主角的改版方向,淡化“大综艺”的明星套路,逐步尝试“海选”、“真人秀”、“现场PK”等“泛娱乐化”的新概念。

2007年,《快乐大本营》全新创意推出主题性综艺节目,突出了“全民娱乐”的新概念,为普通观众或草根团体、组合打造了一个展现个性的“全民娱乐”平台和分享快乐的机会,同时也极力为电视观众推介时尚、新奇的文艺表演形式,传递“快乐至上”的娱乐精神,突出以观众为主体的“娱乐天下”的节目宗旨。

2008年,《快乐大本营》的节目形式转为主要邀请偶像明星来访谈、参与互动游戏等。此改版使《快乐大本营》的收视率节节攀升。①

2009年,《快乐大本营》节目形态以宣传新影片、新电视剧、新歌曲为主,每期主题、话题也是围绕片中的内容来进行,每期都有一个主题。一般会邀请明星人物参与,并与现场观众一起游戏娱乐。

2012年,值《快乐大本营》开播15周年之际,栏目推出了“啊啊啊啊科学实验站”子栏目,属于明星科学实验板块,采用“科学实验+娱乐Talk Show”的形式,每期邀请明星嘉宾参与不同的科学实验,让“科学”和“娱乐”两个极端的领域相碰撞。

① 百度百科,http://baike.baidu.com/view/182507.htm

二、《快乐大本营》栏目创意分析

(一)主持创意分析

1.主持群概念的提出

从1997年开办到2006年,《快乐大本营》主持群体不断更新,主持人数量不断增加,从而形成了"主持群"的概念。开办初期,主持群体由李兵和李湘搭档,后来又先后换成了海波、戴军和赵宝乐。1998年,何炅加入《快乐大本营》,也是目前为止《快乐大本营》最主要的主持人。1999年,李维嘉担纲《快乐大本营》外景主持,主持群体由两人增加到三人,在当时也创下了《快乐大本营》持久的"黄金组合期",李维嘉还因此获得"中国第一外景主持"的美称。后来李湘离开《快乐大本营》,谢娜加入。2005年下半年,《快乐大本营》为摆脱固定节目形式带给观众的审美疲劳,策划推出了"闪亮新主播"主持人选秀活动,选出杜海涛和吴昕加入《快乐大本营》,从此主持人增加到五人,并冠以"快乐家族"的名号,直到今天仍然活跃在《快乐大本营》的舞台,给观众带来欢声笑语。

2.主持人风格个性化、分工明确

《快乐大本营》从最初的两人组合到现在的"快乐家族",各位主持人的风格都个性鲜明,分工明确,定位清晰。节目初期,李湘掌握大流程,何炅搞气氛,李维嘉做外景。在"快乐家族"中,何炅担任老大哥的角色,把握整个现场的秩序和节奏;维嘉作为《快乐大本营》的元老之一,和何炅一起控制节目录制的节奏,有时也配合其他三人搞笑、爆料等;谢娜充分发挥自己的搞笑风格,担当"谐星"角色,充分调动现场气氛,制造笑点;而憨憨傻傻的杜海涛则常在节目中成为被调侃和被"捉弄"的对象;吴昕则以清新可人的小女生形象出现。风格迥异的"快乐家族"形成差异化、个性化角色和分工,而且主持人之间的配合默契,主持群牢牢抓住了观众的收视心理,每位主持人都有各自的粉丝群和受众,形成了观众集群。各位主持人在节目中的地位和参与度上升到了前所未有的高度,他们不再只是"绿叶",而是发挥各自不同的特长去吸引观众的眼球,使节目更有亮点。

3. 创新形式打造品牌主持群

《快乐大本营》在创立初期，就十分注重主持人的整体包装和形象打造，先后成功地将李湘、何炅、谢娜等人包装成为明星主持人，使得栏目的主持人阵容具有较强的吸引力，主持人的影响力和号召力成为收视率的保证之一。主持人包装明星化，不仅使主持人品牌化，也为栏目树立起了更完整、更完美的品牌形象，形成主持人和栏目相互带动的模式。

为了打造统一的品牌形象，每期节目主持群都会根据主题穿统一色调的时尚服装，形成统一着装风格，有时可爱清新，有时搞怪非主流，有时又比较正式，给观众留下深刻印象的同时又区别于其他综艺娱乐节目，形成自己的特色，为整档节目增添了许多魅力，并成为吸引观众眼球的亮点。与很多节目的主持人形象美化包装不同，《快乐大本营》主持人走的是本色路线，努力将主持人最本色的一面呈现给观众，对每位主持人的缺点不加掩饰，甚至故意暴露；他们在主持节目时就像平时朋友之间的聊天、打闹，让明星回归生活、回归本真，将他们舞台上光鲜亮丽之外的另一面真实地展现在观众面前，形成主持生活化特色。也正因为这样，在观众心目当中，“快乐家族”像一群活泼可爱的孩子，又像是自己身边的朋友，可触可感，真实亲切。

(二)模式创意分析

1. 节目环节不断推陈出新

《快乐大本营》从创办初期到现在，节目模式不断推陈出新、与时俱进。在环节设置上，为防止观众出现审美疲劳，15 年来经历了数次大的调整和改版，环节也一变再变，但唯一不变的是栏目的名称和宗旨。用栏目主创人员的话说，就是“三月一调整，一年一大改”，改版的规模有大有小，每次改版都取得了不同的效果。2000 年，《快乐大本营》正式推出“乐华 IQ 无限”板块，一露面就在中华大地引起热烈反响；2003 年，推出传递爱的力量的一个全新环节——“爱的速递”，帮助观众完成心里对亲人、朋友、爱人的感情遗憾或愿望，这一环节一经推出，报名者如潮，在全国掀起了传递爱的热潮；2004 年，推出“你最红”系列活动，包括“夺宝你最红”、“运动你最红”、“冒险你最红”等板块，首次尝试全外景的操作模式；2008 年，在全民迎奥运的大背景下，推出了“我爱奥运”系列活动，让众多大牌明星回归舞台，节目屡次拿下全国收视第一的佳绩；2011 年推出“神马都给力”环节，是零推荐门槛的草根娱乐秀，参与嘉宾均是自荐或者推荐上节目的普通人，此环节通过最潮的微博进行达人征集，并采用现场“上墙”的方式，和观众进行互动；2012 年 4 月为迎接《快乐大本营》开办 15 周年，推出新单元“啊啊啊啊科学实验站”。新环节、新板块的不断推出，增强了节目的活力和生命力，让《快乐大本营》从一个成功走向另一个成功，而且还对湖南卫视其他节目，甚至其他卫视的节目制作产生了积极的引导作用。可以说，《快乐大本营》在不断创新、不断完善自身形式的同时，也在用另一种方式引领着内地娱乐节目发展的潮流。

2. 节目表现形式精彩纷呈

《快乐大本营》形式丰富多彩、不断创新，各种各样的表演方式都能在这里出现，有传统的比赛、游戏、歌舞、现场绝活表演等方式，还有化妆造型、厨艺展示、按摩等生活表现形式，它用各种不同的形式变换、丰富着舞台表现，在保证节目板块整体固定的前提下，经常注入新的内容，不断给观众带来惊喜。2006 年《快乐大本营》成功举办“闪亮新主播全国选拔赛”，这是中国第一档面向大众零门槛的主持人选秀活动，吸引了众多年轻人的参与和广大观众的关注。2011 年推出“神马都给力”环节后，各种绝活表演精彩纷呈，让观众一饱眼福，大开眼界。

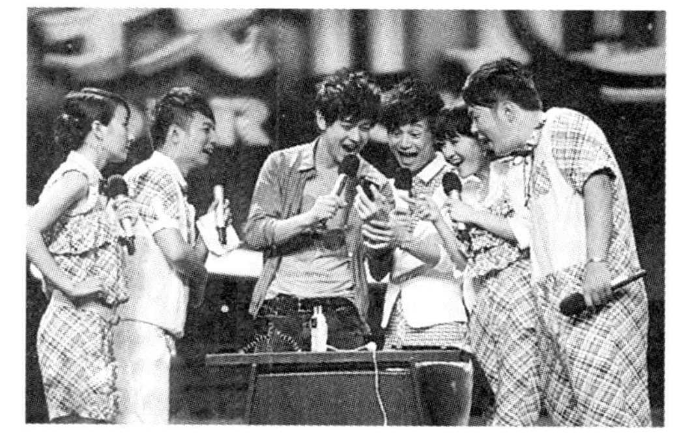

《快乐大本营》录制现场

3. 节目现场形式随意化

《快乐大本营》的谈话形式非常随意化、生活化，除了口号外，没有固定的谈话形式，主要是以拉家常式的话语来表达，让节目在整体上感觉不做作，非常真实。在节目中，主持人以及嘉宾的谈话和搞笑场景，完全是本能地发出、随意地表现，而不是在刻意地找笑点。这种随意化的方式能够淡化主持人与嘉宾之间的界限，让人觉得他们之间的对话更像是朋友之间的谈话，而不是访谈。

（三）栏目内容创意分析

传媒世界，内容为王，这是一个颠扑不破的真理，对于电视综艺节目来说尤其如此。不论节目的形式如何新鲜、新颖、新奇，如果没有好的内容支撑，节目也难以得到受众的认同；好的内容如果不经常刷新，节目同样也难以得到受众持续的追捧。15 年来，《快乐大本营》在节目内容方面持续创新，开创内地户外真人秀、主题娱乐等环节，走在了国内电视娱乐节目的前沿。

1. 主题紧扣热点事件

2007 年开始，《快乐大本营》不再拘泥于固定的节目模式，每期节目都根据明星嘉宾量身定做，根据嘉宾的经历、背景、特点，在设置情景、主题、环节时，充分体现明星嘉宾真实的个性特点。《快乐大本营》每期节目都会有一个鲜明的主题，而且主题都紧扣热点，有时是围绕一部即将上映的影视剧作品，有时是一部已经有很大影响力的影视剧作品，有时是娱乐圈内热点人物，有时与热点事件相结合，等等。例如，《北京爱情故事》热播后，两位主演的恋情也随之成为娱乐圈内热点话题，此时《快乐大本营》邀请到这两位主演，并结合一部即将上映的新电影，推出了以“时尚男人范”为主题的节目。选定主题后，根据预定的主题进行每一板块的节目策划，使各板块之间不脱离主题，并且每个板块之间又有恰到好处的过渡，使观众不会产生不适应的感觉，节目递进式地突出主题，使整期节目看下来显得流畅又有起伏，符合人们的欣赏习惯和审美需求。

2. 节目内容生活化、幽默化

《快乐大本营》在内容上尽量做到生活化、幽默化。主持群体话语完全是拉家常，而且选择的话题大多轻松幽默，让嘉宾和观众都处于放松的状态。除了个别板块，整个节目都非常注重增加搞笑的环节，并且将搞笑作为节目设计的基本出发点。节目结合主持人何炅、谢娜、杜海涛等搞笑的特点，给予其充分发挥的空间，并在音效、画面、灯光、道具、后期等要素的配置上给以配合，力图营造出轻松幽默的节目氛围。游戏环节也设置得非常轻松有趣、充满创意。《快乐大本营》一直倡导“全民娱乐”的理念，游戏在节目中占很大比重，作为节目重要的一环贯穿节目始终。游戏的设置也非常有创意，除了游戏环节巧妙外，奖惩也非常有趣，有时还带有一定的公益性质。在《快乐大本营》的舞台上，主持人、嘉宾、现场观众通过一个个富有创造性、轻松欢快的游戏带来一场场充满快乐气息的盛宴。

3.节目嘉宾平民化，受众参与性较强

《快乐大本营》邀请的嘉宾既有明星大腕也有普通百姓、草根阶层。明星和草根两个不同的社会阶层，在同一个舞台上都可以展示自己的个性和魅力。普通的百姓，只要你有闪光点或者独特的魅力，不管你是小朋友还是花甲老人，都可以在这个舞台上展示自己，实现了明星和草根的同台竞技。《快乐大本营》特别注重参与性，场内嘉宾和观众可以现场参与，游戏时场下普通观众也可以上台和明星一起互动做游戏，场外电视观众则可以热线参与、微博参与等。这也让《快乐大本营》成为大众的、全民式的娱乐大会。

《快乐大本营》录制现场

(四)栏目理念创意分析

随着时代的改变和大众审美口味的变化，《快乐大本营》不断调整节目理念，由娱乐大众调整为大众娱乐。1997 年，《快乐大本营》提出了“快乐大本营，天天好心情”这个后来被广大电视观众广为接受、耳熟能详的宣传语。“从 2004 年开始，栏目开始确立以阶段性活动为亮点，以普通观众为主角的节目改版方向，淡化‘大综艺’的明星套路，逐步尝试‘海选’、‘真人秀’、‘现场 PK’等‘泛娱乐化’的新概念。《快乐大本营》栏目新创意的主题性综艺节目，突出了‘全民娱乐’的新概念，为普通观众或草根团体、组合打造了一个展现个性的‘全民娱乐’平台和分享快乐的机会，同时也极力为电视机前的观众推介时尚、新奇的文艺表演形式,传递‘快乐至上’的娱乐精神,突出了以观众为主体的‘娱乐天下’的节目宗旨。”[①]2007年,开始逐步推出“主题娱乐”的新概念,每期都有一个鲜明的主题,围绕这一主题设置节目各个环节的内容,成功实现从“全民娱乐”到“主题娱乐”的转变。

(五)栏目市场化创意分析

《快乐大本营》将娱乐与市场相结合,其营销机制与节目定位相辅相成,节目内容的定位和受众的定位与冠名商、赞助商的消费群体相吻合。《快乐大本营》清新时尚,受众年轻化,其广告商、冠名权的选择也秉承着新锐、时尚的特征。《快乐大本营》首先对冠名商、赞助商品牌的特色进行深入的了解,然后将这一品牌理念融入到娱乐节目中,策划出观众喜爱的节目内容,让观众在潜移默化中接受该品牌理念,以达到对品牌宣传的目的。从专业角度帮助客户挖掘品牌更深层次、更生活化、更富人文性的产品特征,来丰富节目的内容,同时也提高观众对产品的兴趣。再者,《快乐大本营》利用自己的品牌优势,搭建出了一个观众、明星、广告融为一体的平台,并吸引了大量的明星参与其中,从而成为一种免费宣传手段,让观众了解明星,并且扩大明星的影响力。这样,邀请的嘉宾就各有特色,更具活力,同时也降低了节目制作成本。

《快乐大本营》作为湖南卫视名声最响的王牌综艺节目,坚持“快乐中国”的理念,以丰富的内容创意和不断的节目创新占据了电视综艺娱乐节目的重要地位,在中国电视综艺娱乐节目的版图上占有相当大的份额和空间。栏目模式和内容不断创新,节目生活化、平民化,观众参与性强,主持人各有个性、角色定位明确,这些都是它成功的重要表现。它的成功经验值得每一个电视娱乐节目借鉴学习,也值得在以后的电视节目运作中运用。但《快乐大本营》也有不足之处,“快乐家族”推崇简单快乐,简单不等同于低俗,引导力和影响力对一个节目越来越重要,节目的内涵仍有待提升;商业气息太过浓厚,而社会效益则被逐渐忽视,这容易导致观众的反感,《快乐大本营》在社会效益的重视程度上有待提高。

---

① 百度百科,http://baike.baidu.com/view/182507.htm

凤凰卫视《凤凰早班车》

一、《凤凰早班车》栏目简介

《凤凰早班车》是香港凤凰卫视中文台于 1998 年 4 月推出的一档早间直播新闻节目，时长 45 分钟；以转述当天报纸、网络上的最新新闻为主，另外还有一部分来自美联社、路透社等各大通讯社的图像新闻和少量自采新闻；主持人在新闻播报时采用口语化的“说新闻”方式；内容包罗万象，包括政治、时事、财经、娱乐、体育等内容，分别在“环球聚焦”、“两岸三地”、“网络传真”和“专线大观”四个小板块中表现出来，基本上可以说是一个早间新闻汇集，或者说“早间新闻快餐”。

“醒目的一天，从《凤凰早班车》开始”，这是《凤凰早班车》的宣传语。透过凤凰卫视庞大的报道网络从国际各个主要通讯社获得新闻信息，在观众上班或上课前，由主持人率先引领观众知晓国际上最新发生的重大事情。《凤凰早班车》最初的主持人是陈鲁豫。现在的主持人刘芳、杨娟和杨舒温婉亲切、专业博学、思路敏捷，她们各有风格，互相辉映，让观众在掌握最新国际大事的同时，又能感觉如沐春风，更有干劲地迎接新一天的挑战。

二、《凤凰早班车》栏目创意分析

在日益激烈的媒介竞争环境下，新闻栏目的开拓与优化是一个媒体影响力的重要体现,也是媒体在新闻大战中占尽先机、立于不败之地的一个重要途径。凤凰卫视留给人的第一印象总与新闻有关,因此创新作为凤凰卫视的生命线,也被充分地应用到了新闻栏目中。正是因为凤凰卫视一贯保持的创新精神,使得其多年来一直走在业界的前端,引领着业界变革的浪潮。作为凤凰卫视早间新闻的重要栏目,《凤凰早班车》一出现就以其创新的风格吸引了观众的目光。

(一)创新的内容编排

在新闻内容方面,《凤凰早班车》主要进行了以下三个方面的创新:

1.渠道方面

近些年,新闻媒介间的竞争已日趋白热化,如何更好地整合资源为己所用,是《凤凰早班车》考虑的首要因素。栏目组本身不设记者,不承担外出采访的任务,奉行"拿来主义",无论是网络还是报纸,都可以成为其新闻的来源。栏目创办的立意就是第一时间让观众收看到最新的新闻,并不在乎新闻从何而来,接受一切可以提供新闻线索的元素加入。在这种定位思想的指导下,《凤凰早班车》栏目尽全力满足的是受众的知晓欲,集合各媒体来为这一目标服务。它为进一步开拓中国电视新闻节目空间探索出了一条新道路,同时也为媒介之间进一步融合和交流提供了一个范例。

2.信息量方面

从数量上来说,除去广告、气象节目时间,《凤凰早班车》的有效时间为31分钟,平均每天播出新闻37条,平均每条新闻的时长为50秒。作为早间栏目,《凤凰早班车》的主旨是让受众在早间不多的时间内用最快速度了解更多信息。因此,在栏目编排上,多将同一主题和同一题材的新闻编排在一起,做集纳式报道,既节省了时间也增加了有效信息量。观众打开电视机,各取所需,得到自己希望知道的消息。这些新闻大部分属于事件性新闻,经验性、总结性等非事件性新闻较少,新闻六要素基本上能得到明确交代,具备相当高的新闻质量。

3.信息的时效方面

"在第一时间内告诉观众最新的新闻"是《凤凰早班车》创办的宗旨,也是栏目的立足之本。这里的“第一时间”包含两重含义。首先，对新闻本身来说，是在第一时间发生的。这一点通过《凤凰早班车》的新闻来源渠道得以保证：香港是一个信息中心，同时也是一个国际化大都市，这里的报界一直保持着快速报道的传统。无论是国内各大报纸的新闻，还是外媒如美联社、路透社的新闻，都会在第一时间进行汇总，为《凤凰早班车》提供内容和基础。其次，对受众来说，早晨正是大部分人起床到上班之间的准备时间，在需要得知过去一天发生哪些新闻的同时，没有过多精力去关注报纸等媒体，他们只希望获悉大量的消息而不是探索新闻背后的意义和关系。《凤凰早班车》准确把握住这个时机和心态，将定位保证在“快”和“新”上，其他一切工作均为之服务。

（二）创新的报道形式

《凤凰早班车》的出现，给当时的电视新闻节目带来了耳目一新的感觉，开创了“说新闻”的播报形式。“说新闻”的开端起源于早间新闻为了追求时效性，来不及编稿，只能通过主持人以口语化的播报方式讲述前一天发生的新闻事件，没想到竟成了一种新的新闻播报形式。主持人清晰亲切的声音、轻松自如的语言，令刚刚睡醒的人们精神为之一振。《凤凰早班车》改变了观众对于新闻播音的刻板印象，“说新闻”引起了观众很大的兴趣，这种崭新的播报方式也引起了国内电视界新闻播报方式的变革。一时间，各电视台纷纷推出自己的“说新闻”节目，普遍受到观众的好评。

1. 从“播新闻”到“说新闻”的转变

当今社会是一个竞争的时代，媒体的竞争也不例外。人们需要大量的信息，作为提供信息的主渠道，广播、电视、报纸、互联网都在不断地推陈出新，新闻节目当然是各家媒体的重头戏。在快节奏的生活环境中，新闻传播只有求新、求快、求活才会有竞争力。

“说新闻”以快节奏、多变化的特点顺应了这一要求。“说新闻”免去了传统新闻的撰稿、编辑、审查等过程，由主持人根据获得的信息直接说出来，节省了大量时间，保证了时效性。同时，“说新闻”还充满了人文关怀。“播”，是一种广而告之的传播方式，讲求距离感产生的权威性。“说”，主持人和观众是一对一的谈话，由此冲淡了紧张感，消除了距离感。“说”比较平和，可以优化传播环境，提高传播效率，易于与受众融合。因此，“说新闻”模式很快就引起了业内人士的关注。“说”与“播”的区别之一在于一个无稿一个有稿，即一个是用自己的理解说，一个是照着稿子念。前者更强调以人为本，把对人的尊重放在了首位，一下子拉近了与受众的距离。

“说新闻”之所以受到广大观众的喜爱，主要有以下几个原因：首先，贴近性。人们喜欢在平等的氛围中获取信息，新闻的原始传播形态就是老百姓的街谈巷议。“说新闻”创造了一个心平气和、平等对话的传播环境。主持人作为传播活动中的媒介，把自己知道的告诉大家。这种播报方式符合受众渴望平等的心理需求。其次，灵活性。传统的电视新闻播音员都是正襟危坐，表情严肃，而“说新闻”节目中的主持人在语言习惯、着装喜好、动作表情等方面都比较灵活，主持人的个性、气质能得到充分的展示，成为构成节目个性化特点的元素，进而增强节目的个性化色彩。最后，缓冲性。新闻语言是一种高度浓缩的语言，它的特点是言简意赅。采用传统播报方式一方面语言干净利落，另一方面语气较硬，而“说新闻”的语言鲜活、生动，富有表现力和感染力，使得观众更易于理解和接受。

2.“说新闻”主持人是关键

《凤凰早班车》为了求新求快，在极短时间内必须完成从挑选新闻到播出新闻的一系列工作，这中间根本没有时间去编辑文字稿，以保证像其他新闻节目一样四平八稳地播出，这就要求身兼审稿、编辑、主播三职的主持人能快速从成堆的新闻中识别哪些是该播出的新闻，再把这些新闻的内容加以理解记忆，面对镜头时用自己的语言有条不紊地说出去。这样《凤凰早班车》与主持人就成了息息相关、不可分割的一个整体。可以说，主持人的个人表现是否出色直接影响到节目的成败。

主持人不再仅仅是信息的发布者，而且是受众感官的一部分，她代表和引导受众去听去看，和观众一起思考，以一种平等、轻松的播报方式取代了“你播我听”的灌输方式。主持人以轻松随和的语调、大方得体的举止、细致多维的视角，让观众感到亲切、自然，给观众一种朋友般的亲近感和信赖感，媒体和观众间的距离大为缩短。

《凤凰早班车》鼓励个性张扬，通过个性张扬使节目带有个性化的光彩，这在无形之中增强了主持人的个人魅力，使观众在接收信息的同时也接受继而认可了主持人那娓娓道来“说新闻”的方式以及她们所传递的价值观念和新闻思想。反过来说，《凤凰早班车》的运行机制也为主持人提供了一个发挥个性的广阔空间，使她们的新闻思想和价值观念愈来愈成熟和明晰，这是一种良性及互动的循环。《凤凰早班车》的主持人不是光普通话标准就能胜任的，它要求主持人具备优秀的新闻素质、坚持不懈的新闻积累、快速的理解记忆能力、极佳的表达能力和严密的逻辑思维能力。这也对新闻节目主持人提出了更高的要求。

《凤凰早班车》主持人杨舒

《凤凰早班车》栏目一直处在发展变化之中，在追求新闻规律的同时并不拘泥于形式的束缚，这也是为什么《凤凰早班车》对现有中国内地新闻节目造成强大冲击力的原因之一。《凤凰早班车》的出现为电视新闻人进一步解放思想，开拓更广阔的新闻节目思维空间指出了一条新思路。

“说新闻”这种创新的播报方式如同横空出世的一匹黑马，使沿袭了多年的新闻播报有了新的声音。“说新闻”是时代的必然，随着社会的发展、人民文化精神物质的极大丰富，特别是改革开放给人们带来的种种巨大变化，新闻表达的内容更加丰富、更加鲜活。从国家大事到市井百态，从明星事件到柴米油盐酱醋茶，多角度、多层次地反映百姓生活成为新闻宣传的重要任务，说百姓关心的事成为现今社会的需要，新闻面向人民、面向社会，新闻传播平民化也就成了现今新闻传播的一大特点。“说新闻”以平实的语调、贴近生活的表达，极好地表现了新闻内容的特性，值得我们关注。

在市场经济与改革开放走向深入的今天，电视观众对快捷、全面、深刻的信息需求以及深层次的精神文化需求正与日俱增，同时，对于财富与时尚的感受更加强烈。当互联网开始吸引公众的眼球，观众必然对电视更加挑剔，观众也更具有自主选择的权利。品牌栏目与精品节目将更具竞争优势，而那些既无思想又无创意的电视垃圾必将被观众无情地抛弃。电视人只有立足世界电视前沿，不断更新传播理念，制作适应国情与文化传统的节目，才能彰显电视无与伦比的魅力。

凤凰卫视《鲁豫有约》

一、《鲁豫有约》栏目简介

《鲁豫有约》是香港凤凰卫视于 1998 年开播的电视谈话节目，被《新周刊》誉为“15 年来中国最有价值的电视节目”，它已经走过了 14 年的辉煌历程。自开播以来，节目收视率在同类型节目中居高不下，主持人陈鲁豫也借此成为家喻户晓的著名主持人，被誉为“东方奥普拉”。

2005 年，《鲁豫有约》进行改版，由原来的一对一访谈、探访嘉宾特殊历史故事改为演播室录制，访谈现场允许三百多名观众参与。经过改版后，《鲁豫有约》的嘉宾倾向于明星化、娱乐化，还会根据内地市场做出内容方面的微调。业界对这次改版褒贬不一，但几年下来，坚持自己风格和定位的《鲁豫有约》用栏目影响力和居高不下的收视率证明了自己的实力。

2008 年，湖南卫视购买了《鲁豫有约》在中国内地的独播版权并于当年 4 月 14 日开始播出。栏目更名为《快乐心灵 鲁豫有约》，在每周一到周五的晚间21:27播出。登陆湖南卫视后节目进行了微调，节目嘉宾更加明星化、娱乐化，在外界看来《鲁豫有约》俨然成了一个综艺娱乐谈话节目。

2010 年 4 月，节目播出平台转战至安徽卫视，并更名为《爱传万家——说出你的故事》，在节目中，明星、娱乐依旧占据较大比重。经过多次的改版之后，《鲁豫有约》逐渐形成了自己成熟的品牌。

二、《鲁豫有约》栏目创意分析

《鲁豫有约》是一档谈话类节目。从狭义上来讲，谈话类节目是由主持人邀请嘉宾和观众，围绕着公众普遍关心的重要问题进行公开讨论，讨论的氛围是轻松和谐、民主平等的。《鲁豫有约》除了具备普通谈话节目所需的基本元素之外，还拥有一些自身的特色，也正是这些创新之处成了节目长盛不衰的法宝。

1. 平民化定位

电视栏目同产品一样，要想做好，必须有精准的定位，选定正确的受众群体。中国社会占绝大多数的是普通老百姓，《鲁豫有约》正是看准了这部分受众群，选择走平民化路线。各阶层人物的苦乐经历和心路轨迹会引起同阶层人群的共鸣，平民化定位的选择对收视率是一个基本和必要的保障。因此，即便节目不是开创国内谈话类节目的首位掘金者，依旧凭借出色的表现在同类型节目中扮演着领头羊的角色。

在内容设计上栏目同样是平民化定位，《鲁豫有约》在栏目的内容设计上也有自己的特色。节目的开场都是简单、随意的风格，没有特别华丽的出场设计，因而给人以真实感和亲近感。嘉宾与主持人落座之后，主持人会根据节目开场前的准备层层递进地对嘉宾进行访谈，不时地还会穿插一些视频，或者请几位跟嘉宾相关联的重要人物来到现场，让节目内容更加丰富，也让观众更全面地了解采访嘉宾。在节目最后结尾时，主持人会对嘉宾做一个简单的总结，给予嘉宾鼓励并表达感谢，有时也会用嘉宾的表演来结束整场节目。整个栏目的风格很平民化，具有亲切感。尽管乍一看没有独到之处，但在观感上却显示出了一种平淡的特色，各个环节之间的过渡也很流畅。

2. 亲民化理念营造轻松的谈话氛围

《鲁豫有约》以一种广大观众都能接受的谈话式采访方式，迎合大众口味，并力求在细节上做到生动感人。凡看过该节目的观众，都能够很清晰地感受到节目中自然流露出的强烈的人文气息，民主、温馨的谈话氛围，以及平等的对话语境。充分显示节目亲民化的理念和个性化的人文视角，这不是其他节目能轻易模仿的。表面看主持人陈鲁豫是在跟嘉宾闲聊，类似我们生活中拉家常的感觉，但却能让观众从聊天里有所感悟，有所受益。这是一种很轻松的方式，不是生搬硬套，也不是强制性地让观众去接受节目想传达的理念。这种随意性不仅能让到场的嘉宾感到自在，也能让电视机前的观众感到轻松。

陈鲁豫采访袖珍情侣朱洁、秦学仕

陈鲁豫每次采访时，都很谦虚很真诚地倾听别人的故事，绝不是敷衍，而且十分尊重嘉宾。若仔细研究陈鲁豫的说话方式，会发现她最常用提问的方式来挖掘更深层次的东西。因而观众能在节目中看到陈鲁豫不紧不慢地把大家想要了解的东西，让嘉宾自愿地表达出来。当然，陈鲁豫在聊天的时候，也会跟嘉宾分享一些自己的经历和故事，这能让正式的谈话氛围变得轻松，获得嘉宾的信赖。

3.选题广泛、追踪热点

《鲁豫有约》栏目在嘉宾选择上没有限制，在选题上更是非常宽泛，不管是被采访的嘉宾还是话题内容的选择都非常贴近百姓、贴近生活，而且时时追踪社会热点，满足观众对热点话题的追逐欲。每期节目都有特定的主题，且大多为积极向上的，节目力图做到让观众在最有限的时间里，尽可能多地去关注、了解社会上各个方面的东西，并深入地挖掘这些问题的核心。节目宣扬的是一种普通生活中简单的人生故事，是更为轻松平和的人生态度。节目还充分考虑观众所需，选择适合大众口味的节目话题，适时捕捉社会焦点以满足当下受众的心理诉求。搜索最新最热最具争议的事件信息，不仅能带来短期的收视狂潮，吸引新的受众群体的目光，也会迅速提升节目的知名度。例如，2012 年伦敦奥运会期间，奥运是最为广大观众谈论和关注的热点话题，中国的奥运冠军更是焦点，《鲁豫有约》紧抓奥运热点，在 8 月份相继推出了采访奥运冠军林丹和李娜的节目。

4.个性化的栏目名称

一个个性化的栏目名称，不仅能够迅速抓住观众的注意力，提高栏目的收视率，也是形成自己品牌的重要方法之一。《鲁豫有约》在栏目命名上也有自己的别致之处。首先，栏目并没有刻意回避企业冠名。例如《昆仑润滑油特约之鲁豫有约》、《长虹特约之鲁豫有约》，这种冠名方式在此前算得上是一个创新，对栏目和商家都是双赢的。其次，《鲁豫有约》在栏目名称上采用了主持人的名字，这不仅能借助主持人本身的知名度将栏目打造成品牌，也表明了主持人在节目中的重要性，凸显了主持人的作用。观众也会对栏目产生新鲜的第一印象，会认为这是一档个性化的私人聊天节目，并且通过观看节目认识主持人，继而记住栏目。栏目名称中"有约"二字也会给人以亲近、温馨、浪漫的感觉，又夹杂着一种神秘感，让观众对节目产生兴趣。这档节目是为陈鲁豫量身打造的，充分尊重了她的个性特点，也最大限度地提供了让主持人自由发挥的空间。

《鲁豫有约》用主持人名字命名的模式体现了一种新的传媒营销模式，即逐步建立主持人的品牌优势，继而利用主持人的名人效应带动节目的品牌，获取经济价值。这一模式后来被其他节目仿效。

5. 主持人风格鲜明

主持人是一档优秀的品牌节目的灵魂人物，尤其是对于谈话类节目来说。一档电视节目就算设计上再新颖、再引人入胜，如果没有一个能走进观众心里的主持人，这个节目也不能算成功。《鲁豫有约》在主持人方面就做得很成功。

很多人都知道，陈鲁豫的偶像是美国著名的脱口秀节目主持人奥普拉·温弗瑞，她主持的节目，就好像是在与一个好朋友交谈。我们在看《鲁豫有约》的时候，也通常会感觉很轻松，陈鲁豫和嘉宾之间自然的互动亲切而不做作。她的主持风格清新自然，永远都是带着邻家女孩般真诚自然的笑容出现在嘉宾和观众的面前，也正是因为这种亲切感，嘉宾愿意向她倾诉，观众也愿意相信她。

在节目中，陈鲁豫并没有过多的装扮，妆容干净而清透，一身简单舒适的衣服，让观众倍感亲切。鲁豫展现给观众的是一种宁静、恬淡、温和的感觉，不会让观众产生距离感，非常具有亲和力。许多观众评价鲁豫就是"大方而不艳丽，聪明而不做作"。

很多电视谈话类的节目主持人都会苦于不知道如何跟嘉宾进行更深层次的对话，一方面是由于自身知识的匮乏，另一个很重要的原因就是没有在事前做好充足的准备工作。作为主持人，若不能与嘉宾感同身受，就不会让电视机前的观众有更深的体会。当然，现实生活中的主持人不可能对各行各业的专业知识和专业术语都了如指掌，对于不同嘉宾的不同心理更不能把握得很到位。因此，在做节目之前，陈鲁豫会做大量的准备，以自信饱满的姿态出现在嘉宾和观众面前，不会跟嘉宾产生距离感。

《鲁豫有约》主持人陈鲁豫

电视谈话类节目贵在真实，唯有真实的话语和真实的谈话过程，才能营造一个轻松的环境，实现情感和观点的真诚交流。在节目中，陈鲁豫没有伪装自己，而是将最真实的一面展现出来，与嘉宾真诚沟通。她没有刻意地为自己的谈话寻找什么切入点，没有把自己显得高高在上质问嘉宾，也不会趋炎附势迎合嘉宾，而是做真实的自己，像好朋友一样非常亲切自然地和嘉宾一起去重温曾经最动人的真实记忆，或成功，或泪水，让观众从中看到了每位嘉宾成功背后不为人知的酸甜苦辣，从一个个最为真实的故事中，体会最深刻的人生哲理。

《鲁豫有约》为树立自己的品牌，通过各种新媒体综合推广自己，不断美化外在的形象包装，栏目的内容不断根据观众的口味进行调整；在主持人形象塑造上，充分展示鲜明的主持风格，通过各种活动来提升主持人的公关形象。在经过多次改版和播出平台的变换后，逐渐形成了栏目自身的品牌。播出平台的多次变换，不仅没有给栏目本身带来不利影响，反而逐渐扩大了栏目的知名度和收视群，提高了观众的品牌忠诚度。

随着社会的发展进步，文化生活变得丰富多样，大众需求也更加多样化，而且不同媒介之间的竞争日趋白热化，栏目之间的竞争也日益激烈，电视媒体的与时俱进显得迫在眉睫。要想获得长久的发展，需要在栏目特色和主持人风格特色上多下功夫，做到既符合普通大众的口味，又具有节目自身的特色。《鲁豫有约》也在努力地尝试创新和改变，虽然成效较慢，也引发了多方的争议，但作为一个老牌电视栏目，作为一个出色节目主持人的陈鲁豫，我们有理由相信他们会用实力给观众带来不一样的惊喜。未来的《鲁豫有约》将如何进行自身的突破和发展，如何推陈出新，如何更好地塑造主持人，对此我们拭目以待。

凤凰卫视《锵锵三人行》

一、《锵锵三人行》栏目简介

《锵锵三人行》是凤凰卫视于 1998 年 4 月创办的一档电视谈话类节目。主持人窦文涛与另两位传媒界精英名嘴，一起针对每日热门新闻事件各抒己见，但他们谈论的内容不属于追求问题答案的“正论”，而是“俗人闲话”，一派“多少天下事，尽付笑谈中”的豪情，融汇信息传播、制造乐趣与辨析事理三大元素于一身。主持人与两位嘉宾宛如“三友闲聚”，努力回归即兴聊天本色，坦诚相见，言论真实。在谈笑风生中以个性化的表达，关注时事资讯，传递民间话语，交流自由观点，呈现生活体验，不掩真实性情，分享聊天趣味。看似“平衡一下”的“滑头话”，其实是窦文涛在引导嘉宾发表带有个人色彩的大胆言论，有时又略显露骨，营造日常聊天的形态、谈笑风生的气氛，力求轻松、幽默。①

《锵锵三人行》名称中的“锵锵”二字来源于古语“凤凰于飞，和鸣锵锵”，而“三人行”来源于我们所熟悉的《论语》，孔子曰“三人行必有吾师焉”，这也就是为什么《锵锵三人行》节目现场主持人和嘉宾加在一起永远只有三个人的原因。对于二者结合在一起的解释，主持人窦文涛将“锵锵”的声音比喻为节目中嘉宾各抒己见的

① 百度百科，http://baike.baidu.com/view/979959.htm

声音,这种声音就是凤凰的声音。将“锵锵”这个概念引申为开放、民主、自由,栏目就是一个思辨的谈话平台。

二、《锵锵三人行》栏目创意分析

1.“客厅式聊天”方式

《锵锵三人行》的摄影棚仅20平方米,除一张桌子、三把椅子、桌子上的三个茶杯以及有时堆放的一些书籍报刊外,没有任何道具,就是三个人坐着聊天。一般来说,西方社会谈话节目基本上都包含三个元素:主持人、嘉宾、现场观众,这样既可以表明其大众化立场,又可以在节目现场形成必要的互动,而且照目前的趋势来看,这样的现场也是华语电视谈话类节目未来的走向。但是《锵锵三人行》开播十多年来却保持了只有主持人和嘉宾的组合形式,没有任何现场观众可以互动。选定一个话题,全凭现场三张嘴进行交流,但是这种交流却不属于正襟危坐的专家评论,正如介绍中所提到的“不属于追求问题答案的‘正论’,而是‘俗人闲话’”,这种传播理念奠定了其“客厅式聊天”的谈话方式。这种独特的谈话方式不同于以往我们所熟悉的“访谈式”谈话方式,如《鲁豫有约》、《杨澜访谈录》等,也不同于后来新出现的现场“辩论式”谈话方式,如《一虎一席谈》、《齐鲁开讲》等。这种“客厅式聊天”的谈话方式的成功,使得内地好多电视台都试图效仿并进行了类似的尝试,但都由于各种原因没有达到预期的效果。

《锵锵三人行》演播室现场

《锵锵三人行》中,主持人与嘉宾之间不再是传统的采访者与被采访者的关系,而是在放松随意的状态下表现类似亲密朋友的关系。通过主持人和嘉宾对某话题的谈论,将原本的“问答”变成了“聊天”,“访问”变成了“漫谈”。这样做的好处是能够使嘉宾放下警惕的心理,在轻松随意的状态下表现出真实的内心感受,而只有在这种状态下的真实交流才能够真正打动观众。[①] 这种即兴的、非台本表演式的自然聊天,一方面能使嘉宾和主持人之间迸发出更多新的思想,另一方面也让嘉宾和主持人聊得尽兴,观众听得开心。节目在录制尾声没有选择打断聊天,而是在推出字幕和背景音乐的同时继续聊天,这也使得观众产生一种意犹未尽的感觉,甚至会集中精力听清楚背景音乐下的聊天内容。

《锵锵三人行》这种"客厅式聊天"的谈话方式还表现在聊天者没有一本正经,故作高深,也不苛求观点深刻,见解全面,而是追求聊天要聊得有趣,在面对某一话题时,主持人和嘉宾不是忙着讲大道理,而是通过插段子、讲故事,通过聊天、讨论的方式,力求通过话语本身的魅力吸引观众。[②]

一个成功的谈话节目的最佳状态就是真诚、自然,也就是要尊重每一个人,包括嘉宾、现场观众以及收看节目的观众的说话权利,尽量将他们的观点融入其中,从而营造一个自由的谈话氛围。相反,不真诚、不自然就无法打动观众。可见,谈话节目的生命力,在于真实的谈话,只有真实的谈话才能在现场形成一个良好的"场效应"。而《锵锵三人行》成功的关键就在于通过其独特的"客厅式聊天"方式将一个"真实的谈话场"呈现在了观众的面前。[③]

2. 选择具有新闻性的话题

谈话类节目普遍追求话题的新闻性,要求话题是当下社会普通大众共同关注的问题。改革开放以来的中国社会飞速发展,诸多变化着的社会观念让民众应接不暇。此时,作为大众化媒体的电视应该充分发挥其监视社会的功能,利用其广泛的社会资源,对新闻事件做出比较迅速的反应,从而使民众了解事件的真相。

作为谈话类节目的《锵锵三人行》,在利用其社会资源和媒体优势发挥自身功能的同时,还请到新闻知情者,通过聊天讨论的方式,还原事情的真相,让缺少渠道了解实情的普通民众在观看电视的同时,对事件作出正确的判断。例如,2008 年 9 月各大电视媒体报道了三鹿奶粉事件后,9 月 17 日,《锵锵三人行》栏目组请到了

---

① 韩蕊娟:《凤凰卫视〈锵锵三人行〉解析》,西北大学硕士学位论文,2009 年 6 月,第 8 页。

② 同上,第 9 页。

③ 同上,第 10 页。

《三联生活周刊》的记者李菁和中国人民大学食品科学与营养工程学院院长罗云波对该事件进行分析与讨论。记者李菁作为最先对“毒奶粉事件”进行报道的记者，对事件的解析更具体，而罗云波院长则能使大众了解毒奶粉的危害程度和大众需要注意的事项。

《锵锵三人行》栏目内容选题与时事密切相关，并非常关注最新发生的社会问题。作为一档日播节目，虽然每天的话题都不相同，但中国社会所发生的大大小小的事情，乃至一些世界大事，都会出现在节目的讨论列表中。在话题的选择上《锵锵三人行》几乎都是围绕着重大新闻事件和热点事件展开的，如在奥运会期间，《锵锵三人行》的选题为：《激辩中国羽毛球“争败”风波》、《林丹夺冠倒地痛哭 遭教练俯身“强吻”》、《从各方媒体看“刘翔事件”》、《伦敦碗外的奥运闭幕式》等。《锵锵三人行》在话题讨论时是以最不严肃的方式处理的，把严肃与沉重消解在轻松活跃的聊天气氛之中，但在活跃轻松之中道出了社会的严重问题和世间真理，于戏谑中给某些社会现象以重击。

3.主持人别具一格的江湖话语

2004 年《新周刊》发布“15 年来中国最有价值的电视节目主持人评选结果”，窦文涛榜上有名。评选认为“他独创了电视的江湖话语”，“中国电视谈话节目从窦文涛开始说‘人话’了”。看似言过其实，实则名副其实。窦文涛在主持中一直在努力寻找一种更贴近百姓生活的状态，用真心话表达人的真性情。相较于其他谈话类节目主持人的“眼泪加隐私的模式”，窦文涛作为一个“异数”在众多强势媒体的夹缝中顽强地存“活”下来，而且“活”得非常精彩，让无数观众为之倾倒，窦文涛用十多年的时间证实了这种别具一格的“江湖话语”的力量。

在主张碎片化、解构和戏仿的后现代语境中纯粹主义格外弥足珍贵，窦文涛没有盲目随从，他说“最快乐的时候就是忘记自我的时候，最快乐的时候就是最无耻的时候”。窦文涛的经典语录也为网友“膜拜”，如：“以前是人吃人的社会，现在是人逼人的社会”；“电表、水表、气表是现在人民真正的三个代表”；“有感于同样的劳动美国的工资是中国的几倍，我以前一直以为 80 年代、90 年代那么多人出国是为了理想为了自由，原来都是为了去挣美金”；“一个人想要过得很幸福其实很简单，难的只是人们往往都想要过得比别人幸福”等。于是在《锵锵三人行》中，你听到了“不伦不类”，听出了“厚颜无耻”，但在这些话语中让观众看到了“触目惊心”，收到了“振聋发聩”，更多听到的是——“真”。这种别具一格的江湖话语贯穿节目始终。

在栏目早期的时候，窦文涛从来不避讳那些来自民间趣味横生的“黄段子”，窦文涛曾坦言：“当我们谈正事谈累了，我们就讲段子；当我们无话可说了，我们就讲段子。这在一定程度上凸显出当前百姓的所思所想和大众的真实生活状态。这样就无形中消弭了节目同观众的隔膜感，使主持人和嘉宾更显平民化。”窦文涛是第一个将这种来自江湖的民间话语带到谈话节目中的主持人，也是这些“段子”让他被大众所熟知。或许迫于段子带来的言论失度有损媒体的公信力和权威性，现在的《锵锵三人行》“纯洁”了许多。

窦文涛的“窦式风格”还表现在最大限度地满足观众的“好奇欲”、“窥私欲”，比如在节目录制现场同嘉宾口无遮拦地相互调侃，包括与女嘉宾间的“打情骂俏”，最大限度还原了亲朋好友闲聊的“原生态”，这种在一定限度内的“调情式调侃”大受观众喜爱。

《锵锵三人行》主持人窦文涛

窦文涛在《锵锵三人行》中一炮而红，凤凰卫视顺势衍生出《明星三人行》、《老窦一家亲》、《老窦酒吧》、《文涛拍案》等，窦文涛也一举获得《新周刊》2004、2006年度“中国电视排行榜”中的“最佳谈话节目主持人”；2004年度《新周刊》“15年来中国最有价值的电视节目主持人”第三名；2006年，窦文涛以3.2亿的品牌价值位列《蒙代尔》杂志“2006年度中国最具价值主持人”排行榜第三名。

在《新周刊》对《锵锵三人行》的网络受众调查中，有77%的人热爱“锵锵”是因为其话题的热辣和主持人的风格，同时有78%的人表示，窦文涛离开后“锵锵”将再无颜色。窦文涛不在的时候，节目组曾经让陈鲁豫和梁文道来代班，播出后反响一般。栏目主编邹倚天也承认这一点：“这是他原创的节目，风格特别适合他的气质和个性，所以后来有电视台模仿，但都超不过‘锵锵’。”

4.栏目主持人与嘉宾、观众的真诚交流

美国传播学者唐·库什曼说过，“一个人要想与人沟通，不需要首肯对方的每一个想法，但必须把对方作为一个独特自我或重要的个人加以支持，积极的尊重对这种互动是最基本的。概括起来，一定要做到诚。”谈话类节目中若主持人和嘉宾让人感觉是在作秀，就无法实现真正的人际交流。这样就必须做到把“主持”缩得更小些，把“人”放得更大些。

在《新周刊》对《锵锵三人行》的网络受众调查中，“锵锵”观众的男女比例达到可贵的平衡，分别占到一半(女 50.75%)对一半(男 49.25%)，这个观众群体的生态平衡来自“锵锵”在嘉宾上的明智选择：既有聪明男性，也有生猛女人。但这些嘉宾都是和观众真诚交流，口由心生。

在《锵锵三人行》中，窦文涛和嘉宾真正做到了以心换心，坦诚相待。节目中的窦文涛，自信而不狂妄，真挚而不造作，谦虚而不自辱。从来不会不懂装懂，常虚心请教于嘉宾，或自嘲才疏学浅，不怕露短露丑，不自恃聪慧而逞口舌之讥，勇于自我批评。节目嘉宾常常以平和的姿态讲述事件的经过，以平缓或激昂的语气发表自己的意见，没有义愤填膺，只有强烈的表述欲，让观众跟着他们的思路和对事件的描述能有所思、所想、所获。

窦文涛说：“我就是个俗人，也没什么本事，主持对我而言就是一门养家糊口的手艺活，等同于剃头修脚一般。”真诚的姿态让观众从情感上易于接受，没有距离感，倍感亲切。窦文涛和嘉宾以心换心的交流使他们的观点能有效传达到受众，并对受众产生一定的效果。如 2008 年“5·12”汶川大地震后，《锵锵三人行》栏目一直紧紧围绕大地震展开话题。5 月 14 日窦文涛坦言自己经常眼含热泪收看救灾节目；5 月 21 日文涛说：“地震让很多生命瞬间流逝，不过再大的苦难也阻挡不住新生命的到来。”窦文涛言语真挚，情真意切，没有丝毫刻意煽情之态，完全是出于对鲜活生命的尊重与敬畏。观众看过之后心灵颇受震撼。

《锵锵三人行》栏目历经十余载，节目演播室除了背景和音乐换过之外，过节时加点红灯笼、圣诞树，基本上没有太大变化。但观众对其热情不减，这主要缘于栏目话题的选择、话语的表达、主持人和嘉宾的“真性情”还有那批判精神。

《锵锵三人行》这种脱口秀的形式，凭着自由宽泛的联想和多样化甚至娱乐化的表达展开的杂谈，它不具有形式逻辑对认识途径的确定性，在杂谈中给受众提供多角度、多层面甚至不经意间的思想碰撞或启发。① 正是这种大胆的创新，打造出此节目的特色和品牌。在这个话语权开放和信息高度发达的时代，《锵锵三人行》栏目这样真实的谈话平台才是人们所迫切需要的，这也是内地谈话类节目在以后的发展道路中可以借鉴和学习的关键所在。

① 张学霞：《论〈锵锵三人行〉的栏目形态》，《硅谷》2008 年第 1 期。

中央电视台《今日说法》

一、《今日说法》栏目简介

《今日说法》是中央电视台1999年1月2日推出的法制栏目，该栏目采取以案说法、大众参与、专家评说的节目样式。《今日说法》开启了中国“法制栏目”的先河，一年365天每天讲述一个故事，告诉大家一个法律点，因此取名《今日说法》。栏目的宗旨是“重在普法、监督执法、推动立法”，意在为百姓办实事。正是这样的宗旨使栏目在13年的历史中“点滴记录中国法制进程”，并最终形成了上承国家法制进程，下启百姓法制意识的行为能力。在秉承栏目一贯可看性强、条理分明的风格的基础上，增强每一期节目的新闻敏感度和案发现场的真实性，争取新闻因素和法律因素相结合，使节目产生更大的冲击力和社会互动力。

《今日说法》立足草根，以“人文关怀”的理想踏上一条“平民化”的现实道路。《今日说法》自开播以来，收视率不断攀升，开播当年就进入了以新闻类栏目为主的收视率第一方阵，稳居中央电视台收视率排行榜的前十名。2002年，扩版后的《今日说法》收视率再创新高，全台收视率排名第四。李长春曾批示“《今日说法》是‘三贴近’的典型”，刘云山认为

《今日说法》logo

"《今日说法》开创了'绿色收视'的奇迹"。栏目自开播以来获奖无数,如"全国法制宣传教育先进单位"、"全国青年文明号"、"巾帼建功先进集体"、"第三届新闻名栏目"、"全国法律援助先进单位"、"全国法制好新闻电视栏目类一等奖"、"电视法制节目全国十佳栏目奖"、"全国'五五'普法中期先进集体"等等。

除日常节目外,《今日说法》还推出了元旦、春节、法制日特别报道,"法治的力量"晚会等特别节目,这些节目都产生了较大反响。

二、《今日说法》栏目创意分析

上个世纪90年代中期后,"依法治国"方略的提出,在政治、经济、文化层面都对社会产生了较大的影响,加上市场经济体制逐步建立,人们对法制知识的渴求越来越强烈;同时为了规范市场秩序,建设法治国家,媒体也承担着普及法律知识的义务。于是,全国绝大部分的省级卫视都开设了自己的法制类节目,在众多的同类节目中,《今日说法》如何实现创新和突破,是栏目制作人时常考虑的问题。

1."平民普法"的栏目定位

《今日说法》虽然是以普法教育为目的,但是它并没有明确地以"引导人、教育人"为宗旨,而是以记录中国法治进程为己任。回顾《今日说法》播出的节目,我们会发现一个共同的特点,每一期节目所讲述的都是一件平凡小事,却又无不关联着一个公民应该了解的法律常识。通过一期期"学法"、"用法"的节目内容,观众经历了一次次法律的洗礼,更重要的是,通过活生生的现实与法律分析的结合,观众也在一点一滴地增长着法律常识,培养着法律意识,这才是公民容易接受的普法教育形式。

《今日说法》的栏目定位决定了其形式一定不是单纯的"宣传、教育",但是从效果来看,又完全实现了当初设立栏目的初衷。当今的观众已经不是早期由于栏目匮乏只能被动接受的受众,他们可以选择性地接受、理解或拒绝某一栏目。《今日说法》的栏目理念体现了人文关怀,它不是居高临下的说教者,而是以自己独特的形式记录着中国的法治化进程,也记录着中国公民在"依法治国"基本方略下所走过的基本轨迹。它找到了一个平等的对话角度,变"讲法"为"说法"。因此,明确栏目定位，寻找定位与现实观众接受程度的平衡点，创新栏目形式，才能牢牢把握观众的持续关注度。

撒贝宁主持《今日说法》

2.“平民化”的栏目内容

《今日说法》在选题上注重“平民化”视角，客观严谨，以小见大。在选题过程中，根据社会发展、观众需求挖掘多种类型的选题资源，丰富节目内容，尽量贴近生活、贴近老百姓，讲述的故事一定是观众身边的故事。但法制节目往往涉及暴力、凶杀、色情等内容，《今日说法》不以这些猎奇内容来博取观众的眼球从而提高节目的收视率，而是极力避免对恶性事件的过分渲染和放大，也不去大肆渲染这些恶性事件。《今日说法》在选材上尽量贴近人们的生活，将内容质朴平实化，从新闻真实性和节目导向性角度解释节目的主旨，使观众感觉置身其中，在一个个鲜活的故事情节中获取未来也许会用得到的法律知识。

《今日说法》经常会从个案研究出发对生活中的一些法律“欠缺地带”、“空白地带”进行关注。在选题上重视人的内心、人的命运，其选题向法律世界更深、更广处拓进，直捣黑暗，直面痼疾。每一期节目都蕴含着启蒙的号角，用以引导民众进行人性的深刻反省和权利意识的真正觉醒，因为只有这样才是推进依法治国的真正基础。此外，在选题上还积极向罪与非罪、法与道德结合部延伸，向思想性层次探索，增强节目的评价功能，让节目在提供法律知识的同时，也给观众提供一个思考的平台。

张绍刚主持《今日说法》

《今日说法》允许记者参与到事件中来，与当事人交谈，甚至直接在现场为观众介绍情况，挖掘故事，推动叙事的深入。当事人就是节目中所述事件的参与者、旁观者或与其相关的人。这些人及他们的经历构成了节目叙事开展的核心部分，观众对于事实的了解基本都是从他们身上得到的，当事人的讲述使得节目更具有真实性。

自开播以来，《今日说法》就形成了自己独特的风格。真实案例的讲述、专家从法律角度的点评以及主持人的一些见解构成了栏目的完整风格。有好的故事，还要有好的编排才能吸引观众的目光。《今日说法》的叙事方法是由语言和画面两部分构成的。首先，栏目选取富有新奇性、情节性的故事情节吸引观众的兴趣，通过一波三折、层层深入的描述引导观众的求知欲。其次，利用电视媒体画面的优势，通过当事人、目击者讲述事件的发生，串联整期节目，运用闪回、插叙、倒叙、模拟等手法情景再现，展示细节，给观众带来真实的视听感受，真正将观众带入到节目当中。

3. 栏目“第一眼”模式设置

《今日说法》在节目叙述模式上，打造独一无二的“说法模式”，追求节目形态的“第一眼”模式，即观众看的第一眼就能知道这是《今日说法》，简单但不可复制。达到这种效果主要是因为栏目的主持人、嘉宾以及采访人员的设置。

《今日说法》的主持人主要是撒贝宁和张绍刚，他们已经成为《今日说法》的代言人，当观众看到他俩坐在主播台上就能马上联想到《今日说法》。他们作为主持人的作用主要表现在：引出话题、串联解说词、介绍嘉宾、向嘉宾提问、点评总结等。总体上看，正是由于主持人优秀的专业素养、敏捷的思维、出众的口才以及良好的外在形象，才使得每一期节目的各类元素都有机融合在一起，使节目更加深入人心，从而使得普法的目标得以实现。

另外，《今日说法》每一期都会邀请一位法学教授或律师作为嘉宾，他们主要从法律的角度对事件进行解析和点评，这也就成了栏目的另一个标识。《今日说法》的嘉宾在案件播出后会对案件所适用的法律条文、量刑以及对其他相关法律问题做出解释，这一环节既是节目的亮点，也是节目的高潮。“说法”的落脚点毫无疑问应该是法律，而抽象的法律条文往往难以取得理想的效果，由专家根据案例、结合法律条文加以评论，这样能更有效地实现普法的目的。

4. 栏目多渠道的品牌提升策略

《今日说法》的定位和结构决定了节目的容纳能力是有限的。因此，《今日说法》成为一个大众化品牌后，作为一种提升性的市场战略，对品牌进行系统开发就变得尤为重要。栏目在打造高收视率的同时，也非常注重提升栏目的社会影响力和品牌美誉度，不仅创办多个特别节目，还针对社会热点举办多种大型活动。

在日常节目以“低端化”战略占领大众市场的同时，特别节目则以“高端化”战略定位整合打造着中国法制资源的平台，栏目组陆续推出了：以年度法治人物评选为主线的大型法治晚会“12·4”品牌（每年的12月4日是全国法制宣传日。每年这一天，在中央电视台综合频道20:00，由中宣部、司法部和中央电视台联合主办，《今日说法》栏目承办的“法治的力量”大型晚会，是《今日说法》致力于提升媒介影响力的重要活动。作为晚会载体的“年度十大法治人物评选暨颁奖”活动连续举办了11届，已经成为具有中央电视台品牌标志的全国性大型年度盛典）；以高端访谈为特色的“两会特别报道”品牌；以“说法做客，请你探案”为卖点的“五一”、“十一”等节日品牌；以“青少年自我保护”为诉求的暑期节目品牌。[①] 这些系列品牌的开发不仅大大拓展了栏目的播出平台，也有力地提升了栏目的影响力和资源整合力。

《今日说法》还举办一系列党团和社会活动来推广栏目品牌。如2003年主办的首届“说法杯”篮球赛，邀请了最高人民检察院、最高人民法院、司法部、公安部、监察部等十佳单位参加，加强了与各部委之间的交流，进一步彰显了栏目的实力和影响力。栏目还举办了“进大学、进校区”活动，与大学生、居民等人群进行法律交流。如栏目走进中央财经大学、北京理工大学、中国人民大学、北京师范大学等高校与学生进行交流和互动，引导他们对法律问题及对栏目的关注。

《今日说法》特别节目《小撒探会》logo

从以上可以看出，《今日说法》的制作利用多角度、多手法的表现手段，贴近并激发着受众探究以及关怀心理；同时节目参与者从广大受众的视角出发，说事情明

① 资料来源：《今日说法》栏目组。

事理，使观众主动、真诚地参与到节目中来，为节目的高效传播奠定了坚实基础，保证了《今日说法》稳定的观众基础。

《今日说法》已经开播13年了，其在传统媒体时代，作为名牌法制节目的成绩与表现有目共睹。清晰的法律事实陈述、准确的法理分析，以及人文关怀都促使这档30分钟的节目获得了巨大的成功。与此同时，我们也要看到《今日说法》极其鲜明的固有品质给它带来了令人遗憾的一面——过于程式化和稍嫌机械、单调。如何取舍栏目操作的多种价值，如何对现有形式做进一步的完善和创新，已成为《今日说法》当前亟待解决的问题。

面对新媒体时代的到来，新技术的融入让我们有了很大的改善空间，栏目组应该与新兴媒体进行深度合作，加强节目的传播效果，对接节目制作和栏目活动，进行舆论造势和宣传反馈等，这些手段都会成为提高栏目影响力的新法宝。

黑龙江卫视《新闻夜航》

一、《新闻夜航》栏目简介

黑龙江卫视《新闻夜航》创办于1999年6月28日，是中国最早的民生新闻栏目之一，它从最初的十分钟录播节目扩展为黑龙江卫视和都市频道共同播出、周播时长为640分钟的节目。这个栏目从诞生之日起就以“关注民生、反映民意”为核心理念，始终用浓厚的情怀关注着生活中的万事百态，让平凡普通的人成为节目的主角，运用百姓的语言报道百姓的故事，让普通观众在观看节目时产生深深的共鸣。

《新闻夜航》片头

《新闻夜航》一方面将“焦点”集中在劳动就业、社会保障、医疗卫生、教育收费、食品安全、城市拆迁等与人民群众利益直接相关的问题上；另一方面又关注那些与百姓生活息息相关的国家宏观政策及走势，并通过民生的视角来解读其内涵及对群众生活的影响。正是因为《新闻夜航》真正做到了贴近实际、贴近生活、贴近群众，从而赢得了很多荣誉：

五一劳动奖、中国电视新闻奖一等奖、十佳栏目、全国百佳电视栏目、中国广播影视大奖“荣誉新闻栏目”、第十七届中国新闻奖新闻名专栏称号、“中国十大电视民生新闻”节目荣誉称号等，2012 年《新闻夜航》还被评为全国地面频道十强节目。据央视—索福瑞公司的调查数字显示，《新闻夜航》栏目连续七年收视率、市场占有率、观众满意度、观众期待度位列黑龙江地区所有电视栏目第一名。

《新闻夜航》开播十年

2009 年 1 月 1 日，《新闻夜航》栏目进行了大规模改版，实现卫星频道和都市频道双频道播出，其中卫视版时长 30 分钟，都市版时长 1 小时；同时，创办了《新闻夜航》栏目开播十年来的第一个子栏目——《天下夜航》，时长 30 分钟，在都市频道播出。《天下夜航》是一档全国视角的社会新闻栏目，由北京、天津、四川、安徽、河南等全国 28 家省级电视台的都市频道供稿，并整合互联网和观众原创的信息资源，报道全国各地的热点话题和新闻故事，打造了一个信息量大、观点鲜明、形式活泼的新闻栏目。

二、《新闻夜航》栏目创意分析

市场经济的发展，给各媒体的发展提供了广阔的舞台，同时也使媒体间的竞争日趋激烈，各媒体都在想方设法抢占市场份额。黑龙江电视台着力培养、打造高品位的具有鲜明特色、被观众广泛认可和欢迎的名牌栏目，《新闻夜航》成为突出的代表。作为中国最早的民生类电视新闻栏目，它已经走过了 13 个年头，这 13 年既是中国电视新闻迅速发展的 13 年，也是民生新闻从无到有的 13 年。在电视行业竞争如此激烈的环境下，在大量民生类新闻涌现的局面下，《新闻夜航》不仅稳步发展，而且在中国电视行业的各类评比中都获得了极高的荣誉。

1. 恪守新闻制作理念

随着中国经济的发展、社会的不断进步，媒介外部环境也悄然发生了改变，人民群众更加关心发生在自己周围的一些事情，在多种因素的共同作用下，以关注民生、反映民意为特征的民生新闻应运而生。但是其中有些新闻工作者为了吸引受众的注意力一味地“猎奇”、过分追求收视率，造成了很多负面影响。

《新闻夜航》成功的关键在于恪守新闻制作的理念，在于坚定不移地遵守栏目宗旨：关注民生、倡导和谐。栏目总策划周国梁总结出栏目运营的“六不”原则，即不偏激、不冲动、不破坏、不炒作、不盲从、不骄傲。在栏目制作中，他策划推出的《越来越好》、《岁月》等专栏，《东北人都是活雷锋》、《北大荒传奇》等系列报道，从民生视角反映生活的细微变化，帮助群众解决实际困难，在全国率先走出了民生类节目仅靠新闻监督提高收视率的误区。这些做法为全国电视同行提供了有益的启示。

正因为如此，栏目正面的报道具有很强的可视性，监督类的报道重在“解痛减压”，提倡宽容与理解，促成问题的解决。实践证明，以解决问题，形成良好的舆论氛围，促进和谐社会构建为终极目标的民生新闻，具有极大的观众忠诚度，容易形成观众持续关注的良好态势。

《新闻夜航》记者在奥运会采访

2. 平民化视角参与生活

民生新闻就是要求采用平民的视角，站在百姓的立场，播报百姓喜闻乐见的新闻，为百姓排忧解难。平民化的定位，很快使《新闻夜航》真正走进了丰富多彩的社会生活。从某种角度来讲，《新闻夜航》就是黑龙江百姓生活状态的实录。以普通观众的目光去注视每一个新闻事件、每一位新闻人物，但同时又能够对社会现实进行客观和连续的追踪报道，有选择地对社会假、恶、丑现象和不道德行为进行曝光；贴近时代、贴近生活、贴近百姓，用“以人为本”的平民化视角关注社会生活，办百姓新闻，从而使《新闻夜航》真正成为观众自己的节目。

口语化播报也一直是《新闻夜航》所追求的语言风格。创办伊始，它就力求在语言上形成一种不同于其他新闻栏目的方式，有别于传统新闻权威、大气、高高在上的语言风格，尝试以新的叙述方式，形成自己鲜明的语言特点。今天来看，这种努力无疑是正确的。时至今日,《新闻夜航》强调最多的仍然是“口语化”,这种清新、鲜活,有时还带有幽默的地方方言色彩的语言风格让观众在亲近中了解了新闻,在愉悦中认同了节目。这种平民化的方式,使得电视媒体改变了以往远离观众的定位,回归了本质,从根本上注重大众的接受心理,尊重大众的审美趣味。

3.构思巧妙的节目编排

如何在30分钟的时间里让新闻信息量最大化,并且让观众有看下去的兴趣而不切换频道,节目的整体编排组合就显得非常重要。多年来,《新闻夜航》一直采取板块式结构方式,推出了主打新闻、事件新闻、综合新闻、媒体新闻等板块,一目了然,信息量大,易于被观众接受。

主打新闻——对某一重大新闻事件进行深度报道。每天节目三分之一的长度都围绕着同一新闻事件或同一主题进行报道。新闻本身具有较高的新闻价值,加之横向、纵向多方面的展示、挖掘,以全景式的报道形式呈现给观众。

事件新闻——强调第一时间、第一现场,以事件为主。此板块主要针对重大事件,采取大量现场报道的方式,以目击、调查、感受等为主。

综合新闻——集中报道一些群众生活中遇到的问题和奇闻趣事,让观众感到有意思、有启发,或者解气、解闷、解惑。

媒体新闻——“有画面的报纸,带影像的广播,汇媒体精粹,看新闻夜航”,基本反映了这一部分的内容。对省内广播、报纸等媒体上有价值的新闻线索进行电视化处理。

在编排节目时,编导们很注重用节奏的调整去吸引观众的注意力,力争做到播出内容自然流畅,新闻段落高低起伏,报道形式张弛有度。一方面,在每个板块之前都加入节目预告,通过简洁上口的宣传词和节目音乐,使播出内容的上下承转自然流畅;另一方面,非常注重发挥导语对上下两条新闻的衔接作用,用对比、递进或并列等多种方式体现新闻与新闻之间的关联,调整新闻的节奏,调动观众的注意力。有时编导们还会把几条题材与主题相同的新闻串在一起播出,造成一种声势,给观众留下深刻的印象,或是将几条集中报道某一类似事件或某一地区的新闻串联在一起播出以引起观众的注意,增强信息的传播效果。

4. 贴近民意的主持风格

作为一档民生新闻栏目，《新闻夜航》的主持人是“关注民生、反映民意”的代表，她们把视线放在普通百姓身上，关注他们的生活状态，并力求能够帮助他们改善和解决生活中遇到的困难。她们以“平民化”的表达方式，通过“朋友式”的平等交流和对各种平民化的新闻事件进行深入浅出的加工，利用主持人所具有的人际吸引优势，增强民生新闻对观众的亲近性和吸引力。

《新闻夜航》历任的五位主持人均为女性，无论是包装还是话语风格、语态气质均体现了亲切、亲近的特质。主持人的语言风格是与节目的内容和形式息息相关的，主持人的语言不仅体现了个人的个性特点，也会对栏目风格有极大的影响。《新闻夜航》作为一档民生新闻栏目，主持人采用的是“说新闻”的语言形式和风格，这种由传统“播新闻”向“说新闻”的转变，是由民生新闻“人际性”传播的特点决定的。从某种意义上来说，“说新闻”的出现，标志着中国电视新闻受众意识的真正崛起。“说新闻”使得主持人的语言变得更加生动，语调变得更加平和，受众听起来也倍感亲切。

《新闻夜航》本着三个关注——关注生活、关注生命、关注生存的方向，在朴实亲切中融进无限的人文关怀。有人情味的主持、有人情味的编排、有人情味的解说、有人情味的报道，构成了《新闻夜航》独特的“人情味”，不管是在新闻事实的取舍上还是在报道角度的选取上，它充分地尊重“人”的主体性，做到了主持人和观众一起享受快乐、分担忧愁，做到了“万家忧乐上心头”，真正体现了我们泱泱大国的传统文化的精髓——“以人为本、人文关怀”。正是基于此，《新闻夜航》才在同类电视民生新闻中脱颖而出，创下极高的收视率，获得了无数大奖，使得百姓“有事就找《新闻夜航》”，成为百姓精神家园名副其实的守望者。

安徽卫视《相约花戏楼》

一、《相约花戏楼》栏目简介

《相约花戏楼》为叶龙担任总导演和制片人的戏曲类综艺栏目，在安徽卫视和安徽综艺频道播出。自1999年开播以来，已有13年的历史。《相约花戏楼》以安徽黄梅戏和其他地方戏曲为主，辅以观众参与节目互动，将戏曲文化知识和艺术欣赏巧妙地穿插在一起，将竞技性、观赏性和知识性有机结合，风格淳朴平实，俗中见雅，走出了一条地方特色鲜明、雅俗共赏、老少咸宜的戏曲艺术和电视艺术交融之路。

《相约花戏楼》栏目的口号是“生旦净末丑，相约花戏楼”，弘扬中华戏曲和谐内涵，拓展栏目的包容性。目前介绍的戏曲类型近30种。栏目以“集萃名家与票友，沟通历史与现代，展示台前与幕后”为构架，设置了由名家表演拿手好戏的“名家名段”，介绍戏曲背景资料的“戏外戏”，进行专家访谈的“面对面”，推介新人新秀的“新世纪黄梅戏五朵金花评选”、“寻找七仙女”、“戏迷擂台”、“非常戏迷”，栏目剧“戏迷范大姐”等多板块节目，以满足不同层次观众的观赏需求。

《相约花戏楼》片花

《相约花戏楼》现已是全国知名戏曲栏目，多次获得全国电视优秀栏目“星光奖”、“金鹰奖”、“兰花奖”。《相约花戏楼》坚持以弘扬民族文化，贴近人民群众，繁荣电视文化，推动戏曲艺术发展为己任，将博大精深的中华戏曲以浅显直观的方式介绍给广大观众。近年来，该栏目还尝试走出演播室，走进社区和农村，走进安庆、淮北、芜湖、黄山、杭州、上海等很多城市。

二、《相约花戏楼》栏目创意分析

1.融知识性、观赏性、娱乐性为一体

众所周知，学习戏曲是一件非常辛苦的事情，从五六岁就要进戏班开始每日固定的压腿、吊嗓等练习，最后能成为名家名角的却屈指可数。随着其他艺术的繁荣和新的艺术形式的兴起，戏曲文化受到前所未有的挑战，戏曲爱好者逐渐减少，人们接触戏曲的机会也越来越少，许多美丽动听的戏曲类别逐渐被人们遗忘。《相约花戏楼》栏目就是在这样的背景下诞生的，它最主要的任务就是给观众呈现中国悠久灿烂的戏曲文化。栏目不仅充分考虑知识性，而且注重观赏性和娱乐性的融合。栏目最初的目的就是要弘扬中华优秀的戏曲文化，传播戏曲知识。栏目不仅介绍安徽省优秀戏曲及其发展过程，还展示全国其他的优秀戏曲品种，通过该栏目先后推介过的戏曲种类达三十多个。在对戏曲和剧目进行介绍时，栏目非常注重介绍的形式和观众的接受程度，通过不同戏曲类别的演员戏服、戏妆、戏腔、经典故事等来展示戏曲的魅力。

2.增强戏迷的参与互动，推广戏曲文化

《相约花戏楼》打破以往戏曲类节目“我播你看，我唱你听”的模式，让观众走进花戏楼，设置观众互动环节，增强观众的参与性，更加有效、深入地传播戏曲文化。

《相约花戏楼》主要有两大板块，第一板块为戏曲介绍及欣赏，第二板块为戏迷打擂。第一板块包含“戏外戏”、“面对面”和“名家名段”三部分。艺术欣赏“戏外戏”介绍戏曲背景知识，使观众对某种戏曲类型有个初步的认识，如它的产生、发展、特点等；“面对面”部分主要是畅谈戏曲创作和发展；而“名家名段”主要是欣赏戏曲名家的经典唱段，有时还会邀请一些名家名角进行现场表演。三部分层层深

《相约花戏楼》节目演出

人，使得观众对于某种戏曲类型能够有一个较为全面的了解。第二板块主要是观众参与的环节，包括“戏迷擂台赛”、“非常戏迷”等。擂台赛分“文打”和“武打”，“文打”为戏曲知识问答，“武打”为戏迷现场演唱，优胜者可获擂主称号和相应数额的奖金。戏迷擂台将竞技性、观赏性和知识性有机地结合在一起，充分调动了戏迷观众参与节目的积极性，吸引了全国各地不同年龄、不同职业戏迷的热情参与。多年来，先后有两千多位戏迷票友登上《相约花戏楼》的舞台展示自己的艺术才华。戏迷取代明星走入电视戏曲，不仅体现了戏曲艺术的魅力，也凸显了电视艺术的“三贴近”优势。

《相约花戏楼》为了增强现场和场外观众与节目的互动性，还设置了“学一招”与“幸运翻牌”两个小板块。“学一招”顾名思义，便是请戏曲名家传授一招戏曲身段和招式，使得普通观众也有机会跟随名家学习戏曲、体验唱戏的滋味。“幸运翻牌”则是随机挑选四位现场观众上台通过翻牌获得一份幸运奖品。抽奖环节在综艺节目中非常常见，因为这是与观众产生互动的最好机会，观众也都积极踊跃，希望自己能成为四位幸运儿之一。

互动性不光体现在与现场观众的交流上，更照顾到了场外的观众。在场外，《相约花戏楼》开通了声讯热线和手机短信，这既能使观众密切关注栏目的发展，又增加了观众和栏目之间的互动，同时栏目还可以获得不小的经济收益。

3.年轻时尚主持人的加入

戏曲类栏目很难吸引到年轻人群，于是起用一些年轻的主持人，在主持风格上多增加年轻活力的形象则可以吸引一部分年轻人的目光。戏曲这种“老”的感觉，运用主持人身上的“年轻”来进行中和。《相约花戏楼》中有三位主持人，分别是韩露、夏柏和阿进。韩露和夏柏都是非常年轻漂亮的八零后女主持人，她们身上自然地散发出年轻活力的气息，并且外形甜美可爱，很具有亲和力。阿进作为男主持人，外形很有“搞笑”特色，是七零后。男女主持人有着反高度差，女主持人都在

170cm以上，而男主持人则只有166cm，这种反高度差经常会变成搞笑点来逗乐观众。年轻主持人的好处有两点：一是年轻有活力，二是具有亲和力。年轻有活力使得观众看着舒心，不会有沉重、严肃之感，而且年轻主持人的主持风格欢快搞笑，经常会夹带些当下的流行语，很受年轻观众的喜爱，也为戏曲栏目增添了青春的色彩。年轻的主持人具有亲和力，像是中老年观众自己的闺女儿子；主持人的年轻不仅使年轻观众有共鸣，更使得中老年观众有亲切感。

4.举办多种活动扩大社会影响力

《相约花戏楼》在完成常规性节目的同时，不忘弘扬中华优秀戏曲的宗旨及所肩负的社会责任，通过举办各种活动选拔推介戏曲新人，还通过各种形式服务社会、服务百姓。

《相约花戏楼》多次和安徽省委宣传部、文明办合作开展走向社区系列活动和“送戏到基层”公益性慰问演出，将舞台搬到社区、农村、厂矿、军营，把戏唱到生活、生产第一线，与观众进行零距离接触。栏目举办的公益性活动普遍得到观众的好感与认可，对提升收视率和树立栏目口碑具有较大的帮助。很多曾经参与过《相约花戏楼》或在《相约花戏楼》打过擂的戏迷已成为节目的无形名片。一些庐剧戏迷成为农村职业剧团的“台柱子”，常年活跃在农村为广大农民演戏；不少黄梅戏迷是社区文化活动的领军人物，带动社区精神文明创建；还有一些华侨戏迷，专程回国参与节目，要把戏曲艺术传播到国外。

《相约花戏楼》主持人

《相约花戏楼》栏目还成立了“戏迷俱乐部”和“戏迷培训班”，定期请专业老师对戏迷说戏、排戏、传授戏曲知识，请专业剧团乐队为戏迷伴奏，既扩大了戏迷队伍，增加了节目源，也提高了节目质量。

为了扩大栏目的社会影响力，《相约花戏楼》专门制作了优美的宣传片，有以主持人手持提线木偶调动戏曲人物横贯现代都市之间的时尚篇，也有“日出黄山月映长江，人居江淮口唱黄梅”的黄梅腔篇。宣传片中，有日出黄山薄曦初破的美景，有典雅幽静的徽派古民居，也有古老的戏楼上戏曲演员的眼波流转、水袖轻扬、兰花指翻转，一静一动展示出中国戏曲的无限生机与活力，也传达了戏曲的艺术美和意境美。

《相约花戏楼》制作精良，环节设置巧妙。无论是对戏曲类别的介绍，还是嘉宾上台的献唱，都显现出栏目组的细心与对戏曲的热情。无论是戏曲达人选拔赛，还是公益性的慰问演出，《相约花戏楼》都力争做到与时俱进。虽然《相约花戏楼》如今已是声名赫赫，但也不免有后劲不足、缺乏创新的问题，能讲的戏曲类型都讲过了，能请来的名家名角也都请过了。在这种局面下，栏目只有大幅度创新，才能使栏目永保不衰。并且，如果想将栏目推向更大的市场，就需要加大宣传力度，增加栏目的娱乐性，这些都是栏目在向前发展中应该思考的发展方向。

中央电视台《对话》

一、《对话》栏目简介

《对话》是中央电视台财经频道于2000年7月推出的一档演播室谈话栏目，每期节目时长60分钟，是央视目前播出时间最长、影响力最大的谈话栏目，现已成为央视的重点栏目之一。栏目致力于为新闻人物、企业精英、政府官员、经济专家和投资者提供一个交流和对话的平台，受邀嘉宾均为世界政要、行业领先者以及具有强势话语权的标志性人物。每期节目由突发事件、热门人物、热门话题或某一经济现象导入，捕捉鲜活经济事件，探讨新潮理念，演绎故事冲突，着重突出思想的交锋与智慧的碰撞。栏目所针对的目标收视群体是关注经济改革动态，同时具有决策能力的社会精英人士。

《对话》logo

《对话》栏目以“给思想一片飞翔的天空”为宗旨，“思想的交流和智慧的碰撞”形成节目的核心竞争力。通过主持人和嘉宾以及现场观众之间充分的对话与交流，《对话》直面热点新闻人物的真实思想和经历，展现他们的矛盾挣扎和成功喜乐，折射经济社会的最新动向和潮流，同时充分展现对话者的个人魅力及其鲜为人知的另一面。它以其高端的姿态，在激烈的谈话节目媒介市场中占有了难以超越的地位。[①]

《对话》推崇“开放、自由、创新”，拥有一大批稳定的具有较高文化水平和社会地位的观众群，社会影响力非常大。《对话》以自己的独特性和品质性，成为中央电视台最具影响力、竞争力和核心品牌价值的王牌谈话栏目。它不仅突破了以往中央电视台财经频道节目在晚间11点后收视率基本为零的状况，而且还打破了此时段广告收入的零纪录。《对话》曾被《北京青年报》评为“最有品位的电视节目”。

二、《对话》栏目创意分析

1.高端精英谈话节目的总定位

《对话》的定位为高端、精英谈话节目，致力于为新闻人物、企业精英、政府官员、经济专家、投资者与现场观众提供一个对话和交流的平台，让他们在彼此的思想碰撞中体现出栏目的专业性和社会性。受邀嘉宾均来自世界政要和行业领先、具有强势话语权的标志性人物，有左右经济走向的权威人士，有经历商海浮沉的企业巨头，也有见证热点事件的当事各方，例如，1999年度诺贝尔经济学奖获得者罗伯特·蒙代尔、2001年度诺贝尔经济学奖获得者迈克尔·斯宾塞、英特尔公司首席执行官克瑞格·贝瑞特、美国国务卿希拉里·克林顿等等。观众是一群受过良好教育，专业素质较高，具有相当经济实力，关注社会经济和文化发展并活跃在社会经济文化各领域，拥有一定程度的社会影响力和决策能力的“知识群体”。

2.精英导向的受众定位

受众定位是电视节目生存的决定性因素。平民化的受众定位可以扩大收视群体，囊括更多的收视人群，所以众多节目都纷纷走平民化的路线，在“红海”中争夺市场。而《对话》则另辟蹊径，运用“蓝海战略”，开辟自己的市场，经过细分市场后，把节目的目标受众定位为以精英为导向的高层人群。关注经济改革动态并具有决策能力的社会精英人士已经成为影响中国经济未来走向的重要力量，他们迫切需

---

① 《对话》栏目简介，http://www.cctv.com/program/dialogue

要一个属于本阶层的舆论载体和表达平台，充分表达和阐释自己的经济观点和价值观念。《对话》正是为他们提供了一个交流的平台，营造了可以表达自我的空间，构建了思想交流的桥梁，实现了分众化的定位。

3.经济话题为主导，热点话题为依托

目前我国的电视谈话节目，为了吸引更广泛的受众群体，仍然处在泛话题时代，大多数电视观众都属于节目的受众群体，节目的受众定位很泛，多数节目都没有形成自己独立的收视群。由于观众的兴趣点各有不同，即使节目的话题范围再广，也不可能涵盖所有的话题，更不会满足每位受众的需求。所以，细分市场是谈话节目的趋势，走分众化的路线才能使得谈话节目在激烈的竞争中得以立足。只有这样，观众才会各取所需，选择自己想看的节目。于是，精英谈话节目才有了生存的市场需求和空间。

专业化的栏目定位决定了节目内容同样需要专业化，即不能偏离经济领域，分众化的受众定位更需要节目的话题符合精英阶层的口味，满足这一受众群体的需求。因此，《对话》摒弃了泛话题的选择模式，根据自身的专业化定位，选择以经济为主导，以热点为依托的话题。《对话》通过主持人和嘉宾以及现场观众的对话与交流，直面热点新闻人物的真实思想和经历，展现他们矛盾的痛苦和成功的喜悦，折射经济社会的最新动向和大势走向。这些独特的、吸引观众的看点最容易使观众的需求得到满足。当全球股市老大思科公司意欲斥资100亿美元控股斯坦福大学之际，思科首席执行官约翰·钱伯斯先生在《对话》演播室谈笑风生，畅谈“高处不胜寒”；当新经济的浪潮来袭时，英特尔公司首席执行官贝瑞特博士在《对话》中坦言，中国也需要互联网；当全球油价大幅上涨、中国成品油市场硝烟四起之时，BP阿莫科总裁布朗爵士走进《对话》现场，讲述如何将一个英国老牌国有企业变成世界石油巨人；当摩托罗拉公司作出在中国增资19亿美元的重大决定之后，董事长高尔文先生与《对话》观众一

《对话》录制现场

起回顾走出困境的点点滴滴。

4.既轻松又严肃的对话氛围

谈话节目是否能吸引受众的眼球,一个非常重要的因素就是谈话的参与者之间能否形成互动交流的氛围,现场的观众能否真正参与进来。《对话》很注重在场观众对节目的参与性,重视观众与嘉宾的互动对话。由于节目的话题专业性强,为了更好地促进现场交流,使现场观众积极参与互动对话,活跃交流气氛,参与《对话》的每一位观众都经过了栏目组的精心挑选。栏目组会选择具有相关专业背景、受教育程度较高的观众,这些观众有自己的观点和独到的见解,能够在专业领域与嘉宾互动交流,并且可以很快地、很积极地融入到谈话中。合适的现场观众可以使节目更加精彩,这也打破了谈话节目观众只是陪衬的传统,使观众成为节目的重要组成部分。通过主持人的带动,现场的嘉宾与观众积极对话,形成了一种良好的谈话氛围。

《对话》不仅在现场设计上采用主持人与嘉宾共同面向观众的座次方式,还把副嘉宾安排在观众席的第一排,既突出主嘉宾,又与观众达成相互交融。有时还通过设置量级相当的主副嘉宾的形式来弱化主嘉宾的话语垄断,如将与主嘉宾量级相当的副嘉宾安排在观众席的第一排,借此来平衡对话双方的身份和话语权差异。在谈话过程中,主持人、嘉宾、观众都处于平等的地位,每个人都可以畅所欲言。在这种充分的交流氛围中,各种信息可以多向流动,不同的观点和思想可以相互碰撞,对话的效果可以达到最大化。

5.主持人知性化

《对话》在主持人的选择上兼顾了栏目自身的特点,选择的都是比较知性的主持人,比如张蔚、陈伟鸿等。他们首先都是比较懂经济的,熟悉每一期节目话题,虽然他们的现场感染力可能不如《艺术人生》的朱军,但面对参加节目的社会精英,缜密的思维、清晰的思路才是《对话》主持人所需要的基本素养。从主持人的外在表现来说,《对话》的主持人都语言风趣,具有幽默感。我们通常都说商场如战场,经济领域里的众多话题通常都非常严肃,所揭露的问题都比较尖锐,每位参加节目的嘉宾的创业经历也都充满了艰辛,此时,主持人如果不能采用活泼、幽默的语言来调节现场气氛，那么整档节目就会显得压抑、无趣。总而言之，谈话节目的主持人既要在节目开始前做好与话题相关的充分的准备工作，同时，在谈话的现场还需要具有极强的对节目的驾驭能力。

《对话》主持人陈伟鸿

6. 灵活的嘉宾选择方式

嘉宾是每期节目的主体。嘉宾的性格和现场表现会直接影响到栏目的整体风格。成功的商界人士和社会热点人物在公众面前通常会有两种表现：一种是善于表现自我。这类人的个人表现力很强，表达欲望也很强，往往会用语言、行为等个人魅力去影响周围的人，甚至会引导主持人跟随他的思路走。这类嘉宾幽默健谈的个人特征也常会给节目带来意想不到的效果，会让节目现场变得热闹、活泼。另一类嘉宾则比较严肃，他们不善言谈，或者不愿意多谈，说话时表情比较凝重，话语不多。但是他们也有很多传奇的故事和经历，这时候就需要主持人精心地揣摩和设计才能挖掘出嘉宾的内心本质，打开沉闷的谈话局面，让节目色彩不至于黯淡。此外谈话类节目还需注意，应该根据话题来慎重选择参加节目的嘉宾。因此，《对话》在嘉宾选择方式上非常灵活，根据每期的话题以不同的方式来选择嘉宾，具体问题具体分析，有的是采取一个主嘉宾、几个副嘉宾的形式，有的则是采用多名主嘉宾的形式。①

《对话》的特色生存之道让我们看出，电视谈话节目要长久地生存发展下去，必须要走"个性化"之路。栏目在创办之初就具备了一些自身的优势特色，但是经过12年发展的《对话》，面对着竞争越来越激烈的电视荧屏，一些原来潜在的不足之处开始渐渐暴露出来。如对互联网的应用不足，没有充分利用网络资源进行观众

① 王葆慧、邹传光：《〈对话〉栏目的谈话形式设计解析》，《吉林广播电视大学学报》2011年第8期。

互动和话题征集、讨论，拓展栏目更大范围的影响力。另一个问题是缺少尖锐的交锋。不少观众反映，看完节目总觉得少了点“对话”的味道。嘉宾、观众、主持人在一个小时的节目中说了不少话，自然是很辛苦，但是给人的感觉却是“说话”而不是“对话”。由于缺少交锋，《对话》看上去更像是一场表演秀，主持人给人的感觉是注意力不够集中，好像既要照顾台上嘉宾，又不能冷落了台下的特邀观众，处境非常被动。“如果我们看美国 CNN 电视谈话节目主持人拉·里金的对话节目就会发现，他的注意力十分集中，这不仅仅是因为倾听，更重要的是能够形成一种语言交锋。不能狭隘地把交锋理解成为吵架和出难题，交锋可以产生思想的火花，能够使观众看到对话者更真实的内心世界。”

对比国外的电视节目，我国目前还非常缺少经济谈话类的节目。作为中央电视台，财经类的谈话节目也仅仅只有《对话》一个，播出周期为每周一次，着实偏少。因此，《对话》栏目一方面可以考虑缩短节目播出的周期，增加播出的场次和频率；另一方面还可以拓展内容的范围，挖掘更深的话题，变换多样化的形式，让观众了解对话，参与对话。纵然面对愈发成熟的电视观众，节目的创新难度会更大，电视传播者也会面临更大的挑战，但是只有不断创新才能使节目在激烈的竞争中立于不败之地。

东方风行《超级访问》

一、《超级访问》栏目简介

《超级访问》是一档由东方风行传媒文化有限公司策划、投资、制作的大型娱乐访谈节目。著名娱乐主持人李静和戴军以幽默诙谐的语言访问娱乐明星、体坛名将和时尚人物，秉承着“超级访问，不一样的访问”的宗旨，多角度挖掘明星舞台背后的故事，开创了一种新的娱乐访谈节目风格，深受观众喜爱。

作为一档开播12年的“老节目”，《超级访问》不断创新和完善，其收视热度一直不减。自2000年开播以来，《超级访问》在北京、上海、湖南、山东等三十多家省级电视台热播，还在一百多家电视节目播出机构，如数字频道、网络视频、公交车、民航客机等媒体中播出。据不完全统计，《超级访问》的收视人群已经达到6亿多人。《超级访问》深受观众喜爱，曾连续创下频道占有率和电视节目收视率第一的成绩。据北京国报营销研究中心公布的电视节目吸引效果研究报

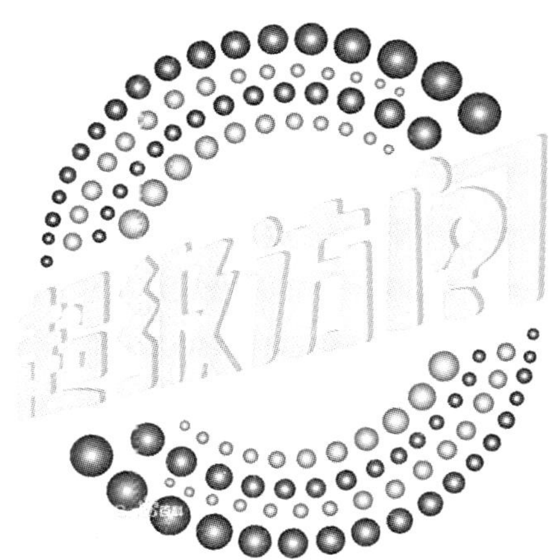

《超级访问》logo

告称,"《超级访问》栏目 TVAE 节目吸引效果[①]高于国内其他同类节目,在 30—50 分钟的节目里,平均每分钟出现 2.68 次 TVAE 节目吸引效果,在国内同类节目中属于高频次的。"节目在红遍大江南北后又携手凤凰卫视落户美国和欧洲,在凤凰欧洲电视台、凤凰美洲电视台播出,成为新时代华语娱乐节目的典范。

《超级访问》创造了"叫好又叫座"的局面,所获荣誉数不胜数。2002 年,主持人李静和戴军被誉为 2002 年中国电视节目榜最佳谈话类节目主持人;2003 年,被《新周刊》誉为中国电视节目榜最佳谈话类节目;2004 年,被中国电视艺术家协会授予"第二届中国电视十大名栏目"的称号;李静、戴军获得南方电视台颁发的"金南方年度最默契主持搭档"奖;2006 年,获得"收视印象十佳"榜"十佳电视专题节目"和观众票选的"完美收视"活动最佳电视节目奖;2007 年,获得"中国原创广播电视栏目四十佳"、"电视访谈类节目全国二十强";2008 年,荣获广电总局《综艺》杂志"年度生活时尚类电视节目之品牌栏目"奖,李静荣获"年度最佳制片人"奖;2009—2012 年连续 4 年荣膺"中国最具网络影响力的十大社会制片栏目"[②]称号,等等。

二、《超级访问》栏目创意分析

1."消费明星,创造快乐"的栏目定位

《超级访问》的栏目定位是"消费明星,创造快乐",即栏目将明星作为主要的"消费"对象,给嘉宾和观众制造快乐。每期节目都邀请一位明星人物或者其他具有较高知名度的公众人物,由主持人进行现场提问,话题主要是讲述访谈嘉宾台前幕后的趣事,以及人生经历和生活感悟,时而"惊爆"明星内幕,时而制造一些"惊喜",让观众在轻松愉快的氛围中感受明星真实生活的同时,笑看世间百态,体味人生酸甜苦辣。栏目组在嘉宾访谈录制前期还会对嘉宾现实生活中的一些知名或不

---

① "TVAE 节目吸引效果"评定系统是运用收视率调查的有关数据以及相关的调查结果对节目吸引效果进行量化评估的系统。

② "中国最具网络影响力的十大社会制片栏目"是由中国广播电视协会、中国传媒大学、南开大学和中央民族大学四家主办机构联合发布的,根据互联网使用情况监测得出的节目的网络影响力,包括该节目在网络上的知名度、关注度、收视度和美誉度。

知名的朋友、亲人进行大量的多点采访，在全方位了解嘉宾的基础上，再在演播室的现场通过主持人对嘉宾的追问和交谈，以及可作为依据的前期采访视频，使明星嘉宾展现出不为人知的真实的一面。同时为了让嘉宾流露出真实的感情，或者满足他们的愿望，栏目组还会特别邀请嘉宾的一些亲朋好友到场给其惊喜。在《超级帮帮忙》首期，栏目组就为嘉宾保剑锋寻找到了已失去联系多年的“初恋女友”，这让保剑锋在节目现场惊喜万分，十分感动。正是在这样一种轻松又快乐的交谈氛围中，嘉宾将最真实的一面展示给了大家，也让观众的好奇心得到了极大满足。

2.栏目内容的独特性

《超级访问》的宗旨是：“超级访问，不一样的访问”。在目前访谈类节目日渐盛行的电视圈，《超级访问》不断创新节目元素、改进节目形式，同时配以李静和戴军独特的主持魅力，保持其独特性和“不一样”，这是栏目拥有稳定受众群的一大法宝。《超级访问》是一档访谈类节目，但它又不仅限于简单的“访”和“谈”，而是综合了综艺表演、明星推广、八卦快递等多种娱乐元素，将观众感兴趣的收视点贯穿在节目之中，让观众时刻保持新鲜感，避免视觉疲劳。当然，也有观众反映说有时节目会显得“太乱”，没有一个固定的模式，但也正是这种非模式化的特点，使得每期节目对于观众来说都有可以期待的新亮点。不追求风格的统一，也不追求模式的固定，只要节目内容符合预设收视观众的口味，那么这期节目就是成功的。

《超级访问》主持人李静采访朱丹

《超级访问》的另一法宝在于它总能挖掘出观众在其他娱乐新闻中了解不到的“八卦轶事”，能够充分满足观众的好奇心。一直以来，《超级访问》的编导们抱着娱乐但不随便的心态，在节目的细节策划上花费了大量精力。《超级访问》要的不是让人看完节目后对人生有深刻的领悟，而是要让观众从看节目的第一眼开始就开心快乐。“超级”正体现于此。即便观众看过嘉宾很多次访谈，依旧会对《超级访问》有所期待，因为节目总能给观众带来一些意想不到的惊喜。这在当前访谈节目的激烈竞争中是很难做到的，毕竟想让善变的观众保持一种忠实的期待是很困难的。

《超级访问》的第三个法宝就是打“煽情牌”，参加访谈的现场嘉宾经常能收到一些意料之外的惊喜。编导们经常会找到一些连嘉宾自己都已经遗忘或是十分惊讶的背景资料，或者是对嘉宾的亲朋好友进行一些采访，从他们的印象和评价中更加深入全面地展现出嘉宾的真实状态；有时甚至会把嘉宾意想不到的亲朋好友请到现场，对其进行“爆料”，有时候“爆料人”达二十多人。在节目的录制过程中，时常因为所展示的生活故事或感情纠葛让嘉宾和主持人泪流满面，观众也会随着嘉宾的情绪欷歔不已；而大部分时间是主持人李静和戴军插科打诨，时不时“惊爆”一些明星趣闻，或让明星出一些无伤大雅的洋相，引得观众笑声不断。

《超级访问》以普通人的视角，多角度地挖掘和讲述明星们鲜为人知的生活故事，竭力还原明星们生活化的一面。节目中的话题不全聚焦在明星的私生活问题上，也不会提及嘉宾不愿意触及的伤疤，而是在尊重嘉宾的基础上讲述嘉宾成名之前的坎坷经历，这对广大的青少年来说也是一种激励。所以节目避免了那种猎奇、求异的访谈风格，而追求一种开放、求实、积极向上的访谈风格。

3.栏目明星主持人的收视亮点

访谈节目主持人的重要性是不言而喻的，如美国脱口秀女王奥普拉·温弗瑞，她带给观众的不仅是一档优秀的电视节目，还有她本身独特的人格魅力。李静、戴军这对黄金搭档开启了中国最早的“脱口秀”风潮，他俩在节目中的默契合作、完美搭配无疑成了节目的亮点，也构成了节目异于其他访谈类节目的特性。

身兼主持人、制片人、东方风行传媒集团的创始人兼CEO等多重身份的李静，曾担纲主持过《北京您早》、CCTV的《周末大回旋》和《精彩十分》，还曾与黄阿原联袂导演和主持过《欢聚一堂》、《非常快乐》。如今，她是《超级访问》、《非常静距离》、《美丽俏佳人》、《娱乐麻辣烫》等多档节目的主持人兼制片人，被誉为“国内最具风格的主持人”。她所带领的团队每年制作节目的时长超过500小时，发行全国近200家电视台，收视人群在6亿人次以上，而她自己也成了媒体界的优秀主持人和完美女强人。《超级访问》的另一主持人戴军是少有的兼影视、音乐和主持于一身的三栖艺人，靠唱歌出道，却因主持越来越红，现在开始涉足影视剧。两位主持人在节目中的表现都非常出色：戴军语言幽默、谈吐风趣，常让观众捧腹大笑；李静机智活泼、插科打诨。两人一逗一捧，配合非常默契。节目中常常笑声连连，明星嘉宾在这种环境下也能很快地放松心情，快速进入到一种游戏的状态，使整个节目被一股强大的朝气和活力填满。

《超级访问》主持人李静、戴军

在近期《超级访问》的再次改版中，栏目新增了“大嘴李戴”环节，特别邀请国内知名专业相声演员为李静、戴军量身打造兼具热点与趣味的相声段子。在全新设计的复古百老汇新景中，节目录制现场化身“小剧场”，李静、戴军将跨界上演相声“脱口秀”，对时下最热门的话题事件，网络中最恶搞、最逗趣的视频进行热辣短评。这也成了本次改版的最大亮点，更是成了观众喜爱的环节。

4.强化电视谈话节目的纪实理念

电视谈话节目的诞生，实现了电视传播的五大跨越。它不仅是电视发展史上的里程碑，而且对个人和社会产生了广泛而深刻的影响。跨越之一，从声音为主到画面为主；跨越之二，从单向传播到互动传播，提高了传播的效力；跨越之三，从独白话语到公共话语，拓展了公共领域，促进了社会现代化；跨越之四，从重事件报道到重人情探讨；跨越之五，从平面宣传到立体刻画。①

电视是一个声画统一的媒介。借由电视，娱乐谈话节目的真实性得以增强，人与人之间的互动也增强了。然而，也正是因为电视媒介的这一声画统一的特性，很多明星被过度包装，塑造了并不真实的形象。有些娱乐访谈节目刻意挑战嘉宾底

① 衣雨涵：《娱乐化浪潮下综艺谈话节目的走向——比较〈康熙来了〉和〈超级访问〉》，《文教资料》2009年第5期。

线，甚至靠制造矛盾冲突来博取眼球，提高收视率，这让娱乐访谈节目的真实性大打折扣。而《超级访谈》以还原真实的嘉宾为宗旨，用朋友聊天的方式进行访谈，尊重嘉宾、尊重事实，不断强化谈话类节目的纪实理念。栏目制片人兼主持人李静曾表示："我们追求的是一种感动。无论是明星还是普通人，我们访问的原则都是平等和尊重。就像我们选取明星的趣事，出发点是善意的，即使在节目中出现了他很土的一张照片，年少轻狂时的一句誓言，给观众的感觉也不是在耻笑他，而是对往事的一种感动。而且我们幕后有大量的工作，这些都让他们觉得，'这个节目是这么认真地对待我，我也要认真地面对它'。尊重，这一点很重要。"①

受邀参加《超级访问》的嘉宾很多都是当红明星，但李静和戴军的"明星"地位，也带动了他们和嘉宾的朋友关系，所以在访谈过程中，才能真正产生那种朋友对话、聊天的氛围，让嘉宾在轻松、真诚的情况下讲述自己真实的从业经历、情感故事以及回应各种热点话题。很多明星在李静和戴军的耐心引导和对往事的挖掘下，在《超级访问》中首次回应各种事件或者爆料自己的一些不为人知的秘密抑或"糗事"，这也成了节目吸引观众的亮点之一，如《谢娜首度回应闰土夫妇》、《董昊爆料与张凯丽合作趣事》、《王姬八婆女儿感情问题 感谢家人背后支持》、《小陶虹自曝徐铮浪漫求婚细节》、《王志飞首次电视访问 爱子私家照独家发布》等节目，而这些，正是节目制作团队通过在全国各地的采访、素材搜集，加之李静和戴军的访谈魅力才得到的独家"爆料"。

从 2012 年开始，栏目不再仅仅追逐当红影视明星，访谈对象开始扩大到热点人物，如"草根选秀艺人"2010 年星光大道的年度总冠军刘大成，《站着上北大》一书的作者、从北大保安变身北大学子的甘相伟等都被请进了演播室。为了尽可能地真实反映访谈嘉宾，在此次节目改版中访谈的内容也从娱乐类拓展到社会财经领域，这主要是由于近来娱乐圈越来越多的明星玩"跨界"，自立门户成立工作室、当制片人、投资店铺等，这些更能反映镁光灯之外的明星生活状态。如投资餐饮业绩颇丰的吴奇隆、任泉、那威，创立高级成衣定制品牌的马艳丽、李小璐母女，以及自立门户开公司的明星老板张国立、赵本山、李湘、范冰冰、黄晓明、周迅、杨澜等，

① 潇湘、李静：《从主持人到 CEO 的完美转型》，《新商报》，http://www.iceo.com.cn/chuangye/60/2011/0822/227992.shtml

这些财经类名人或者娱乐圈、文化界的理财高手都将作为栏目的座上宾，在节目中分享演艺感悟和理财心得。

《超级访问》作为内地最早的访谈节目已经有12年的历史，在其开播12周年之际进行了一次全面改版。栏目打破以往单纯的明星访谈的形式，增设“大嘴李戴”、“热点人物”、“超级大来宾”三大板块，集脱口秀、时下热点事件短评、“草根人物”微访谈、大牌明星访谈等诸多元素于一体，话题也从单纯的娱乐内容拓展到社会及财经领域，同时，新增环节中还增加了与观众的互动。

综合来看，《超级访问》不论是创作班底还是节目定位，不论是节目内容还是主持风格，都确实做到了与一般电视娱乐访谈节目“不一样”。也正是这些“不一样”，让节目通俗而不庸俗。《超级访问》向我们证明了，中国的电视娱乐节目完全可以在不影响收视率的情况下摆脱“三俗”怪圈。在当前娱乐化的浪潮之下，电视人要吸收借鉴优秀节目的特色之处，找准对策，不断创新，方能迎来娱乐谈话节目的又一个春天。

中央电视台《艺术人生》

一、《艺术人生》栏目简介

《艺术人生》是中央电视台于 2000 年 12 月 22 日推出的一档谈话类节目，以"记录时代人物"为口号，每期节目时长 50 分钟，由朱军担纲主持人。该栏目每期邀请国内外文化艺术界著名的影视、音乐、舞蹈、文学、曲艺等领域的艺术家，通过谈话与表演相结合的方式，让嘉宾、主持人和现场观众一起回忆过去的艺术、过去的生活，给观众以人生的思考和启迪。

《艺术人生》logo

《艺术人生》栏目开播以来把"用文化引导娱乐，用品位提升娱乐"作为创作理念，把成为同类电视节目的旗舰作为自己追求的目标。在节目内容的取舍上，以是否产生引导社会向善的影响作为标准，弘扬的是明星们"真善美"的一面，祛除艺人习气和阴暗面。栏目始终秉承着"用艺术点亮生命，用情感温暖人心，探讨人生真谛，感悟艺术精神"的宗旨，以独特的视角、真诚的情感交流、详尽的细节描写、跌宕的叙事结构，将自身与一些综艺娱乐性节目区分开来。

《艺术人生》开播 12 年来，除了获得较高的收视率外，还以优良的节目品质赢得了较好的口碑和美誉度。节目在2000年12月22日晚9点第一次亮相，收视率就位居中央电视台第三套节目的第二位，历史最高收视率曾达到4.25%。

二、《艺术人生》栏目创意分析

作为一档谈话类节目，《艺术人生》的成功不仅是因为它拥有独特的播出资源、优秀的主持人和嘉宾的感人故事，还在于它对其他艺术手段的调用，用戏剧元素——分幕、布局、道具等，深入挖掘艺术家身上的闪光点和矛盾冲突点，使整个节目层次分明，高潮迭起。

1.高雅的栏目定位

现如今的电视观众经历了娱乐节目的热潮，他们需要道德的重建，需要减少对娱乐的追逐来思辨人生和社会，社会思潮正在向老百姓的道德理想回归。观众既需要了解明星平易近人的一面，也想知道他们光彩照人生活背后的故事和感悟。《艺术人生》恰恰是这样一个能拉近明星与观众心理距离、产生共通情感的节目。它塑造了一种“安静”、“大气”、“典雅”的风格，跳脱出了那些一味追求“闹”、“前卫”、“快节奏”的同类综艺节目模式。

栏目制片人王铮曾说过，“《艺术人生》不是一个娱乐节目，而是一档严肃的人文谈话节目。节目通过艺术家对自身人生经历或趣闻的讲述，表达出自己对人生

《艺术人生》主持人朱军采访老一辈艺术家

的感悟。”可以看到,《艺术人生》自创办以来,一方面坚持保留了现有的拥有丰富人生阅历、较高知识层面和生活品位的观众群,另一方面也获得了一些其他阶层的观众的喜爱。

《艺术人生》栏目的宗旨是“用艺术点亮生命,用情感温暖人心,探讨人生真谛,感悟艺术精神”,目的也是为了让明星更加地平民化,以普通人的视角关注明星的人生境遇,让他们面对面地与观众进行交流,从而让观众在感动中体会到更多积极向上的生活态度,激励他们勇敢地面对自己、面对人生。《艺术人生》在内容上充分体现了温情感人的人文关怀,不再把嘉宾视为高高在上的明星,而是把他们视为普通人,更多地讲述他们作为普通人的生活,让观众看到明星最具人性化、最温情的一面,充分体现他们光辉背后的真实生活状态,无形中使整个节目具有崇高的人文气息。

2.节目中戏剧元素的应用

同大多数的访谈类节目一样,《艺术人生》采用的也是录播方式,最后在电视上播出的节目都是以字幕、片花为间隔,在间隔的一幕一幕中展开谈话,借鉴了戏剧的分幕式结构方式,充分体现了节目的故事化性质,这使节目犹如一台情节完整的戏剧,有发展、高潮和结局。嘉宾和主持人是这台戏的主角。这种方式丰富了节目的呈现形式,形成了自己的特有风格,也给观众带来了新鲜感。这种形式一方面保证了节目录制现场嘉宾的集中叙述,嘉宾与主持人的流畅交流;另一方面,后期的剪辑也更能体现编导的意图,在巧妙的组合中突出重点,体现出嘉宾的个性和节目风格。

熟悉《艺术人生》的观众会发现,节目常常会使用一些道具。如在陈凯歌参与的那期节目中就出现了蓝天牌牙膏、父亲的录像带、《格林童话》、《唐诗300首》以及来自陕西的一把黄土等物品,这些物品都对嘉宾具有非常特殊的意义。在节目现场使用道具,有助于勾起嘉宾的回忆和相应的情感反应,让他们轻松自然地进入话题中,从而更好地表现人物形象。

《艺术人生》对戏剧元素的巧妙运用,大大增加了其作为一个娱乐类谈话节目的精彩程度。在每期大约50分钟的时间内通过对戏剧元素的借用,制造了节目强大的张力，使观众在悬念、冲突中得到娱乐的快感。[①]

3. 现场主持人和嘉宾的完美搭配

主持人的素质在谈话节目中显得分外重要。主持人不仅要知识面广，还要有较高的人文素养，对现场的驾驭能力也要足够强，这样才能从容面对和处理好各种突发状况。此外，亲和力和个人魅力也是非常重要的方面。《艺术人生》自开播以来一直由朱军担任主持人，他亲切、随和、真诚的主持风格深受观众喜爱。因为与艺术界众多的名人私交甚好，所以在节目中，朱军都是以一种朋友般亲切的谈话态度进行访谈，借此加深了节目内容的纵向深度，也尽可能地将每一位嘉宾的成功故事展现给电视机前的观众，通过感性和理性两种方式挖掘出他们不为人知的闪光点。可以说，朱军与《艺术人生》是相互衬托、相互成就的关系。他温和而不张扬的性格给到场嘉宾以信任之感，令嘉宾在温情的现场氛围中自然而然地敞开心扉，与主持人和现场观众进行真诚的交流。

在对话题的引导方面，朱军也做得很出色。对情感的尺度把握适中，让节目现场呈现出看似松散实则紧密的状态；在听嘉宾讲述到动情之处时，既能深情地投入进去，又能迅速调整状态来把握住话语的方向。在话题的组织上，朱军通常是采用嘉宾讲述、现场观众参与的方式，由他来平衡嘉宾、现场观众和主持人三者之间的关系。

《艺术人生》录制现场

从嘉宾选择上来看，《艺术人生》的嘉宾选择面比较广，只要是在艺术领域有一定成就和影响力，被大众认可的公众人物，都有机会成为节目的座上宾。他们不仅是某领域的名人，还要有激励人的奋斗历程、戏剧性的生活故事。从已播出的多期节目来看，参与的嘉宾有著名的影视演员、话剧演员、舞蹈演员、歌唱演员，也有导

① 李薇：《从〈艺术人生〉看情感类谈话节目的成功要素》，《科技信息》2011 年第 22 期。

演、编剧、主持人、词曲作家以及其他文艺界知名人士。随着同类访谈节目的增加，而有影响力的文艺界明星又是有限的，这就不可避免地会出现嘉宾重复、故事重复的现象。在有限的嘉宾资源下，考虑到嘉宾与收视群体关注点的吻合程度，栏目组在选择嘉宾时做了一些调整。嘉宾范围由老艺术家放宽到各个年龄层，参与数量也由最初的一两位增加至可以多位共同参与，并优先选择80年代后的、在演艺界给大众以深刻印象的演员、主持人、导演、音乐人等。这些在嘉宾选择和设置上的变化，不仅打破了单一性，而且还让话题变得更加丰富，节目主题也因此而更加生动。

4.节目录制现场观众的选择

在我国，电视谈话节目的现场观众选择常常是不被重视的，而《艺术人生》栏目组的编导、制片等相关人员却非常重视对现场观众的选择。在每期节目的嘉宾确定之后，栏目组都会在预告片和一些报纸、网络媒体上刊载出嘉宾的相关情况，然后发布“寻人启事”，寻找现场观众。观众可以通过电话、邮件、书信等方式报名参与节目录制。当然栏目组也设立了相应的限制条件，如必须热爱艺术且心理年龄在25岁到40岁之间，报名观众要说出自己喜欢嘉宾的一个真实故事和原因，然后栏目组会根据这些情况筛选出合适的现场观众，而不是那些狂热非理性的观众。

《艺术人生》还非常重视与现场观众的互动，设置了“观众之家”与观众真诚互动。栏目组将嘉宾、主持人和现场观众置于一个平等的平台之上，给予观众足够的时间，鼓励他们表达自己内心的真实想法，一些兴致高的观众还会在节目现场大秀才艺或者进行现场表演，节目的互动性便充分体现了出来。

栏目组通过媒体寻找现场观众的同时，还征集大家感兴趣的节目话题。通过这种方式，节目的内容得以拓宽，话题也更平民化。观众提出自己想了解的话题，栏目组则据此来挖掘嘉宾的内心情感，这样既让观众对节目的期待得以满足，又能鼓励观众参与到节目之中。《艺术人生》的话题大多注重细节，而不是那些严肃、深沉的话题，娱乐与格调兼具，抓人眼球但绝不庸俗。

通过多年的努力，《艺术人生》逐渐形成了自己的品牌和风格，以普通人的视角讲述明星的故事；在嘉宾的感人故事背后，是他们对人生的思考。观众不仅仅可以看到一个个感人的故事，还能分享到艺术家对人生的深刻感悟，娱乐而不失深度。节目深入挖掘艺术家身上的闪光点和矛盾冲突点，很好地实现了"用艺术点亮生命，用情感温暖人心"的节目宗旨，并成长为全国知名的谈话节目品牌。

然而，《艺术人生》从开始创办到现在已经形成了一套固有的模式和套路，这一固定化的模式虽然塑造了节目的独特风格，逐渐变成了节目与众不同的标志，但也给节目带来了不利影响。一味的固定化模式和一成不变的环节使观众对节目越来越熟悉，甚至对其中的套路了如指掌，节目的进程完全如观众所料，主持人的问题也能被嘉宾推测出来，观众的思想逐渐接近制作人的思想，节目的内容和形式完全赤裸裸地暴露在观众面前。节目失去了悬念和新奇，观众也会逐渐对节目失去好奇心和积极性，这就造成了观众的审美疲劳。《艺术人生》要想打破这种瓶颈，需要创新节目模式，丰富节目形式和内容，设置悬念，强化节目的真实性，增加出人意料的内容，为观众制造新奇，重新调动观众的胃口和积极性。

中央电视台《致富经》

一、《致富经》栏目简介

《致富经》是中央电视台农业军事频道2001年1月2日开办的一档涉农经济类专题节目，该节目以农村百姓和经营涉农产业的城市人的创业经历、经济生活为题材，讲述百姓身边的致富明星，报道涉农经济发展过程中涌现出的致富经验和创新做法。《致富经》的宣传口号是：财富无处不在，行动成就梦想！《致富经》是以服务公众为目的的公益性商业节目，它以独特的视角诠释财富与机遇的关系，触发观众积极向上的致富想法，旨在提升观众的财富敏感度，让观众更善于把握商机，发现自己身边的财富。

《致富经》logo

《致富经》自开播以来报道了大量的致富信息、致富典型人物和典型事件，为观众创造财富提供了许多有价值的参考。栏目组平均每天接到300个左右的观众咨询电话，收到几十到上百封的观众来信。截至2010年6月，《致富经》的绝对收视率一直居中央电视台第七套平均收视率第一名，单期最高收视率曾达到1.83%。《中央电视台观众满意度调查报告(2008年下半年度)》显示:“《致富经》栏目已经成为央视七套的明星栏目,发展较为成熟,观众满意度、知名度、观众规模、期待度四项指标排名央视七套第一,在全台的表现也较好,应继续保持自身优势,讲述更多更好的致富故事。”2009年的下半年报告称:“《致富经》栏目是农业节目中的精品,本次调查中,栏目的知名度、观众规模均排在频道内第一位,表现稳定,栏目发展进入成熟期。”

《致富经》经过多年的成长,制作了一批优秀的电视节目,这些节目不仅获得观众的喜爱,也得到了业界的认可。2011年11月,在由中国电视艺术家协会主办的第三届中国新农村电视艺术节上,《致富经》节目《酒后说出的财富真相》、《30天惊心动魄的财富》一周荣获“专题片最佳作品(一等)奖”。《致富经》选送的节目《从捡钱包开始的财富之路》和《黄金伟的“黄金”梦》获得“2010年度中国电视纪录片短片好作品”奖。

《致富经》主持人张纬

由于其出色的表现,《致富经》栏目的荣誉纷至沓来:2009年,《致富经》荣登广电总局“2009年度12个创新创优典型电视节目形态”榜单,上榜理由为“《致富经》传递致富信息,更新致富观念,不靠猎奇、追星,而是沉下心来,一心一意为农民办节目,提供致富榜样,努力帮助农民学习致富技术和方式”。同时《致富经》也获得了网友的认可,很多错过节目的观众通过网络来观看节目,因此在2009年度中国电视节目网络影响力调查中,《致富经》荣膺“2009年度中国最具网络影响力的十大CCTV栏目”称号,该调查显示:“《致富经》栏目在网络上的影响力日益扩大,不仅农民朋友对其兴致浓厚,一些城市百姓和职业白领也开始关注该栏目。在专业化定位的基础上,做到内容为王的增量效益,实在难能可贵。”2010年12月,在中国电视艺术家协会主办的第二届中国新农村电视艺术节上,《致富经》荣获“优秀对农电视栏目奖”一等奖。2012年5月,《致富经》被中国电视艺术委员会、《中国电视》杂志社评选为“2011年度全国十大品牌电视民生节目”。

二、《致富经》栏目创意分析

1.目标受众定位明确

受众对于媒介的生存与成败至关重要，栏目要想在市场上占得一席之地，就离不开受众的支持，因此明确受众的定位，解决向谁传播的问题至关重要。《致富经》在数年的探索发展中，明确了自身的受众定位，依托中央电视台这一平台，以全国广大的农民朋友为传播对象，传播财富知识，传递财富信息。具体来说，《致富经》的目标观众分为五类：一是城乡致富带头人、经纪人等，他们是农村经济活动中的活跃分子，是城镇、农村中先进生产力的代表，也是最有消费潜力的市场骨干分子；二是正在寻找致富途径的人群；三是想投资对农领域和关心“三农”环境的城市人；四是拥有部分投资资金，近期内有投资计划，创业欲望高的人群；五是勇于创业或有独立创业计划的人群。

为了强化节目的贴近性和服务性，《致富经》栏目组举办了多次大规模的全国目标观众研讨会，目的就是：精确调研目标观众对涉农创业节目的实际需求，在创作中尽可能地满足观众需求，追求收视需求的不可替代性，打造节目的核心竞争力。用栏目组的说法就是“做观众需要的，做自己能做的，并做到极致”。

2.选题内容贴近观众并实际有用

《致富经》在选题上突出“三农”特色，贴近农村、农民和农业；在内容上立足于广大受众的需要，从观众的需要出发，提供切实有效的信息。《致富经》的选材具有平民化倾向，每一期讲述一个故事，故事的主人公作为白手起家的人，没有背景，社会关系不多，没有金钱，却靠自己的聪明才智，在偶然中把握了必

《致富经》节目提要

然的财富商机，如“赌光家产后发现财富的曹社华”、“打工仔的打赌”等。《财富经》依托央视的有利平台，不限地区、不限行业地捕捉创造财富的优秀人物，赢得了观众的好评。

“授人以鱼不如授人以渔”，《财富经》并非简单地介绍相关农业知识，也非简单地作技术说明，而是传达一种创业思维，是改善农民思维方式的一剂良药。节目给观众以启迪，用具有时代感的真实案例激发观众对财富的敏感度，让观众善于把握商机，发现自己身边的财富。《致富经》倡导的理念是：别人的致富项目不可以照搬，但别人的致富经验一定要参考。这种创作理念就是从具体的项目提升到智慧与经验的传递，这是百姓创业致富过程中具有共性的东西，它有着更广泛的适应性，反过来能知道更多项目的实施。《致富经》的目的就是让观众从致富典型创造财富的故事中，得到某些经验或者引发关于身边某些商机的思考，而不是推广致富项目，或者宣传某一企业。

为了更好地了解中国百姓创业过程中关心的焦点、热点问题，从 2004 年开始，《致富经》栏目联合国内权威的创业研究机构，调查发布了国内第一个《中国百姓创业致富调查报告》，并每年发布一次。它调查了近万名创业者，不仅为栏目提供了丰富的创业故事，也让栏目成为百姓创业领域的权威发言人。

3.故事化的叙述方式

据一份对农民的调查资料显示：75%的农民通过电视媒体了解外界和获得信息，电视作为声画合一的媒体是讲故事的最好媒体。如何在众多综艺节目和电视剧中脱颖而出，既满足观众的娱乐需求又为观众提供服务，传播致富思想和理念？《致富经》尝试以讲故事的方式来叙述事件。电视纪实类节目的故事源于真实的社会生活，根据编导的精心策划、记者的现场采访、当事人的亲身讲述，来叙述整个故事，最后由主持人引导观众进行理性思考。每期《致富经》分为节目预告、主持人导言、解说词、当事人采访和主持人总结等几部分，通过各个部分的连接，完成对一个完整故事的构建。在情节化的故事叙述中又增添了悬念，引人入胜。如《赌光家产后的财富发现》节目讲述了主人公曹社华的财富历程：节目先从预告中让观众对他有个直观的认识，说明事件的时间、地点和主要人物；然后通过欲扬先抑的手法，塑造了一个众多村民口中的吃喝嫖赌的形象，这时主人公却还没出现，这就吊足了观众的胃口;在主持人简单介绍情况后便又把主动权交给场外,故事的叙述并非平铺直叙,而是较多采用疑问句式,悬念迭出,让观众紧绷心弦,等待下一个故事情节的出现;在大量的现场采访和主人公的叙述中描画出曹社华的致富之路。

《致富经》中的节目运用了大量的同期声,淡化主持人和记者,更倾向于现场场面的表达,增强了真实性。在电视纪实中通过大量现场同期声的运用,传递画面所表达不了的过去时态的信息,起到了解说现实背景和揭示事实的作用,从而增加了现场感和真实感。同期声的细致处理能够最大限度地拉近观众与节目的距离,从而增强节目的表现力。

4.栏目不断创新,引入新板块

为了避免观众的审美疲劳和创业故事重复化,《致富经》栏目经常引入新的节目板块和新的节目形式,不断创新节目内容。2006 年 11 月,《致富经》栏目策划推出三期正版系列节目《辣椒演义》,首次全方位梳理全国的辣椒产业;2006 年 12 月,根据大学生就业的社会热点,推出《当代大学生创业启示录》十集特别节目,取得了良好的社会反响;2007 年 4 月,推出五集反映成都城乡一体化建设的大型特别节目《探路》;2007 年 10 月,"十七大"召开之际,播出五集大型系列专题片《市场引领现代农业》,同时还制作播出了 80 分钟的"十七大"特别节目《成渝新观察》;2008 年 3 月,播出揭示餐饮界财富风云变幻的五集大型系列节目《餐饮风云》;2008 年 9 月,播出纪念改革开放 30 年的系列节目《三十年致富传奇人物》;2009 年 10 月国庆 60 周年之际,制作五集特别节目《携手》,反映新中国成立以来城乡一体化进程中的实践和成果;2010 年 2 月起,推出"找寻三农致富榜样"、"永业生命素"杯首届三农致富榜样;2011 年 8 月起,推出"开瑞汽车杯"第二届创业致富榜样推介等。这些节目依托时下的热点问题,增添了更加丰富的内容,也有较为深刻的内涵,积极意义不言而喻。

5.深入观众举办大型活动

《致富经》栏目真正地树立服务"三农"意识,在电视屏幕上呈现有益的信息,在荧幕下也积极致力于良好关系的构建。2005 年 1 月和 2006 年 2 月在北京分别举办了首届和第二届中国百姓致富经验交流年会,通过举办交流年会,宣传栏目的品

《致富经》特别节目《辣椒演义》

牌形象，传播服务意识，也为致富人物和渴望致富的人搭建了一个良好的交流平台，在潜移默化中增强了栏目的公信力和认知度。2006 年 6 月和 7 月该栏目举办了全国目标观众研讨会，开展了走进目标观众的主题活动，增强了与观众的交流，也让观众体会到栏目组更为贴心的服务和照顾。同年，该栏目还与中国农业大学 MBA 中心合作出版《财富无处不在》一书，依托品牌的知名度与美誉度促进产品的销售，从而在另一市场上扩大受众规模，提高了经济效益和社会效益。

《致富经》已经成为我国对农电视节目中的品牌栏目，它不仅为广大农民观众讲述了一个个致富故事，更是传递了致富思想和观念，获得广大受众的认可和喜爱。为了及时报道涉农经济发展的新趋势、满足观众不断增长的收视需求，《致富经》栏目不断创新和改版，使得栏目定位、目标观众更明确，节目内容、节目风格更具吸引力、更符合受众的收视需要，让“财富无处不在，行动成就梦想”的节目宗旨得以实现。在我国对农节目相对缺乏的阶段，《致富经》更应该承担起历史的重任，为农民观众提供一顿营养丰富的精神大餐。

阳光传媒《杨澜访谈录》

一、《杨澜访谈录》栏目简介

《杨澜访谈录》是阳光传媒集团旗下的一档名牌访谈栏目，创办于2001年2月9日，是国内目前较为成熟的谈话类栏目之一，由资深媒体人杨澜创办并主持。栏目就政治、经济、社会、文化等不同方面的热门话题，与世界各地的知名人士进行广泛探讨，关注个人的性格特征和独到见解，以历史的深度和广度，表现个体与社会的相互作用，寻找人类智慧的闪光点，折射出特有的历史瞬间和社会背景。畅谈的话题不仅紧紧围绕时事或专业，更以人的经历、感受和智慧为中心，抽丝剥茧地讲述人的故事，以成败得失、人生百味体现人的智慧和感悟，让更多观众通过节目去感受那些平常可望而不可即的世界名人，拉近距离，沟通彼此。

《杨澜访谈录》logo

《杨澜访谈录》每期邀请一位嘉宾，播出时长约45分钟。作为国内首个高端访谈电视节目，《杨澜访谈录》如今已采访了五百多位各国政要和科技、社会、文化界精英，从影视娱乐界到国际政坛，从“永远的挚爱”苏菲·玛索到曾经的美国总统老布什，杨澜以自己的睿智同各界翘楚侃侃而谈。在她亲和、知性的沟通访问下，观众得以近距离感受嘉宾们身上那些值得我们尊敬、学习的人性的闪光点，同杨澜一起倾听嘉宾们传奇的人生故事，探索他们丰富而深刻的内心世界。

《杨澜访谈录》覆盖家庭数达3500万个，发行到美国、加拿大、澳大利亚、马来西亚、新加坡等地的华人社区，在全球拥有三亿多观众，在高层的精英人群中有很大的影响力和美誉度，收视率在同类节目中也一直位居前列。央视—索福瑞媒介收视率调查研究中心资料显示，《杨澜访谈录》在目前国内访谈类节目当中收视率较高，平均为0.7%—0.8%，已经成为一个强势品牌。

二、《杨澜访谈录》栏目创意分析

1.精准高端的栏目定位

《杨澜访谈录》在这十年多的时间里，始终致力于采访各领域的领军人物，以主持人和嘉宾之间的一问一答的形式，谈论政治、经济、社会、文化等方面的话题，将成功人士的思想和精神力量传达给观众，借受访嘉宾的影响力来"影响有影响力的人和那些想成为有影响力的人"。《杨澜访谈录》注重挖掘嘉宾在自己所处领域取得的成就与心得，进而探索嘉宾的内心世界和对生活的感悟。节目内容严肃，但在主持人杨澜和嘉宾轻松的谈话气氛下又不失亲和。同大部分访谈类电视节目不同，《杨澜访谈录》定位高端，富有人文气息，内容涉猎广泛又具有专业深度，避免了与其他名人访谈类节目的同质化竞争，但有时由于节目内容所涉及的领域和专业不为大多数观众所熟知，在一定程度上影响了观众的理解和思考。

高端的栏目定位必然需要高水准的访谈嘉宾。《杨澜访谈录》自开办以来，邀请的访谈对象都是各行各业极具影响力的人物。这使节目不仅在众多访谈类节目中脱颖而出，成为国内乃至国际重量级的高端访谈类节目，更由于其访谈对象一贯高水准而使接受过访谈的对象和即将接受访谈的对象都会有一种荣誉感，认为参加《杨澜访谈录》成了地位和荣誉的象征。《杨澜访谈录》的定位为"记录一个时代、人和时代之间的关系"，所以访谈的嘉宾都是曾经或者正在对社会、政治、经济、文化等产生巨大影响的人物。《杨澜访谈录》邀请的嘉宾中既有重量级政坛人物，又有大众耳熟能详的影视圈名人，曾受访的嘉宾包括中国前副总理钱其琛，前澳门行政区行政长官何厚铧，前美国国务卿基辛格，美国著名电视主持人克朗凯特，澳大

杨澜采访希拉里·克林顿

利亚总理霍华德，泰国总理他信，国际传媒大亨默多克，国民党主席、台湾地区领导人（原台北市长）马英九，美国通用电气前总裁杰克·威尔奇，著名艺术家小泽征尔、林怀民，中国著名声乐教育家周晓燕，著名演员陈道明、周星驰，好莱坞著名影星、奥斯卡影后妮可·基德曼，著名运动员姚明、孙雯，航天英雄杨利伟，等等。

访谈嘉宾的水准决定了访谈内容的深度，访谈人物的影响力和名气决定了节目的影响力和收视率。《杨澜访谈录》在选择嘉宾时，影响力是评判标准，收视率是第二位的。所以节目邀请的嘉宾近三分之一都是国际人士，政治经济类的嘉宾占到了一半左右。

访谈类节目可以满足受众多方面的需求，如文化需求、情感需求、娱乐需求等。但一个节目若想面面俱到，满足观众所有的需求，最后可能会成为一档"什么都有，却什么都没有"的节目。杨澜曾表示："《杨澜访谈录》不仅仅是感性地讲故事的一个谈话节目，它还重在一种理性的思辨性，所以跟政治经济人物比较多地有一些关于政策和对时下社会状况的分析，它的理性思辨色彩还是比较强的。"因此，该栏目的观众多为拥有较高教育水平、都市化程度比较高的人群，总体以男性观众居多，这部分人群在社会中大部分都充当"舆论领袖"的角色，所以栏目也间接影响了其他阶层的受众。

2. 主持人与节目品牌相辅相成

主持人是人物专访类节目的品牌标识，一档访谈节目若选择的主持人和节目定位的风格有偏差，是很难取得成功的。《杨澜访谈录》是专为杨澜量身定做的一档节目，节目风格和杨澜端庄亲切的形象相得益彰。

杨澜，国内著名资深媒体人和著名电视节目主持人，在国内具有很强的影响力和较高的知名度，以极具亲和力的主持风格备受电视观众的喜爱。她曾主持《正大综艺》、《杨澜访谈录》、《天下女人》等节目，曾被评为"亚洲二十位社会与文化领袖"、"能推动中国前进、重塑中国形象的十二位代表人物"、"《中国妇女》时代人物"、中国最具网络影响力的电视人物等荣誉称号。杨澜作为《杨澜访谈录》栏目的创办者和主持人，因其在国内外享有的盛名而成功为该节目造势，使人一听《杨澜访谈录》的名字就想到了杨澜，一想到杨澜就想起她创办的《杨澜访谈录》，达到了主持人和节目相辅相成的宣传效果。

《杨澜访谈录》主持人杨澜

在杨澜自己看来，深刻的问题也可以用一种温和的形式提出，主持人应该作为一名采访者，源源不断地挖掘采访对象，而不是作为一名辩手在节目中与嘉宾辩论。她形容自己的主持风格是"绵里藏针"。杨澜认为自己向来的重点不在风格，而在内涵："风格是你在具备一定内涵后才体现出来的东西。"[①]只有在具备一定内涵之后，节目的风格才能显现出来，品牌效应也才会产生。杨澜在节目中提出的问题经常尖锐而不唐突，为使受访者抛开戒心侃侃而谈，杨澜经常先以一些看似和问题不相干的话语使谈话变得轻松自在，再诱导嘉宾主动谈及自己想要问的问题，进而顺水推舟抛出疑问。杨澜说："到底是开着轰炸机把这块地都炸平，还是钻井取油？后来我们认为，深刻的问题也可以用一种温和的形式提出来。"

杨澜非常注重与嘉宾的沟通方式，她曾说过："我觉得采访其实像是一次探险，是一种对人心的探险。做专访常常是交浅而言深，一个从未见面的人坐在你面前，短短的半个小时、一个小时的时间，你希望挖掘出一些更深层的东西，人家凭什么要告诉你呢？这就要学会'沟通'，只有做一个成功的'沟通者'，才能成为一个合格的'对话者'。"在访谈的过程中，杨澜非常尊重对方的隐私，在和嘉宾的对话中，杨澜不会深究对方的八卦和隐私。在涉及这些问题时，她都是礼貌地向对方抛出一

---

① 《杨澜主持：绵里藏针 重内涵》，http://eladies.sina.com.cn/qg/2010/1028/10401026966.shtml

个恰如其分又点到为止的问题，若对方不愿配合，杨澜绝不深问，也不会再问。

在采访原国家主席夫人王光美的时候，由于她身上凝聚着中国当代史最惨烈的一段记忆，在“十年浩劫”中，她九死一生，历经百般凌辱，“文革”后她从来不接受媒体采访。在杨澜及其团队的沟通下，杨澜作为合格的、可信赖的“沟通者”、“对话者”，让王光美首次接受媒体采访，也成了《杨澜访谈录》的第一位嘉宾。王光美在整整4个小时的时间里讲述了她充满传奇的人生，让人们看到了聚集在她周围的泯灭了人性的恶的力量，又看到了她内心散发出来的强大的善的力量。这是一次成功的“沟通”和“对话”。

《杨澜访谈录》主持人杨澜

为了更好地和嘉宾对话，每期的《杨澜访谈录》都会做大量的准备工作，他们有一个完善的系统流程。《杨澜访谈录》栏目组建了一个资料搜集团队，由复旦大学学者和硕博士组成，拥有丰富的搜索通道：图书馆、报纸、杂志、互联网。对于境外嘉宾，则直接去外媒和原版书籍上获得信息。在海量信息基础之上进行观点提炼，进而完成对嘉宾的“人物分析”，从他的祖先家庭、教育背景、婚姻生活、职业生涯，直至性格特点、价值观念，最后形成几个大的内容板块。《杨澜访谈录》栏目组有明确的规定：对于嘉宾资料收集的量不能少于50页A4纸的信息，中间重复的信息是不算数的。量够了，质也绝对不能放松。然后进行“提问策略分析”，针对每个内容板块反复召开阅读讨论会，团队成员从各自的思维角度提出不同的问题，权衡之后生成由“人物分析”和“访谈问题”组成的策划文本。最后栏目从目标观众的心理出发，拟写出采访提纲，给予杨澜宽泛而深刻的参考信息。杨澜从这些参考信息中了解采访对象的性格特点、思维方式、语言节奏和喜好等，再亲自撰写采访稿准备问题。由于事先对嘉宾和其所从事的行业有了充分的了解，主持人可以根据嘉宾的回应适当调整问题，使整个节目的访谈轻松顺畅又不失条理。2002年4月，美国前国务卿基辛格博士率团访华，并第二次接受杨澜的访问。这一次杨澜的切入点是年初鲍威尔的中东之行。基辛格谈兴很浓，采访过程很顺畅。采访结束后，基辛格对杨澜的评价是“令人惊奇”。基辛格哪里知道，杨澜为了这次采访，事先几乎通读了他的全部外交著作，查阅了大量历史文献。

3.深刻而温和的节目风格

《杨澜访谈录》每期邀请一位访谈嘉宾，采访地点遍及世界各地，不拘泥于一间小小的演播厅。但无论采访对象是谁，采访地点在哪里，节目都给观众展现出一种端庄优雅的谈话氛围。节目以陈述事件或嘉宾的经历开场，采用由紧锁到开放式的结构，从嘉宾在事业上取得的成就一步步过渡到对生活的感悟，为有理想、有抱负的受众讲述人生百态，引导观众思辨社会、思考人生。平和的讲述氛围、简洁大方的背景环境、一对一的典型交谈方式，使节目呈现出舒缓轻快的节奏，让人有温润沉淀之感。这种严谨严肃的采访形式与《杨澜访谈录》采访各界名流的理念相适应。

同时，《杨澜访谈录》强调真实性，节目中毫无作秀的迹象，不制造噱头也不八卦，坚持呈献给观众事件和人物最真实的一面。访谈类节目具有一定娱乐性，这样的确可增加观众收看的兴趣，但若过于娱乐化则使主持人有作秀的嫌疑，受访者也会受影响而对问题浅浅带过，很难挖掘出深刻的内涵。

《杨澜访谈录·东方看奥运》光盘

4.与时俱进，紧扣时事

《杨澜访谈录》还具有较强的新闻性。作为一档人物专访类节目，制作人员为了提高大众关注度，扩大节目的社会影响力，坚持抓重大社会公共事件为访谈主题，以此来反映时代特征。在访谈中融入新闻类节目的特点，把观众带入最想探知的热点问题上，节目的公共关注度一直较高。每期节目以新闻形式开场，却不是新闻事件的深度报道。节目通过主持人和嘉宾的交流问答拨开事件的表面，深入探讨前因后果，传达对于该事件的新观点和新认识，帮助观众拓宽视野，获得知识，思辨社会。如 2008 年北京奥运会期间，《杨澜访谈录》策划了连续 50 期大型电视深度访谈系列节目《杨澜访谈录》之“东方看奥运”，播出时间从 7 月 18 日至 9 月 8 日。栏目采访了二十多位当届奥运冠军，其中也包括菲尔普斯等优秀国外运动员。节目改变往常周播的形式，以日播的方式最大限度地满足观众的收视需求，从而最大化地利用了重大公共事件这个极佳资源，对节目的品牌传播起到了积极作用，在观众中形成了较大的影响力。

《杨澜访谈录》历经 11 年依然保持较高知名度和收视率，散发着以高端电视文化为背景的知性美。《杨澜访谈录》始终秉持严肃深刻的风格，致力于“记录一个人和他的时代”，在深入挖掘当今各个领域的精英人物的同时，引导人们思索人生、探讨人性。《杨澜访谈录》以其精准的节目定位、亲切而有深度的访谈内容、独具一格的节目风格成为享誉国内外的精品访谈栏目。

中央电视台《百家讲坛》

一、《百家讲坛》栏目概况

1.《百家讲坛》栏目简介

《百家讲坛》是中央电视台科教频道(CCTV－10)于2001年7月9日开播的讲座式栏目,宗旨是“让专家学者为百姓服务”,以传播中国优秀传统文化为内容定位,集聚全国优秀的专家学者,选择观众最感兴趣、最前沿、最吸引人的话题,追求学术创新,鼓励思想个性,强调雅俗共赏,重视传播互动。栏目选材广泛,曾涉及文化、生物、医学、经济等各个方面,现多以文化题材为主,并较多涉及中国历史、中国文化。《百家讲坛》至今已播出三千余期,栏目收视率逐年提高,成为中央电视台科教频道的一档品牌栏目。①

2.《百家讲坛》栏目发展历程

起初《百家讲坛》栏目为了科教频道定位的“三品”(即文化品位、科学品质、教育品格)特别强调节目的专业性,造成相当数量的观众听不懂,再加上播出时段较晚,收视效果并不理想,最低收视率几乎为零。而且,选材的“大杂烩”风格难以培养观众的忠诚度。自从《读书时间》被央视“末位淘汰”后,《百家讲坛》也注意到自

① http://baike.baidu.com/view/20180.htm

《百家讲坛》片头

已需要做出改变,因此开始寻求新的突破点。从2004年5月阎崇年主讲《清十二帝疑案》引起观众强烈反响后,《百家讲坛》栏目“豁然开朗”。据央视资讯统计,2005年第一季度,《百家讲坛》平均收视率一直保持在0.17%以上,在科教频道收视排行榜中名列前茅,综合排名仅次于《周末讲述》,位居第二。《百家讲坛》栏目的突破点终于被找到:邀请能说会道的专家,选择观众感兴趣的话题,在电视上传播传统历史文化知识。于是《百家讲坛》开始转型,力求架起一座让专家、学者通向大众的桥梁,并将内容定位于对中国传统文化的通俗解读,由“百科全书”转变为普及本“文史读物”。①

二、《百家讲坛》栏目创意分析

(一)《百家讲坛》栏目主持创意分析

1.主讲人学术地位高,具有较大的影响力

讲座类电视节目的主讲人是节目的命脉,他类似其他节目的出镜主持人,对于维持节目的质量、实现节目与观众的互动起到了至关重要的作用。《百家讲坛》在对主讲人选择方面甚是讲究,主讲人的遴选需要三个标准:学术水平、表达能力、人格魅力。在这一标准之下,对主讲人的筛选可谓百里挑一。我们知道,电视文化产品不是一次性消费品,其后期众多的相关产品都会对社会和文化产生较大的影响,其实《百家讲坛》栏目的主讲人可以说都是个性非常鲜明的文化产品,他们对于文化传承和社会发展产生了一定的影响。

① 孙义清:《〈百家讲坛〉的成功及其隐忧》,《编辑学刊》2009年第4期。

《百家讲坛》主讲人

2.主讲人讲述方式各有特色，形成自己独特魅力

讲座类节目是否吸引受众的眼球，不仅需要节目形式的新颖、节目内容的充实，还需要节目主讲人具有魅力的演讲方式。主讲人较高的学术水准能够增强节目的权威性，较好的语言表达能力以及人格魅力能够维持受众群的忠诚度。《百家讲坛》栏目的主讲人在追求节目内容足够吸引人的同时，逐渐形成了自己的主讲风格，各自拥有了一批忠实的粉丝，例如，讲"正说清朝十二帝"的阎崇年几乎成了正说清史的"权威"；作家刘心武则被视为"草根红学"的代言人；"品三国"的易中天更是在大众中掀起"三国热"。许多观众正是冲着主讲人独特的讲述魅力而选择收看节目的。《百家讲坛》现在之所以能够成为品牌栏目，关键在于这些明星学者所营造出来的"核心竞争力"，这种竞争力逐渐使《百家讲坛》栏目得到大众的认可。

（二）《百家讲坛》栏目模式创意分析

1.寓教于乐，服务大众

随着经济的发展，世界变成一个大大的集合体，人们的生活方式、消费方式等各方面发生了极大的改变，广播电视的发展在这样的大背景下也逐渐发生着改变。这一变化体现在《百家讲坛》栏目模式发展的变化中。早期的《百家讲坛》是一部电视版的百科全书，它所涉猎的内容既包括人们日常的饮食起居、养生保健，也包含自然科学、人文地理，只要与学术沾边的，都是该栏目的选题。但随着人们消费观念的改变，栏目所呈现的发展模式逐渐不适应当下人们的需求。《百家讲坛》与时俱进，联系当下广播电视发展的趋势，对其模式进行深度变革，节目的专业性有所降低，逐渐呈现大众化的发展态势。节目用通俗的语言宣传文化知识，用表演的方法传授历史知识，真正做到了寓教于乐。这种寓教于乐、服务大众的发展模式使《百家讲坛》在事业的低谷逐渐迎头而上，成为科教频道的强势栏目。

2. 节目编排细节化、故事化、悬念化

一档收视率较高的电视节目不仅要有较好的内容，符合时代的气息，节目的细节也起着至关重要的作用。《百家讲坛》对细节要求较高，电视字幕的完美搭配、画外音与主讲人同期声字幕的搭配，对于电视节目内容的表达和画面构成有着其他元素不可代替的功能。在节目中，主讲人的讲解被分隔成几个段落，用解说词连接，为悬念的设置创造了良好的条件；解说词与图片画面的结合，使观众可以深入理解、感受画面的含义，获得更多的信息；动画的运用也恰到好处，使得历史事件更加真实地呈现在观众眼前。

历史对于大部分人来说是枯燥无味的，但以故事化的方式讲述历史，使历史增添了无限吸引力。《百家讲坛》栏目在改版后，按照人们的内心需求来叙述历史，在历史中加入了大量的故事，让历史故事化。为讲好故事，节目还打出了“悬念牌”，在讲述故事的同时巧妙地把人物命运和矛盾冲突设置成各种悬念。在节目开头设置一个总悬念，紧接着专家在讲述中又设置层层分悬念，作为每段内容的衔接点和转折点，吊足了观众的胃口，也使得观众的中途流失率大大降低。

3. 节目表现手法新颖

学术性节目相对于娱乐性节目而言是比较枯燥无聊的，如何能使讲述更生动、更吸引人，这是《百家讲坛》必然面临的挑战。《百家讲坛》从人们爱听故事的天性入手，利用电视的叙事性特性来满足人们对故事的渴望。因此，《百家讲坛》在形式安排上将讲述故事化、戏剧化，将故事性与电视叙述性相结合，形成其独到特色：用故事叙述历史。首先，《百家讲坛》真正把学术成果变成了“剧本”。把学术研究变成戏剧剧本，历史的讲解与其说是学术探讨和说教，不如说是讲故事、说评书。在讲述中，我们可以看到戏剧脚本中的主角、配角、情节和冲突。其次，《百家讲坛》把系列讲座变成电视剧，悬念性、单线条和戏剧性是其独特的地方，让观众在收看的同时逐渐形成约会意识，培养了一批忠实的观众。

(三)《百家讲坛》栏目内容创意分析

1.迎合大众认知结构

当下人民生活水平虽然有了较大的提高，但综合知识文化修养还有待提高，这种文化结构，深深地影响着整个广播电视文化产业的发展。据统计，我国大学及大学以上学历人口占总人口的比重还不到10%，而低学历和低收入人群却是电视观众的主要构成部分。电视作为现代最主要的传播媒介之一，它不同于报纸、网络具有较强的保存性，它所传播的信息转瞬即逝，受众在短暂的时间内无法真正有深度地理解、思考、细细品味电视节目的一些重要内容。并且受知识结构的影响，对于超出自己认知能力的知识，受众一般都采取避而远之的态度。所以，在短暂的时间内传播有较高深度的内容是一件很不容易的事情。《百家讲坛》作为科教类的电视栏目，其传播内容本身就具有较高的深度，要想在现实环境中得到很好发展，必须要在坚持节目应有原则的前提下迎合受众的审美水准。所以《百家讲坛》在讲解历史和文化的时候选择了让大众更容易接受的讲故事的方式，增强历史的趣味性和吸引力，再配上电视这种比较丰富的传播媒介，能迅速在广大受众中产生共鸣并达到一定的传播效果。

2.经典与时代精神相结合

随着生活节奏的加快，人们更加注重现实生活，现实中一些需要解决的问题逐渐成为人们关注讨论的焦点，因而许多与现实结合的节目、电影相继走红。《百家讲坛》在选题时也遵循这一路线，兼顾经典与时代，其内容包含很多有关历史题材以及中国古典名著的经典选题，如《汉代风云人物》系列、《红楼梦》、《聊斋》、《西厢记》等。同时，在讲解这些历史选题时也非常注意与时代的结合。如在《老子智慧与现代式离婚》的讲座中，将老子处理人际关系的智慧和现代人的离

《百家讲坛》之《刘心武揭秘〈红楼梦〉》

婚现状相结合，把老子的话进行现代意义上的阐释，作为现代人的心灵鸡汤。在《孔庆东看金庸小说的情爱世界》中，将金庸小说的爱情故事做了现代化的、模式化的归纳。另外，《百家讲坛》还策划了诸如“身边的礼仪”、“购房的陷阱”、“婚姻家庭与心理健康”等与时下百姓生活息息相关的当代话题，这些选题大多都是些观众有所了解但又不太深入的。其中既包含了经典，又注重与时代热点、群众关心的社会问题相联系。能就近说远、借古论今，自然形成了对普通观众的吸引力，提高了观众观看节目的兴趣和期待。

3.深入挖掘故事内容，逐渐形成故事序列

《百家讲坛》的选题在追求故事结构严谨完美的同时，注重挖掘故事内容，逐渐形成一整套有悬念、有分量、有体系的系列作品，故事内容追求纵向的延伸。如刘心武将《红楼梦》的讲座分为“揭秘秦可卿”、“贾府婚配之谜”等二十多讲。其中，针对秦可卿一个人物的分析就构成了一个独立的专题，探寻其“抱养之谜”、“生存之谜”、“被告发之谜”等。《清十二帝疑案》则从努尔哈赤一直讲到宣统，将大清王朝的历代皇帝细细数来。选择内容的系列化，不仅可以扩充节目内容的信息量，而且使受众可以细细品味故事的内容，理清来龙去脉，增强了节目的吸引力。故事的序列化也有利于讲解者发挥自己最大的能力，使得讲解者拥有较高的自我满足感，这样也会从侧面激发整个节目的活力。因而，《百家讲坛》故事序列化的内容模式，不仅丰富了节目内容，也逐渐使自身在相关题材节目中脱颖而出。

《百家讲坛》之《清十二帝》

(四)《百家讲坛》栏目定位创意分析

1.受众定位

《百家讲坛》成立之初，将受众定位为高学历人群，但效果欠佳。在收视率末位淘汰的现实威胁下，栏目组研究观众和市场后发现：贴近群众、贴近生活才是栏目的出路。于是新的受众定位更改为“初中以上文化程度的老百姓”，栏目宗旨转变为“为具有初中以上文化程度的老百姓服务”。事实证明这个定位是正确的，节目的社会认同度和收视率很快得到提升。

2. 内容定位

在媒体和节目极大丰富的情况下，受众掌握了更多的主动权。内容是否得到受众的认可关系到一档节目的成败，所以在传播心理上，要充分考虑受众的接受心理，这是节目获得受众接受和认可的前提。因此，节目一改初期那种地理、人文等无所不包的思路，而将历史和传统文化作为一种取之不尽、用之不竭的资源，并且采用通俗的方式对受众进行讲解。这是《百家讲坛》栏目结合了当今的时代特点以及在现阶段下媒介如何抚慰现代人内心的焦躁和不安，从而引导人们走上正确的人生道路的基础上所得出的定位。

3. 主讲人定位

《百家讲坛》将主讲人的风格与大众的心理需求相结合，运用电视节目大众文化的讲述风格。这种定位从阎崇年、易中天到于丹他们成为“明星”和“万人迷”这种效应来看，是非常成功的。当古代中国精深的诸子百家和传统文化，在这里被转化为一种直白、贴切的当代文化，一群能言善道的知识分子就成了新的“布道者”。其次，主讲人要有深厚的学识，是专家、权威或者在某一方面学有所长，又会用大众易懂的方式去表达。这是栏目组近年来摸索出的定位主讲人的核心标准，这种定位迎合了现代大众文化的需求。

（五）《百家讲坛》栏目营销创意分析

1. 悬念式的预告与结尾

《百家讲坛》在讲座开讲前，取节目的最精华部分，作为节目的预告片，在电视上反复播放。预告片调动各种视觉元素，有冲击力的画面、特殊的字幕形态，再配以恰当的背景音乐和画外音，营造出一个引人入胜的总悬念。既宣传了节目，又唤起了受众的期待心理。以易中天《品三国之真假曹操》为例，解说词的最后几句是：

“他曾经叱咤风云，他死后骂名最多。在演义中，为什么他是白脸的奸臣？在历史的记载中为什么他的所作所为自相矛盾？他是奸贼、奸雄还是英雄？众多说法不一的形象中，哪一个是真实的曹操？历史上的曹操究竟是一个什么形象呢？厦门大学易中天教授用当代视角回顾三国史料，他心目中的曹操究竟是什么形象呢？”这段解说词概括介绍了该期节目的主题，也让观众对节目有了兴趣。每当节目结束时还有一个20秒钟左右的下期预告，就像章回小说的“欲知后事如何，且听下回分解”。栏目充分使用自己的平台，为自己进行广告营销。

2. 多种创新渠道稳定品牌

《百家讲坛》在品牌塑造和推广中，还注意运用多种渠道和多种品牌传播手段，深化品牌产业链，带动了图书、音像等衍生产品在市场上的热销。自2005年出版《清十二帝疑案》以来，出版相关节目书籍总数达数十种，其中《于丹〈论语〉心得》和《易中天品三国》曾创下单本销量过百万的奇迹。电视节目与纸质媒介的很好结合，加深了观众对节目内容的思考，增强了观众对节目的忠实度。另外，节目制作人还充分利用网络资源，依托中国网络电视台建立了《百家讲坛》官方网站，定期推出网上《百家论坛》，邀请相关主讲嘉宾走进网络视频直播室，与网友互动交流。同时，《百家讲坛》还开通了官方微博，与观众进行积极的互动，使观众与专家进行深入交流，加深观众对节目的印象，提升好评度。

一档电视栏目的成功，需要经过千锤百炼，栏目的各个环节都要紧密相扣，细节之处也要臻于完美。《百家讲坛》的成功让我们再一次看到了一档电视栏目从低谷到高峰的艰辛探索，让我们再一次认识到了电视文化的功能。《百家讲坛》在新的历史背景下，作为电视文化的一种代表，成功地将娱乐与电视人的责任感结合，探索出一种全新的发展方式——将枯燥的历史用“娱乐”的形式传授给大众，在传播历史文化的同时为现代生活增添一抹亮色。

中央电视台《探索·发现》

一、《探索·发现》栏目简介

《探索·发现》是中央电视台于2001年7月9日开播的一档大型人文历史与自然地理类的纪录片栏目。栏目以纪录片手法讲述全世界范围内以中国为主的历史、地理、文化故事，探寻自然界的神奇奥秘，发现和诠释自然地理和人文地理所蕴含的自然规律和文化内涵，探索生命与自然相互依存和谐统一的关系，挖掘历史事件背后鲜为人知的细节和人物命运，展示中华文明的博大恢弘，是“中国的地理探索、历史发现和文化大观”。

《探索·发现》以“在未知的领域探索，在已知的领域重新发现”为宗旨，用娱乐化的理念操作纪录片栏目，采用科学的态度讲述精彩故事，设置引人入胜的悬念，运用生动的电视声画手段，向观众呈现出一期期既有较高文化品位、知识内涵，又有很强观赏性和娱乐性的电视节目，被誉为中国的*Discovery*。

《探索·发现》logo

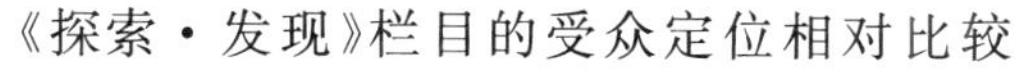

《探索·发现》栏目的受众定位相对比较高端，目标受众为“三高人群”(高学历、高消费、高感度)，据央视一索福瑞数据调查显示：《探索·发现》栏目对男性、高中以上学历、中高收入观众群的吸引力很强，其

中经常收看节目的男性观众比例为67.53%，25—34岁的观众占34.67%，35—44岁的观众为21.96%，高中以上学历的观众比例达到56.2%。在职业中，从公务员、管理层、企业主、学生和自由职业者为主体。①

《探索·发现》开播以来受到观众的喜爱，其收视率一直保持在1%以上，有时超过2%。据中央电视台栏目满意度调查发现，《探索·发现》2006年上半年在中央电视台207个栏目中排名第20位，位居科教频道第二名，2007年上半年在全台263个栏目中满意度居16位。② 该栏目真正属于高收视高品质的优秀栏目之一，曾被中央电视台评为2005年度优秀栏目一等奖。有三部作品荣获国际电视节目奖：《红柳的故事》获2002年法国儒勒·凡尔纳电影节"科技与社会奖"；《楠溪江》获2002年联合国国际环境、自然和文化遗产电影节"评委会大奖"；《寻找滇金丝猴》获2002年英国自然银幕电影节"TVE"大奖（该电影节由英国BBC自然历史部主办，被称为自然历史类影片的奥斯卡奖），这也是中国影片第一次入围并获奖。

二、《探索·发现》栏目创意分析

1.个性化的播音风格

《探索·发现》本没有主持人，但其个性化的播音风格却成了节目的一大亮点，很多观众都成了"声音"的忠实粉丝，曾在网络上有网友发起讨论寻找共同的知音，对节目播音员的赞美之词毫不吝啬。《探索·发现》的配音大部分由任志宏担任，因此这位"隐形"的主持人成了众多观众追捧的对象，他的声音也成了《探索·发现》的重要标志之一。任志宏的声音带有磁性而且富有魅力，总是将事件渲染得神秘而具有力量，在故事的讲述中起着穿针引线的作用；他讲述的逻辑清晰，思路缜密，故事叙述引人深思、扣人心弦并引发观众强烈的观看欲。

2.栏目题材广泛，系列化制播

《探索·发现》栏目的成功很大程度上取决于选题。其选题非常广泛，涉及自然科学、社会历史、人文地理等多方面的内容，这在很大程度上保证了日播节目的

---

① 数据来源：CSM，2009年，31城市，4岁以上所有人。

② 李岭涛、李德刚、陈鹏：《中国最具网络影响力的CCTV栏目》，社会科学文献出版社2008年版，第183页。

内容来源,也吸引了拥有各种兴趣爱好的受众。如《气候危机之格陵兰的警告》阐述了当下气候危机的影响,倡导人们要低碳生活,避免气候危机;《敦煌书法》还原了历史上敦煌地区的书法,并与现代相结合,使人在过去、现在和未来之间遨游,领略书法的真谛;《古墓武则天》则讲述了女皇的后半生以及40万大军挖不动的千年古墓之谜,等等。

《探索·发现》通常会就某个选题制作一些系列节目,这在很大程度上让观众形成约会意识。一般来说,纪录片栏目为了保持可看性和事情发展节奏,不同主题的节目片长不会太长,所以单期节目的主题一般都不相同,这就很难让观众形成约会意识,难以培养观众的忠诚度。而《探索·发现》推出了许多系列节目,将同一类型、相似事件做成一个合集,每个分集都有不同的主题,这既有效培养了观众的约会意识,也不影响每个事件的独立性。如《秘境追踪》共6部173集,《极地跨越》共148集,《走进非洲》共102集,《历史不容忘却》共53集,《世纪战争》共48集,《年轮》共40集,等等。在不同系列中,每个节目都讲述或者探秘一个独立故事,如“战争调查”系列包含《滇缅公路》、《北洋水师》、《解放战争》等;“考古发现”系列包括《三星堆:消失与再生》、《濮阳星图之谜》、《发现虞弘墓》等;“历史揭秘”系列包括《照片背后的故事》、《发现大熊猫》、《东方红卫星传奇》等;“自然探奇”系列包括《红柳的故事》、《寻找滇金丝猴》、《“外星人”遗址揭秘》等。

《探索·发现》也会根据时事热点策划选题,解答观众的一些疑惑。如在诸多媒体报道有人看到过外星人,人们也在热议到底有没有外星人的时候,栏目制作了《秘境追踪之UFO》;针对网络上流传甚广的一段葡萄牙灵异事件的视频制作了一期《解密灵异事件》,该节目在网络上引起了不小的风波,不少媒体纷纷报道了这期节目,对节目起到了很好的宣传作用。

3.纪录片讲述方式的娱乐故事化

在这个泛信息化的时代,信息已呈爆炸趋势,受众对信息的需求首先是娱乐消遣,其次才是获取信息,再次是方便交流。《探索·发现》栏目的实质内容对广大非专业受众来说是乏味的、枯燥的,这些科学知识或者历史知识,对普通观众而言是很少接触和很难理解的知识。如何将这些内容讲述得生动、有趣,让观众在获取信息的同时也能娱乐消遣,这对栏目来说是一个非常大的挑战。《探索·发现》栏目通过研究决定倡导"娱乐化"纪录片的理念，将所要讲述的内容故事化，并且明确提出在纪录片创作中引入电影编剧手法，即用矛盾冲突、危机、悬念和主人公来表现的手法。在节目中，他们用扮演的手法完成历史的重现，把相关人物的访谈、动画特技等表现手法运用于节目中，甚至比故事片更加充分，不仅是在暂时迎合观众的收视需求，也是在培养中国观众收看纪录片的习惯。[①] 如《扬州盐商》中运用了大量的历史资料，加上现场拍摄、当事人和专家的解说，讲述了许多历史典故。可以说整个节目就是由一个个小故事串起来的。这样的节目妙趣横生，引人入胜，使观众如临其境，在娱乐中获得知识。

《探索·发现》之《追寻天河之爱》外景拍摄

节目叙事中的关键要素，一是激化矛盾，增强人与人之间的冲突、人与自然之间的冲突或者是社会各阶层之间的冲突。如在《气候变化危与机》中，海平线上涨与北极熊生存环境的变化与沿海国家的没落形成强烈对比，揭示了人与自然的强烈冲突，让观众看得触目惊心。二是设置危机。危机关系到人们的现实生活，关于危机的报道时时刻刻萦绕在我们身边，但是深入探求危机产生的原因、危机的发生发展过程则更能刺激人们的感官，激发观众的兴趣。三是设置悬念。悬念的设置能激发受众的好奇心，并积极猜测或寻求答案，能增强受众的参与性。《探索·发现》在叙事模式中增添假设，设置悬念，如同一道数学证明题，首先有一个全新或部分已被改写的假设性观点，围绕着该观点产生一系列阶段性悬念。这些悬念可以架构全片并起到导引线索的作用，在尽量考虑条件充分性的情况下组织故事与事件作为论据加以论证。通过一个个的线索来论证和推翻假设，揭开悬念的谜底。如《秘境追踪》系列节目就设置层层悬念，吊足了观众的胃口，增强了可看性，博得了高收视率。四是设置主人公，如在还原历史文化的节目中，很多民风或建筑已无当日光彩，所以以人物命运为载

① 《央视〈探索·发现〉节目：几点质疑 几分思考》，http://news.xinhuanet.com/newmedia/2004－10/13/content_2085335.htm

体，把历史信息、文化信息等元素穿插其中，反而能更好地呈现出历史和现实。如2009年的七集纪录片《迷途》，首次斥巨资邀请明星担任剧中主人公，这一模式开创了纪实类电视节目拍摄纪录片的先河，同时也得到了很多观众的支持。

4.探寻奥秘，挖掘历史，满足观众的好奇心

心理学认为，好奇心是个体遇到新奇事物或处在新的外界条件下所产生的注意、操作、提问的心理倾向。好奇心是个体学习的内在动机之一，是个体寻求知识的动力。好奇心也是促使人们进行下一项活动的基本动力。猎奇与好奇心是人类的本能，或者说是人类的天性。人们普遍认为，观看人文地理和自然地理类纪录片的心理动机是猎奇与好奇心理。《探索·发现》正是抓住了人们对历史、自然、科技等的好奇心，探究这些知识的奥秘，解开人们心中的一个个疑惑。人们在欣赏节目的同时，既满足了好奇心，也增长了知识。

为抓住受众的好奇心，《探索·发现》在内容上探寻神奇奥秘、挖掘历史事件背后鲜为人知的细节和故事，努力让新奇的内容吸引观众。如《神秘的石墨盘》、《古城失落之谜》、《国家宝藏之紧急行动》、《奇石迷踪》等，只看题目就吊足了观众的胃口，更别说内容中的新奇故事和迭出悬念了。《奇石迷踪》节目沿着历代赏石人寻找奇石的足迹，讲述古人虔诚拜石到今人千里寻石的一段段传奇故事——石头本来就充满了神奇，寻石背后的传奇故事更是引人入胜——从题目到内容都很吸引观众。

5.栏目衍生品的开发

纪录片具有不同于故事片、电视剧的长尾效应，有效播映期和销售期一般可达十年。《探索·发现》为中央电视台重播率和重播平台最多的栏目之一，在央视网点击率排名(有近三百个栏目)最好成绩为第一位，平均点击率在前十位。《探索·发现》栏目衍生产品开发和销售一直居于前列，目前已经开发的有书籍、音像制品、网络视频等，得到很多受众的喜欢和追捧。这些衍生品给节目带来效益的同时也增强了栏目的品牌效应。

随着我国电视事业的日益繁荣、发展，电视节目也开始面临越来越多的挑战。

因此，在多元竞争中艰难前行的电视节目以怎样的思维、怎样的内容、怎样的形式来创办，已成为电视工作者迫切需要思考的一个重要课题。作为一直以来被冠以“高端、小众”的纪录片更是如此，要想在电视行业竞争激烈的“红海”中闯出一片天地，吸引观众的目光，就必须不断地创新，满足观众多方面的需求。《探索·发现》栏目在积极的探索中发现了自己的“蓝海”，在纪录片中借鉴了故事影片的制作手法，赢得了受众的青睐。《探索·发现》栏目也用事实告诉我们，“纪录片不再是制作给精英”看的节目，它也可以大众化，也可以吸引一般的受众，让受众在消费故事的过程中获得知识和快乐。《探索·发现》栏目虽已取得阶段性的成功，但是自身也存在一些问题，如节目内容制作不够精细、制作技术相对落后、品牌塑造尚有欠缺、衍生产品开发力度不够、节目制作人员培养力度较差等。栏目组还应该学习国外优秀纪录片（如 *Discovery*、《国家地理》等）的制作理念和制作方法，结合本土受众的需求，制播更多更优秀的节目。

江苏城市频道《零距离》

一、《零距离》栏目简介

《零距离》原名《南京零距离》，是江苏省广播电视总台城市频道于2002年1月1日倾力打造的一档日播类新闻直播栏目，以报道南京、服务南京、宣传南京为宗旨，主要内容由社会新闻、生活资讯、孟非读报、观众热线、现场调查等构成。该栏目一经推出，就受到广大电视观众的热烈欢迎和广泛好评，真正实现了与电视观众的“零距离”，被誉为“南京人的电视晚报”。

《零距离》logo

经过七年的发展，《南京零距离》似乎也遭遇了“七年之痒”，选题资源、节目样式、收视份额等仿佛都触摸到了“玻璃天花板”。于是，栏目组以一种颇为激烈的方式，宣告这个栏目需要继续创新、继续突破，将《南京零距离》更名为《零距离》，放弃原先引以为傲的地域特色，彻底打破自己，从零开始。

名称和定位改变的同时，《零距离》栏目还进行了一系列调整：一是利用前些年发起并建立的几个协作平台，如《媒体搜索》板块有很多本地独家的动态新闻，栏目组将这其中优秀的节目编入重要时段，与本土内容组合成稿，相得益彰；二是在节点城市设立记者采访点，就近获取信息，快速反应并报道，让省级台接“地气”；三是与江苏省外相关厅局深度合作，结合他们的行政资源、组织优势，获取各地重要的信息；四是对省内重大题材快速反应，以最强的编导团队、设备资源保障最优秀的节目；五是强化与全国相关电视台、影视机构的合作交流，从而对全国重大事件迅速反应，深入报道。[①]

《零距离》以“贴近实际、贴近生活、贴近群众”的“三贴近”精神为指导，以“绝对深度、第一报道、关注民生、聚焦热点”为定位，是全国第一个内容完全自采，长度为60分钟的大型新闻资讯类直播栏目，开创了全国电视民生新闻之先河。长期以来，《零距离》栏目收视率雄踞南京地区电视节目排行榜榜首，并在全国产生了广泛的影响。栏目在开播第二周就进入了AC尼尔森南京地区电视榜；开播第28周进入AC尼尔森南京地区排行榜前五名；从第36周开始名列AC尼尔森南京地区电视节目排行榜第一名，最高点收视率曾达到惊人的17.7%。栏目还创造了不可思议的年广告收入1.008亿的神话，成为全国身价最高的地方新闻栏目。

曾有学者这样评价：“在中国电视新闻改革浪潮中，《南京零距离》扮演了领跑者的角色，由该栏目主创人员提出的‘民生新闻’理念在业内同行及观众心中得到了广泛认同。”《零距离》栏目也获得了社会的认可：栏目被江苏省广播电视学会评为2003年度“江苏省十佳电视栏目”；国内最大的政经杂志《南风窗》将2003年度“为了公共利益”新闻奖授予《南京零距离》；在新浪网举办的“2003年中国十大电视栏目”网上评选活动中，《南京零距离》名列榜首；主持人孟非在“全国十大优秀电视节目主持人”网上评选活动中得票数位列第二位；2004年，《南京零距离》被评为“首届中国十大名栏目”，成为入选十大栏目中唯一一个不在全国播出而具有全国性影响的栏目。

二、《零距离》栏目创意分析

2012年，江苏城市频道开办《零距离》栏目十周年。十年来，这档开民生新闻先河的栏目一直未放弃对栏目形态的探索和对新闻理想的追寻，一直保持着国内

---

① 资料来源：江苏广播电视总台。

电视新闻业界的前列位置。十年中《南京零距离》升级为《零距离》，板块更丰富，形态更多元，并衍生出了更多的民生新闻新型栏目，带动了民生新闻的整体创新，拉动了频道整体的品牌塑造。《零距离》栏目之所以获得如此大的成功，以下几个原因不可忽视：

1.定位为民生新闻

与中央电视台《新闻联播》聚焦国家大事和国际事务不同，与各省、市电视台地方新闻栏目报道本地时政要闻也不同，《零距离》开创之初就把目光定位在见证南京变迁与发展上，这种具有浓郁地域特色强调性的电视新闻栏目开创了一个新的领域——民生新闻，成为各地方电视台争相模仿的榜样。其所报道的所有新闻都以老百姓为视角，把镜头对准社区、街道、家庭、邻里，聚焦民众的日常生活，报道老百姓关心的“凡人小事”，以“民生、民情、民意”为主要关注点，以百姓“身边事、麻烦事、稀奇事、关心事”为主要报道题材。栏目关心老百姓的喜怒哀乐与酸甜苦辣，锁定他们的生存状况，反映他们的生存空间，是市民表达意愿、要求和呼声的窗口。用以往的眼光来看，以上这些内容都不能算是真正意义上的新闻，但是在《零距离》看来，这些贴近大众百姓，以百姓视角反映百姓生活，反映他们当中发生的点点滴滴的新闻才更具有新闻价值。这样的栏目定位使得新闻在传播信息的同时，具有更多的服务功能。

改版后的《零距离》除了报道民生新闻外，还引入了“大民生”的概念，即从民生角度入手对国家的宏观政策及信息进行全面解读，其中包括金融、汽车等方面的政策调整或新规。在“大民生”的背景下，再去关注“小民生”从而实现两者的互相补充。将视野从南京地区辐射到了全省范围内，从民生的角度解读和诠释“国计”，有利于将政策深入人心，体现新闻的影响力和亲和力。

虽然《零距离》主要定位在民生新闻，但也没有放弃新闻节目提供大量资讯的功能。节目除了许多鲜活的现场画面外，各种大量的政府活动、会议等新闻资讯以字幕的形式不断滚动。栏目通过“视、听、读”通道三位一体，无形中增大了受众获取的信息量。这些新闻资讯就内容而言，由政府层面延伸至经济层面、生活层面，在扩大信息量的同时将信息地区化，“零距离”地为受众服务。

《零距离》记者采访现场

2. 主持人的平民化

一直以来，《零距离》栏目坚持不用提词器，每天只给主持人一个串联单。之所以这么做，就是想让主持人做到“说人话”，说有个性的话，说想说的话，而不是按照别人写的东西来说，表达别人的思想。对主持人的要求就是要追求生动，追求特色。偶尔的缺点和不到位反而更能体现节目的真实性，拉近和观众的距离，迸发出火花，引起观众共鸣。有了亲切感，观众的认同度就会提高。

提到《零距离》栏目的主持人，就不得不提到孟非，他曾被南京市民亲切地称为“市民的儿子”。他以独特的主持风格、较强的亲和力，拉近了观众与栏目间的距离。经验丰富的孟非在节目中也有出错的时候，观众也会批评他；对于节目中的错误，《零距离》会及时向公众道歉，使老百姓觉得很贴心，觉得栏目是他们“自己的”栏目，主持人是他们的“自己人”。相较于严肃新闻中主持人你听我说的架势，这种把视角聚焦到平民身上，反映他们的酸甜苦辣与悲欢离合的设定，更容易获得百姓的喜爱。孟非在播报方式上，以说新闻为主，夹叙夹议，语言诙谐幽默，构成了《零距离》的独特风景。虽然由于主持《非诚勿扰》，孟非成功转型为情感类节目主持人，但其对《零距离》的影响仍然存在，其他主持人也都秉承了“孟非式”的主持风格，使节目依然保持着良好的收视率。

《零距离》主持人孟非

升级后的《零距离》形成了开放式演播室、两人或多人主持的模式。开放式的演播室意味着节目的包容度更大，是多意见的展现平台；采访嘉宾、评论员等都是在主持人言论的基础上增加其他角度的解读，在观点的碰撞和互动中，给观众提供深一层、多一面的思考。

《零距离》的成功很大程度上来源于其独特的运作方式，特别是在足够空间中主持人展现出来的个性化主持与评论。《零距离》中有一个“读报”板块，“读报”本来是最不符合电视特征的节目形式，却成为节目中最受欢迎的板块之一。“民生新闻”的内容决定了《零距离》评论的姿态和方式，选择什么报纸，读哪条新闻，都由主持人决定，其中个性化的评论起到了关键的作用。

3. 重视新闻事件的现场性

《零距离》从开播之日起就坚持直播。从演播室直播到主持人与现场记者的语音连线，最终实现新闻事件的现场卫星直播。现场直播能使观众直接感受到现场气氛，事件的发展变化、人物的一举一动无不牵动着观众的心。实践证明，现场直播具有震撼人心的力量。另外，现场口头报道具有较强的纪实性，使观众如临其境。主持人作为新闻目击者，向观众做口头报道，增强了新闻报道的可信性，也树立了主持人的权威形象。还有，对现场报道的追求提高了新闻的时效性。《零距离》培养的编外记者和观众，为记者提供了大量新闻线索，每天约三分之二的新闻线索来自观众。于是《零距离》有了“两多”：出镜记者多、同期声多。出镜记者占记者总数的20%左右，直接在现场说话，给观众以“零距离”的心理感受。

《零距离》栏目在开播之初就招聘了一支特殊的编外记者队伍——请社会上拥有DV摄像机的婚庆公司的摄像师为栏目提供社会新闻。这一招非常有效，许多鲜活的新闻不是本栏目记者拍摄到的，而是由这支非专业队伍提供的。《零距离》的在册编外记者已经达到数千人，兼职摄像上百位。因此某些重大事件发生时，《零距离》的记者往往会比火警、110先到现场，这得益于观众提供的信息和线索。《零距离》在每天制作的60分钟节目里至少要播出25—30条新闻，其中一些来自观众提供的自己拍摄的新闻，这也使栏目始终具有一手的新闻资讯和画面，真正保证了现场和观众的“零距离”。

《零距离》拍摄现场

4.强调受众的参与互动性

《零距离》除了强调节目的平民性外，还十分注重受众的参与性。节目中每天都有现场人物访谈：有南京市长在演播室畅谈南京新发展，也有老艺人介绍自己祖传的扎花灯手艺，还有卖菜的老大妈现场表演如何用唱歌代替吆喝卖菜。从2004年元旦起，栏目引进娱乐节目的互动模式：每天都增加一个“欢乐送”的环节，直播车开进小区，随机敲开老百姓的家门，请他们回答一个与当天节目有关的问题，送出价值千元的大礼。虽然业界对这一尝试有不同的看法，但此举客观上还是提高了收视率，并且据民意调查显示，大部分观众非常喜欢这种方式，认为在看新闻的同时还有可能获得意外惊喜。

《零距离》还开通了现场热线，让观众向主持人讲述自己的意见和看法。另外，现场热线也成为市民反映身边问题和节目为市民提供服务的双向互动通道。在节目开播之初就采用电话调查的形式，对一些观众普遍关注、有讨论空间的新闻事件进行民意调查，由观众对事件进行评论。在节目中每次都有一个调查话题，请观众拨打热线反映自己的判断和意见，主持人在节目最后公布调查结果，并将观众的意见表达出来，这也给百姓提供了一个话语空间。

5.提高栏目品牌知名度、美誉度

《零距离》栏目策划人采取多种方式强化自身品牌，其中大量广告宣传和组织策划活动是栏目提升自身品牌建设的两大法宝。在节目宣传方面，《零距离》除了媒体宣传广告外，还曾以挂横幅的方式宣传自己——“《南京零距离》，就在你身边”的标语经常挂满南京城的大街小巷。为了更好地宣传自己，《零距离》在2002年元旦花巨资租用飞艇并现场直播“空中看南京”节目；2004年1月13日，在栏目开播两周年之际，栏目策划“空中再看南京”大型直播航拍活动，让老百姓换个角度看南京。

社区行是《零距离》栏目品牌推广的一个成功经验。栏目举办了“零距离社区行”系列活动，包括“春的问候”、“清凉一夏”、“金秋送爽”、“冬日阳光”，记者、演员和居民同台演出，为社区百姓送上精心组织的文艺演出。此外，栏目还举办了“送电影进社区”活动、“《零距离》十大新闻瞬间”评选活动，开展“春之影”DV摄影大赛、“三八”节请下岗女工免费看电影、微波炉菜谱烹饪大赛等节目推广活动。通过这一系列活动，栏目有效地巩固了品牌，提高了品牌的含金量、观众的满意度和忠诚度。

2004年开始，《零距离》栏目加大社区活动的力度，每周都进一次社区。除了延续以往的文艺演出外，还增加了为居民服务环节，如：栏目组织专家医生、知名律师、家电维修公司在社区现场接受百姓咨询，提供免费服务；免费举办面向广大下岗职工、外来务工人员的技能培训班，教授美容、园艺、编织、烹调、电脑、家政等技术。该栏目还有一个广为人知的口号——“节日您放假，我们不休息”，每当春节、五一、国庆等长假，均组织“节日应急服务队”，为市民提供维修家电、医疗保健等方面的服务。

任何节目的外在形式都是为其内容服务的。在节目形式的探索背后，有《零距离》一贯坚持的核心定位——民生。在制作每一条新闻节目的过程中，栏目都坚持为百姓说话，说百姓的话，以观众为中心。

因为坚持以民生为节目的核心定位，题材的选择有了很大的扩展。《零距离》栏目所涉及的民生新闻已经不再是原来简单的突发事件、社会新闻，触角触及社会生活的方方面面。除了热心观众提供线索，栏目将更加重视与对口单位保持紧密联系，从中寻找民生题材，如环保、医疗卫生、文教、科技、考古等等。对于国内国际的重大事件，除了直接派记者进行一线报道以外，还找寻其与江苏、南京本地的联系，进行相关的新闻报道。总之，《零距离》栏目选择新闻的标准是“做好看、好玩、有用的新闻”，这一点始终贯穿在栏目的发展过程中。

荆州电视台《垄上行》

一、《垄上行》栏目简介

《垄上行》是2002年4月26日由荆州电视台原创的一档具有浓郁地方特色的对农电视栏目，设置了“三农新闻”、“农家乐园”、“走村串户”、“农事调查”、“致富故事”、“农民维权”、“王凯热线”等环节，内容涉及农民生活的方方面面，深受江汉平原广大农民观众的关注和喜爱。由于该栏目的经济效益和社会效益俱佳，尤其是对当地农业生产、农民生活、农村建设都产生了巨大影响，湖北省广播电影电视局大力发展这一品牌，并认真学习《垄上行》栏目的经验，整合当地对农节目，积极开办本土版的《垄上行》，形成了全省统一冠名、精心培育的一档对农服务电视品牌栏目。如此大规模地推广和扩展一档节目，这在全国来说尚属首例。目前，湖北省共有15个市、州电视台开办《垄上行》栏目，设置子栏目近70个，共播出节目1300余期，播出时长达480小时。① 2009年元月，经国家广电总局批准，《垄上行》升级为垄上频道，成为全国地市台第一个对农频道。垄上行频道开办时，除了保留了《垄上行》栏目外，增加了《垄上故事会》、《有么子说么子》等栏目。这也是全国首个由栏目扩展建立的频道。

《垄上行》开播以来，始终坚持“三贴近”原则和“三下乡”的要求，倾心农村、农

---

① 数据来源：荆州电视台。

业、农民，全心全意为农民服务。开播以来，在农村的收视率逐渐攀升，接到了很多热线电话和观众来信，短信互动平台也非常火爆。2006 年，栏目的广告收入达五百多万，此后每年的广告收入都保持着 30％的增速。

《垄上行》logo

《垄上行》自创办以来，从最初的“栏目”发展到现在的“频道、渠道并举”，不仅获得了广大农民朋友的喜爱，更赢得了社会各界的认可和褒奖，成为地方电视台优质频道的典型代表。《垄上行》先后荣获“湖北省宣传思想工作优秀创新成果奖”、“中国广播影视大奖广播电视栏目大奖”、“新中国 60 年 60 个有影响的广播电视栏目”、“中国原创电视栏目 20 佳”、“中国十大最具原创精神电视栏目”等殊荣。在《市场观察·媒介》发布的“2006 中国原创电视栏目 20 佳”名单中，《垄上行》作为原创科教类栏目榜上有名，这是湖北省唯一的上榜栏目，也是全国地市级电视台唯一的上榜栏目。2010 年 3 月 31 日，第三届《综艺》年度节目暨电视人评选在北京揭晓，《垄上行》获得了“全国地面频道节目强中强”的荣誉。2011 年，《垄上行》栏目作为个案被《2010 年中国广播电影电视发展报告》[①]收录其中，这是对其在对农服务中作出的创新性贡献的充分肯定。

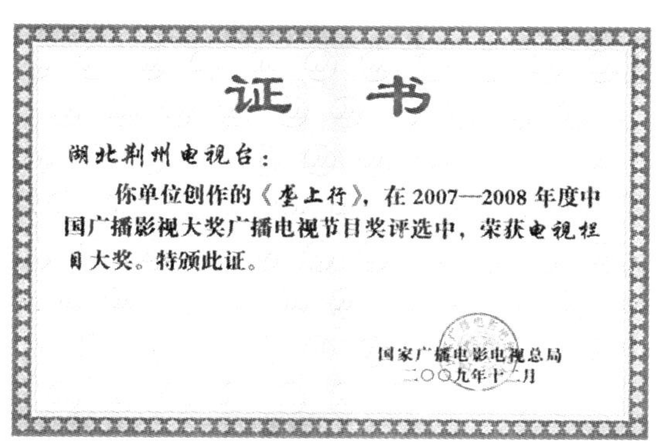

证书

湖北荆州电视台：

你单位创作的《垄上行》，在2007—2008年度中国广播影视大奖广播电视节目奖评选中，荣获电视栏目大奖。特颁此证。

国家广播电影电视总局
二〇〇九年十二月

《垄上行》获奖证书

《垄上行》栏目多次受到各级领导的充分肯定。原中宣部副部长、国家广电总局局长王太华曾这样评价《垄上行》：“湖北荆州电视台的《垄上行》栏目，是在非常平凡的岗位上、非常琐碎的工作中，深入贯彻党中央、国务院、中宣部提

① 国家广电总局发展研究中心编写：《2010 年中国广播电影电视发展报告》，新华出版社 2010 年版。

出的‘三贴近’原则，真正地贴近实际、贴近生活、贴近群众。七年来他们为老百姓做了上万件好事，上万次为群众排忧解难，所以广大农民兄弟夸《垄上行》这个栏目是没有围墙的农业技术学校、没有舞台的农家乐园、没有挂牌的农民福利院，我再加一句‘是新时期的农村百事通’！”湖北省委书记罗清泉也曾批示：“《垄上行》服务‘三农’，贴近群众，是我省新闻宣传的又一创新，主题好、载体好，望总结经验，取得更大成效。”

二、《垄上行》栏目创意分析

1.内容的贴近性

《垄上行》在内容上始终坚持宣传党和政府的惠农富农政策，引导农民科学生产和发家致富，真实展现农民的生产状态和内心世界，在形式上始终坚持“真正贴近、真心服务、真情互动”，着力“反映陇上事、服务垄上人”，将演播室搬到田间地头，主持人行走在田埂垄上，真正做到贴近百姓、贴近生活。栏目的报道对象多是普通农民，而不仅仅是先进或典型。对于普通农民的生存状态、喜怒哀乐，栏目都非常重视，整个节目体现出了浓厚的人文关怀。

以“农”为核心，是《垄上行》一直以来的宗旨。栏目产生的根源和活力的保持靠的就是一个“农”字，节目的价值与“三农”密切相关。因而，虽然《垄上行》的节目和活动地点、重心每期都有变化，但都是围绕着“农”字做文章，越来越“农”。《垄上行》最初开设有“王凯热线”、“十里八乡”、“庄稼医院”等几个子栏目。其中，“王凯热线”是由专人负责的24小时服务热线，负责解答农民提出的各种问题；“十里八乡”主要反映乡村风貌、风土人情，以介绍致富典型为主要内容；“庄稼医院”以服务农事为主。随着栏目的发展，不仅增加了播放时长，而且还打破子栏目的界限，将内容范围扩展到农村新故事、农民维权、农家乐和农业资讯等更广的方面。

为了深入农村，贴近百姓，获得第一手真实资料，2011年《垄上行》构建了以记者、主持人为核心，以农民特约记者、垄上情报站站长为两翼，以专家服务团为后盾的立体人力资源链。目前垄上频道共有员工67人，分布在《垄上行》、《有么子说么子》、《致富加油站》、《垄上故事会》和综合活动组，他们一年365天行走在田野间，人均年拍摄节目二百余条，特殊时刻这些记者甚至连续几个月战斗在工作一线。保证节目源的还有近百人的农民特约记者和两千多人的垄上情报站站长，基本实现荆州市每个行政村都有一个情报站点，每个镇都有一个农民特约记者，荆州周边枝江、当阳、安乡、澧县、沙洋、天门、潜江、仙桃也发展了农民特约记者和垄上情报站站长队伍。作为《垄上行》栏目采编队伍的一支重要力量，他们为《垄上行》实现贴近、服务“三农”奠定了基础。现在乡亲们有事都愿意找农民特约记者和垄上情报站站长。有观众表示，“在我们那里，垄上频道是百分之百的收视率，大家都在看《垄上行》，现在是离不开它了。”①

让《垄上行》真正实现贴近百姓的方式还有栏目的演播形式，栏目没有演播室，每期节目都是主持人和农村观众在直接面对面的交流中完成的。《垄上行》栏目的记者、主持人有一个座右铭，就是“要做农民而不是农民的客人”。有时为了让农民说出心里话，主持人或记者经常挽起裤管、卷起衣袖参与到被采访对象的农活之中。为了方便观众和栏目组沟通，更好地为观众服务，栏目开通了以主持人名字命名的“王凯热线”，该热线 24 小时为观众服务，观众有任何问题都可以向热线反映。目前栏目还开通了短信互动平台、主持人博客、栏目微博等与观众互动的方式，让观众与节目的沟通变得更加便捷。据统计，该栏目先后收到十几万封观众来信、近十万个电话。

2. 娱乐化的表达方式

在内容的表达上，《垄上行》栏目不仅以“为农服务”为主要诉求，而且更注重节目的播出形式，要让农民观众爱看、想看，培养稳定的受众群和观众的“约会意愿”。为此，《垄上行》在节目中增加了娱乐的元素，或对播出内容进行娱乐化编排，并组织一些观众喜闻乐见的活动。

例如栏目举办了多场农村生活场景的比赛，比赛项目丰富多样。有种田比赛，有力气比赛，有婆媳关系比赛，还有农民的普通话比赛等等，这些虽然都是普通的生活技能，却能给大家带来无穷的欢笑。在西瓜丰收的季节，《垄上行》还会在农户

① 《荆州电视台〈垄上行〉2011 年社会责任报告》，《荆州日报》2012 年 1 月 12 日，http://news.cnchu.com/jzrb/html/2012-01/12/content_40297.htm? div=-1

的瓜地旁举办“赛瓜会”，看谁家的西瓜大，谁家的西瓜甜，谁家的西瓜好看，谁家的西瓜重，谁切西瓜均匀，谁吃的西瓜最多等等，通过这些方式，农民们不仅能享受西瓜丰收的喜悦，还能收获到更多的欢乐。同时，通过节目的宣传，瓜农的西瓜有了更好的销路。这一系列带有人文关怀色彩的娱乐元素激发了更多的农民朋友积极参与到节目的各项活动之中。

《垄上行》娱乐化表达的另一方面体现在戏剧化和故事化的运用上。节目曾经播出过一期寻找冬瓜的社会新闻，主持人通过不断比较冬瓜个头的大小，找到了一个八十多斤重的冬瓜。而后在与农民的交谈中，有关冬瓜高产的秘诀便在不知不觉中传达给了电视机前的观众。

十年来，《垄上行》栏目先后运用本地的马山民歌和湖北大鼓、公安说鼓、当阳独角戏、荆河戏、花鼓戏等地方曲艺，以轻松多样的形式向农民朋友宣传了党的政策；用这些当地农民熟知和喜爱的艺术形式反映了农民的衣食住行、喜怒哀乐，做到了思想性、实用性、趣味性和参与性的有机统一。此外，栏目组还重新填词和包装了农民喜闻乐见的乡土文艺节目，给它们赋予了新的时代精神。如 2005 年春，栏目组用“公安说鼓”这种民间曲艺形式，制作了一期关于“中央一号文件”的节目，同时还以农业免税为题材创作了大量的电视文艺节目，在歌颂党和政府对农民的关怀的同时，也表达出了农民无限的喜悦之情。农民朋友曾用“顺口溜”回应对《垄上行》的喜爱：“垄上节目办得好，我的牌瘾没有了；垄上节目办得妙，我赚黄金加钞票；垄上节目办得真，我们感情比海深。”

3. 开展活动，延伸栏目服务平台

《垄上行》栏目策划举办的活动多种多样，但这些活动都不是为了作秀造势，也不是单单出于对栏目自身利益的考虑，而是以帮助农民朋友解决他们生活中遇到的各种实际问题为宗旨，与各项农村科技、卫生、法律以及其他社会服务紧密结合起来。近年来，《垄上行》栏目举办各类文艺活动三百余场，已成为江汉平原农村文化建设的主阵地。由其主办的大型媒体行动“春天·金秋垄上行”，将科技、文化、欢乐送到农村，现场参与农民人数从最初的 1 万、2 万，到现在每场达 10 万观众，其影响力可谓“空前”。目前栏目又推出了“荆州农民春晚”、“垄上创富英雄”、“垄上行乡村大联欢”、“垄上行农民艺术团巡演”等一系列活动。

《垄上行》栏目还组织开展顺口溜大赛、新三字经大赛，以比赛的形式，激发民间艺人的创作热情。一些优秀的民间艺人还被推选为农民艺术团成员。同时，"垄上行农民艺术团"还经常走进乡村演出，丰富了农民的文化生活。《垄上行》栏目还和央视合作，策划推出"我要上春晚"特别节目，在江汉平原寻找多才多艺的农民，活动一推出，乡亲们踊跃报名，自信的盲人歌手、喜庆的乡间舞龙舞狮队、幽默的农民小品演员，都能在电视上一展风采。在建党90周年之际，《垄上行》推出"红色老区行"，分赴延安、嘉兴、古田寻访红色足迹，重温红色经典故事。栏目还举办了"红色经典电影翻拍"，让农民当演员，先后翻拍了《英雄儿女》、《平原游击队》等大家耳熟能详的红色经典电影。此外，每天的《垄上行》还播出红色歌曲大串烧，在音乐声中回味激情燃烧的岁月。[①]

《垄上行》栏目不仅经常送节目下乡，而且经常随节目给农民送医送药、送面送油、送农资送技术甚至送科技人员。最多的时候，《垄上行》栏目一次性组织了一百多名农业专家，携带一万多份科技信息资料随着四百多名演艺人员下乡"活动"。2011年垄上频道《垄上行》、《有么子说么子》、《致富加油站》、《垄上故事会》共完成对农服务13 958次。正是因为《垄上行》节目不仅可看、可乐而且可亲、可用，农民观众更多地是把《垄上行》当做朋友、亲戚、老师而不仅仅是一个节目。到底有多少农户因为《垄上行》提供资讯或咨询或牵线搭桥而走上致富之路，实在难以统计。据统计，仅经"王凯热线"融通的农资产品就达千万元。[②]

伴随《垄上行》栏目服务力度的增强和服务内容的增多，2011年《垄上行》集结了科技、教育、文化、卫生、司法等多领域的专家，成立了一百多人的"垄上行专家服务团"，为服务"三农"提供完备的技术和智力支持，免费为农民常年提供农时、农事和其他涉农服务。目前，专家服务从农技类扩展为综合类，各行各业专家下乡帮忙已成常态。[③] 此外《垄上行》栏目还与荆州市司法局、律师事务所合作，成立了"垄上行法律援助团"，免费为农民打官司，解答法律疑问；与医院合作，建立医疗专家

---

① 《荆州电视台〈垄上行〉2011年社会责任报告》，《荆州日报》2012年1月12日，http://news.cnchu.com/jzrb/html/2012-01/12/content_40297.htm? div=-1

② 陆地：《〈垄上行〉成功因素解析》，《现代视听》2007年第2期。

③ 《荆州电视台〈垄上行〉2011年社会责任报告》，《荆州日报》2012年1月12日，http://news.cnchu.com/jzrb/html/2012-01/12/content_40297.htm? div=-1

团;与高校合作,邀请知名学者、教授加入“垄上行专家服务团”,在各自擅长的领域为农民服务。

由《垄上行》栏目发起的“垄上行新农会”已经发展会员10万人。“垄上行新农会”为农民提供一对一的信息服务,是“三农”信息与社会综合服务平台,同时还能让会员在看病、就学、购买生产生活资料方面,得到除国家有关补贴政策之外的更多实惠,尤其是家电团购和新农会、赶集会等大型让利活动,在让农民得到实惠的同时,也拉动了乡村内需。

4.栏目的产业链不断延伸

随着《垄上行》栏目在电视市场上受到观众的普遍认可,栏目已建立了自己的品牌知名度和美誉度,使该栏目的经营也走上了良性轨道,目前单个栏目的广告收入已突破500万元,这对一家落后地区的地市级电视台是相当不容易的。

除了广告运营外,该栏目还利用自己良好的公信力和人力资源拓展其他方面的业务,形成了三种经营模式。第一种方式是品牌授权。如开办“垄上行农资广场”、“垄上行庄稼医院”和“垄上行手机报”。第二种方式是参股合作。荆州电视台拟创办一所“垄上行职业教育学院(校)”和建立一支“垄上行农民剧团”。第三种方式是项目运营。建立“垄上行影视文化旅游基地”是当前正在运作的项目之一。

荆州电视台自觉践行新闻立台、服务立台和产业立台,目前已形成以垄上频道和《垄上百事通》为基础,以垄上行新公社、垄上行新农会、垄上行生态文化产业园为产业延伸的对农服务框架,有效串起了传播链、服务链和产业链。

垄上行新公社是一站式新农村服务连锁体系。目前已经整合电视媒体、渠道网络、信息、产品、政府资源、运营商、液晶屏、因特网、农技服务、资本等十大资源,实现一站式对农服务。目前,已经成立720家连锁加盟店,这些加盟店集销售店、信息站、服务站、记者联络站四大职能为一体,全面为农民提供服务。由《垄上行》品牌衍生的位于长湖之畔、占地1200亩的“垄上行生态文化产业园”也即将启动。作为湖北省鄂西生态旅游圈的重要组成部分,也是荆州市海子湖生态文化旅游区第一个启动的文化产业及旅游龙头项目,“垄上行生态文化产业园”已被列为湖北省发改委文化产业重点扶持项目。“垄上行生态文化产业园”利用海子湖的自然资源优势和《垄上行》的品牌,全面打造现代农业产业,探索“影视传媒+现代农业”的复合发展模式，推动传媒优势资源、农业优势资源和旅游业优势资源的聚合裂变增长，实现旅游和文化产业的互动共赢与协同发展。至此，荆州电视台已经初步形成了“从传播链到服务链，再到产业链”一条完整的电视媒体创新服务“三农”的新模式。[①]

《垄上行》栏目坚持为农服务的宗旨，实现了社会效益和经济效益的双丰收，同时也赢得了观众的信赖，增强了电视媒体的公信力。《垄上行》栏目的成功不单单代表着一档节目或是一种节目模式的成功，它同时还意味着电视业一些固有成见的颠覆和新希望的产生。

一直以来，我国对农节目非常薄弱，除了中央电视台军事农业频道占有一半比例的节目时段外，其他电视机构的对农节目寥寥无几，对农节目供给严重不足。一般人们认为农村消费能力较弱，对精神层面的需求不高，农民观众只喜欢看电视剧或娱乐节目。《垄上行》的成功则完全打破了传统观点，对农节目不仅应该做，而且是大有文章可做。农村电视观众是目前电视观众的主要组成部分，不仅规模大，而且需求量也大，需求层次非常丰富。

随着国家对农政策的优化，农民生活水平不断提高，消费热情和消费能力也随之不断增长，农村已经成为一个不可忽视的潜在市场。从电视产业化发展的目标出发，办好对农节目是一种正确的市场选择，是一个值得开发的广阔发展空间。《垄上行》栏目的成功可以说给各地方电视台做好对农电视节目提供了一个很好的可以借鉴的榜样。

① 《荆州电视台〈垄上行〉2011年社会责任报告》，《荆州日报》2012年1月12日，http://news.cnchu.com/jzrb/html/2012－01/12/content_40297.htm? div＝－1

凤凰卫视《军情观察室》

一、《军情观察室》栏目简介

《军情观察室》是凤凰卫视推出的一档军事节目，主要是分析当今世界的最新军情动态、经典战例，讲解兵器知识，跟观众一起走进野战实地、电玩战争，用军事发烧友的目光看海陆空世界。《军情观察室》栏目诞生于2003年伊拉克战争爆发前夕，栏目定位为“普通人看得懂的专门军事节目”。董嘉耀与马鼎盛是该栏目的开山主持人。当时，凤凰卫视管理层敏锐地把握住时局发展大势，认为美伊必有一战，果断决定开设一档特别节目《海湾最前线》，《军情观察室》是该特别节目中的一个重要环节。节目名称由凤凰卫视董事局主席兼行政总裁刘长乐亲自拟定，并由董嘉耀和马鼎盛联手主持，开创了《军情观察室》“男子双打”的主持风格。节目从战前准备到战争结束，贯穿整个伊拉克战争全过程。节目播出后，受到海内外观众的热烈欢迎，也确立了《军情观察室》在全球华人心目中的地位。

2005年《军情观察室》栏目决定改版，在保留原节目专题风格的基础上，加强新闻性、突出军事信息量、增加多角度多层次的分析与评论，邀请全球特别是国内（包括台湾、香港）的著名军事评论员、军事杂志的主编、前线军事记者、军方将领以及军事智库专家学者组成全球华人的军情观察团队，共同参与节目，强调观点交集、思想碰撞、信息多元，权威性与客观性并存。

目前，新版《军情观察室》主要由“焦点内容”、“最新全球军事消息”、“焦点连线”、“兵器词典”、“军史秘闻”、“军情互动”、“军情 MTV”等板块组成。《军情观察室》这个起初定位为小众化的栏目，自开办以来受到观众一致好评，收视率一路飙升，近年来收视率稳居凤凰卫视七十多个节目的前三，在香港、台湾和内地都拥有大量稳定的观众。

二、《军情观察室》栏目创意分析

军事节目不仅能普及国防知识、传播人民军队形象，而且能激发民众的爱国情怀，在国内宣传和对外传播中均有着十分重要的作用。作为电视节目中一个独特的类型，由于其自身所具有的特殊性，一直未能像体育节目、综艺节目那样走娱乐化路线。然而，在社会主义市场经济蓬勃发展的今天，一个电视节目若想生存下去，不能单纯地依靠政府的财政支持。在适应全球娱乐化浪潮的同时，又保持自身鲜明的特性，对其自身乃至整个中国电视界都有着重要的意义。

《军情观察室》的出现在某种程度上为以电视这一媒介为载体进行军事新闻传播提供了一种新思路和新视角。在众多的电视军事节目之中，《军情观察室》独树一帜，以其灵活多样的播报形式和丰富的军事新闻信息量征服了观众。

1.栏目的军事内容定位

《军情观察室》本着为全球华人服务的宗旨，在节目中积极地向内地以及世界华人呈现与国人自身利益密切相关的军事信息。通过对节目内容的分析发现，《军情观察室》中 90%的内容是关于内地、台湾和中国周边地区的消息，观众可以通过节目全方位地了解一些与自身息息相关的军事信息。此外，《军情观察室》对一个军事事件进行报道时，并不是单纯地把事件本身呈献给观众，它还向观众提供军事新闻背景，将与事件相关的信息介绍给观众，使观众对事件有更全面、更深刻的认识。

《军情观察室》每一期的焦点选定都非常准确，从过去一周国内外所发生的军事新闻里选出在国际上有影响的焦点军事新闻以及备受观众关注的话题。焦点军事话题常是“军情叠报”板块（一般有 12—15 条全球的热点军事新闻，是经过节目团队精心挑选出来的）的最后一则新闻，和下一个板块“焦点连线”的界限不是很明显，板块过渡很自然，但其重要位置极为明显，突出热点，突出焦点。

《军情观察室》采用了虚拟演播室。虚拟演播室省去了演播室中真实场景的搭建和拆卸，极大地节省了费用，同时特别有利于动画、特效的展现，为观众带来了全新的视觉盛宴。在《军情观察室》栏目中，从片头盘旋的直升机、起飞的战机和在颠簸中行驶的坦克，到主持人董嘉耀背后不断旋转的雷达、转场时的导弹等三维效果，由于虚拟演播室的使用，大量的动画特效得以实现，画面显得十分活泼，同时也有利于战场效果的渲染。

2. 栏目内容以受众的喜好和需求为中心

《军情观察室》选题的重要依据就是受众的喜好。马鼎盛曾说过："'居安思危'是《军情观察室》和现实社会的接口，也是和大众兴趣的接口。"人们对军事节目的关注归根结底来源于人们对自身安全的考虑，来源于人们的心理安全需要。国家安全，是关系一个国家生存与发展的基本问题。中国在历史上经历过太多的不安全时期，所以对安全问题特别关注、特别警觉。改革开放以来，我国的国际地位不断提高，国家安全环境在总体上有很大改善，但在新形势下，也面临着许多新的安全问题。因此，在栏目板块的设计上也不难看出，观众是最重要的，是不可或缺的，节目怎么做、做什么，都有观众的参与。

《军情观察室》演播室

《军情观察室》栏目通过多种手段建立了有效的互动机制。栏目设置"军情互动"板块，拉近军事节目与全球军事发烧友的距离，普通观众可以发表自己的意见，也可以向评论员提出疑问，从而使普通老百姓能直接与权威专家、军方高级将领或资深的军事评论员进行交流。观众由受众变为主动的参与者，他们军事观察的另类思考常常挑战权威并充满激情，这是难能可贵的。这样的手段大大激发了观众的参与互动的热情，有效地提高了观众对节目的忠诚度。

此外，《军情观察室》栏目还利用网络为观众提供在线观看或下载服务，改变了电视传播一次性消费的特点;同时还开设了讨论交流的空间 从而激发观众的参与性。

3.内容的独家与权威性

《军情观察室》给观众提供的大量信息中,一是独家消息,二是权威分析。《军情观察室》凭借自身所处的优越的地理环境和政治环境可以获得一些独家报道和独家内幕。但仅仅拥有独家的资源还是不够的,各种珍贵的资源只是一些丰盛的材料,如何把它们加工成美味可口的饭菜,需要有着精湛技术的厨师。《军情观察室》邀请军事分析专家就节目中的某一个焦点事件进行全方位、多角度、立体式的分析。在分析的过程中,有嘉宾与主持人之间的交流,也有嘉宾与嘉宾之间思想的碰撞,这些评论都是《军情观察室》的原创,没有抄袭其他报刊或者军事节目的评论。

《军情观察室》利用其宽松的政治环境,给人们提供了满足军事新闻需求的可能。对于普通观众来说,关注凤凰卫视《军情观察室》的真正原因在于它能破除内地军事节目发展的桎梏,为广大军事发烧友和关注国内外军事发展动向的观众提供一些独家报道和独特的军事分析。

4.平民化角度与评论

评论本身就是一个专业,评论员就是时事评论的专业人才,不是人们通常所理解的简单意义上的某个专业或某个方面的专家。评论员每天看几十份报纸杂志、上网、打电话找人聊天,就是为了收集并整合信息,根据自己的判断预测时事发展,因此凤凰的评论员都是些上了年纪的资深传媒人士。《军情观察室》一直秉承着平民化的理念,在报道方式上,采用港台化的播报方式以区别于内地媒体的"播音腔",而专职评论员马鼎盛也被称为"平民军事评论家"。

以平民的视角来看待、分析军事新闻事件。《军情观察室》栏目的马鼎盛等民间专家颇有与观众聊天、对话的感觉。《军情观察室》在节目的最后会打出"本节目嘉宾意见不代表凤凰卫视观点"的字幕,这就为评论员提供了相当自由的空间,可

《军情观察室》主持人黄嘉耀和马鼎盛

以发表独家的看法。每期节目的嘉宾或是军事领域专家，或是民间受热捧的评论员，实际上都起到了舆论领袖的作用，他们能够影响受众的观点。另外，《军情观察室》还经常会请国外的专家发表不同观点，增加了节目的冲突性。冲突性正是提升节目收视率的有效手段，这一点值得其他军事谈话类节目借鉴。

《军情观察室》作为国内为数不多的军事节目并能获得较高的收视率和社会影响，主要得益于其“小众化”的军事定位和权威、犀利的内容点评。传播行为的起点是满足受众的需要，终点是军事新闻传播的社会效果。栏目把“着眼于受众”这一客体当做挖掘军事新闻、实现新闻价值的立脚点，选择能够引起受众关注的事件。《军情观察室》不仅为我国创办军事栏目提供了一个很好的范本，也为其他类型栏目的发展创新提供了参考。

中央电视台《非常 6+1》

一、《非常 6+1》栏目简介

《非常 6+1》是中央电视台经济频道于 2003 年 10 月 26 日开播的一档大型互动娱乐节目，以帮助普通人实现舞台梦想为宗旨，由央视名嘴李咏担当主持人。《非常 6+1》以平民化的视点，挖掘生活中普通百姓的艺术潜质，不分男女老少、不划职业界限，每一个有舞台梦想的人都可能成为搜寻、培养、包装、推出的目标。栏目组还在 2004—2006 年连续三年制作了大型电视选秀活动“梦想中国”，不仅极大程度地提升了栏目的品牌形象，还推出了王思思、吴文璟、熊汝霖等明星人物。

2009 年，央视内部进行“交接式”，《非常 6+1》与《咏乐汇》、《开心辞典》等节目一起划归到中央电视台综艺频道播出。2011 年 4 月，《非常 6+1》进行了全方位改版。改版后的《非常 6+1》注入了大量创新元素，起用全新的舞美设计，在内容中加入了知名明星，取消了栏目开播八年来的标志性环节——“砸金蛋”。每期节目中都有六位不同风格的选手登台亮相，通过三轮精彩紧张的比拼，每期

《非常 6+1》logo

最终有一位选手脱颖而出，参加高手云集的季赛，获得进入《非常 6+1》年度“寻找最美丽的声音”总决选的入场券。在节目环节设置中首次引入了“转椅”装置：场上嘉宾需坐在转椅上背对选手，通过场上选手的歌声对选手的实力进行判断，选手能否做到“先声夺人”是改版后节目的一大亮点，而这一环节设置也是国内综艺类真人秀节目的首创。①

二、《非常 6+1》栏目创意分析

1. 纪实拍摄手法的真人秀节目

明星，在大众的感官世界里是个需要仰视、光鲜亮丽的代名词。人们只看到明星成功后在世人面前展现的光鲜一面，他们的成名之路却鲜为人知，这就让很多人怀揣明星梦，希望一夜成名。《非常 6+1》栏目不仅是一个帮助普通人成就明星梦的舞台，也让观众明白明星并非一日炼成，梦想的实现需要不懈的努力与奋斗。正如主持人李咏所说：“明星也是从普通人过来的，此前也要付出很多努力；但电视不可能把明星艰辛的成名过程展现出来。我们就决定圆普通人的明星梦。很多人都有明星梦，只是因为历史和环境的原因，不具备成功的平台。我们就是要为他们搭建这样一个圆梦的平台。”事实上，作为一档电视真人秀节目，《非常 6+1》吸引观众的最主要因素不是最后选手的表演有多精彩，而是选手成为明星的过程。栏目采用纪实的拍摄手法详细记录了选手的成长过程。这种纪实风格的拍摄手法让观众看到经过培训后站在舞台上表演的选手，也让大家看到他们在登上舞台前所接受的严格训练，带给观众前所未有的真实感的同时也满足了大家的好奇心。栏目采用纪实的手法将选手为期六天的训练进行了记录，不仅让观众见证了他们每一次的进步，也反映了在实现梦想的道路上所充满的艰辛。在训练的过程中选手思想都会有这样或那样的波动，有的甚至打起了退堂鼓，这时栏目组的指导老师要怎么说服他们继续完成梦想，选手又会如何回应，都一一展示给了观众，这也是《非常 6+1》与一般歌舞类节目的差别所在。在训练过后，栏目组会为每位选手配备由国内一流的音乐、形体、表演、服装、化妆等专家组成的顾问团，将他们从“丑小鸭”升

---

① 百度百科，http://baike.baidu.com/view/69498.htm#6

级为“白天鹅”。

2.平民化的栏目定位

《非常 6+1》在“贴近实际、贴近生活、贴近群众”的原则下，将视角锁定普通百姓。栏目主要是帮助那些梦想集中在才艺方面的普通人实现心愿，只要适合舞台展示和电视制作，所有人都可以登上舞台进行展示。《非常 6+1》栏目的宗旨是全力成就普通人的明星梦想，“梦想在你心中，机会在你手中”，这是主持人李咏在节目中喊出的口号。九年来，《非常 6+1》挖掘和培养的“明星”达到两千多名。

《非常 6+1》平民化的定位也是栏目获得高收视率和持久生命力的重要保证。参赛人员一方面带动了大批的亲朋好友关注比赛进程，另一方面让不认识的观众也消除了媒体和观众的距离感，拥有相同梦想、相似经历的选手实现梦想更能激发观众的共鸣。在参赛者中既有下岗女工、男护士、自由职业者，也有个体户、机关干部、女军人，还有外企白领、铁路职员、大学毕业生。参赛者们的职业虽有不同，但共同特点都是普通的草根百姓。他们现在从事的职业与“演艺事业”虽有很大的反差，但对艺术表演都有着很深的热情和感情，都希望登上国家级电视台的大舞台。《非常 6+1》的火爆成功，就在于为平民选手铺设了一条条“星光大道”，构筑了一个个梦想舞台，使得现场和场外的观众仿佛参与了一次又一次的晚间狂欢。在这样的狂欢中，人与人之间的关系是平等的，现实生活中的社会等级暂时退位，现场的所有人之间都处于一种狂欢化的关系当中。①

《非常 6+1》录制现场

除了选手的平民化特征，节目中才艺表演的评选也体现了“观众为王”的特点。最初《非常 6+1》栏目没有设置专业评委，完全由观众对选手打分决定选手成绩，选出最佳表演者并予以嘉奖，这充分体现了平民意识。改版后的《非常 6+1》栏目

① 苗棣、王昕：《加冕游戏与明星神话——电视游戏节目〈非常 6+1〉的文化分析》，《现代传播》2005 年第 1 期。

增添了三位专业评委，其中不乏一些知名歌手，体现了平民化与专业性并重的特点。

为了增强观众的现场参与感，《非常6+1》安排了大量的互动环节，如参赛者与主持人之间的互动(包括非常寻找与现场谈话)，参赛者与专家团之间的互动(预演中心的魔鬼训练)，参赛者与现场观众之间的互动(问答、表演及喝彩)，主持人与参赛者直接的互动(现场采访、调侃)，主持人与现场观众及场外观众的互动(诙谐言说、电话连线)等。各种各样的互动方式不仅让现场轻松自由，也让参赛者能放松心情将才艺发挥到最好，同时也增加了吸引电视观众的亮点。

3.栏目明星主持充满吸引力

真人秀节目中，因为选手的表现和反应具有不确定性，因此一位反应敏捷、能掌控全场、遇事冷静沉着而又不失幽默的主持人对节目的成功起着至关重要的作用。《非常6+1》主持人李咏是家喻户晓的央视主持人，长着一张极有特点的"马脸"，虽然并非传统意义上的帅气男人长相，但在嬉笑怒骂间尽显优秀主持人本色，给刻板正统的央视形象注入了新鲜活力。李咏不仅将其诙谐、辛辣、火爆的主持风格发挥得淋漓尽致，更以"无厘头"的脱口秀引领电视节目主持的新风范。[①]

《非常6+1》主持人李咏及其标志性手势

在《非常6+1》栏目中，趣味性一直被奉为主导思想，也着实得到了很好的体现。主持人李咏本身就很具有喜剧天赋，在他夸张的神态表情以及一些招牌式的动作之下，观众也跟着一起叫着、笑着，从而得到一种情感的宣泄、压力的释放。为了营造这种幽默和谐的氛围，李咏有时会"降格"自身，既嘲人又自嘲，从

① 百度百科，http://baike.baidu.com/view/69498.htm#7

明星人物变为“小丑”，让群众觉得可亲可近；也使观众在自我欺骗中觉得自己“人格”升华并高尚起来，“俯视”别人的表演；而某些参与者在现场也会中了李咏的“圈套”，成为被善意嘲弄的对象。

《非常6+1》栏目前任制片人哈文曾说：“李咏就是我们节目的核心竞争力，没有李咏就没有《非常6+1》。”因为他的真实、本色、亲和力，使观众看到了一个可以酣畅淋漓地表露情感的主持人能带动自己一起热情高涨，娱乐无比。[①] 李咏的主持富有感染力，让观众在轻松自然的心境下享受节目带给自己的快乐，在不知不觉中俘获观众的心。当李咏出现在观众视线中，做着标志性的“6+1”手势，观众立刻能想到这是《非常6+1》节目。品牌形象和主持人形象互融互通，强化了节目在观众心中的认知度。

4.全方位的梦想营销战略

《非常6+1》是一个圆梦的舞台，为了拉近与观众的距离，充分利用新媒体技术对栏目进行宣传推广。栏目组不仅在演播室开设了与观众电话互动的环节，还设立了手机短信互动平台和声讯电话服务。此外，栏目组还开辟了官方网页、微博、博客等平台与观众进行互动，力求最大限度地激发观众的观看欲，加强观众的品牌忠诚度，让自己在娱乐节目当道的当今电视市场上占领一席之地。

李咏与《非常6+1》参赛选手

《非常6+1》栏目营销的焦点在于“梦想”，“梦想”本身就是个非常振奋人心的词汇，许多人心中都有成为明星和焦点的梦想。《非常6+1》栏目就是将视角聚焦于心怀梦想又有才艺的普通人，给他们一个成为明星的机会。或许，他们在参加节目后真的能获得唱片公司的青睐成为真正的明星，唱歌给更多人听；也许，他们参加节目之后继续回归平凡的生活。不管是哪种结果，重要的是，他们曾经站在舞台上，像明星一样释放过光芒，这种经历值得他们铭记一生。栏目打造的宣传语“如

① 贾宏：《对真人秀电视节目的本土化思考》，《电视研究》2005年第8期。

果你不来，你怎知你不行；如果你不来，你怎知你行”、“非常6＋1，下一个就是你”，还有在节目最后李咏不厌其烦的那句话“记住，来到《非常6＋1》，什么也不需要带，只要带上你的梦想”，都非常鼓舞人心，让所有怀揣梦想的人都有种冲动——去参加节目，一偿夙愿。无疑，《非常6＋1》栏目进行了非常成功的梦想营销。

经过多年的努力，《非常6＋1》已经形成了自己的电视品牌。但是，为了适应不断发展的电视节目形态，迎合逐渐变换的观众收视品味，《非常6＋1》栏目进行了几次改版。改版后的《非常6＋1》舞台更绚丽，灯光舞美等设备更专业，节目内容更丰富。我们有理由相信，《非常6＋1》会在不断的探索和实践中走出一条有利于自己长久发展的新路，为喜欢这个栏目的观众带来更多欢乐和惊喜。

山东卫视《天下父母》

一、《天下父母》栏目简介

《天下父母》是山东卫视 2004 年推出的情感类谈话栏目。该栏目以弘扬社会主义核心价值观和中华优秀传统文化“亲情孝道”、倡导敬老爱幼、加强未成年人思想道德建设为宗旨，通过对不同阶层人物的采访，对伟大父爱、母爱的讴歌，为广大电视观众，尤其是年龄在 25—65 岁之间的知识分子或有一定文化背景的观众，提供一个可资借鉴和学习的优秀的两代关系及父母楷模，从而最终实现弘扬优秀中国文化和伟大的民族精神的初衷与愿望。

《天下父母》宣传图片

《天下父母》以演播室采访为主，外景采访和短片为辅，并调动种类丰富的电视手段，使节目的节奏和气氛始终处于一种昂扬向上、精神十足的状态。朴实、平易、以真感人，亲切、温馨、以情动人是该栏目一贯的风格，“真诚、真心、真情”是栏目不变的追求。[①] 2012年起，栏目进行了再次改版，演播室采访改成了在户外拍摄、主持，中间辅以情景模拟和现场采访；节目也更注重故事的讲述，在故事讲述的时候多了些悬念，增强了叙事的故事性。但栏目依然坚持“亲情孝道”这条“生命线”，不会因为融入电视剧元素，就进行虚构、造假或者改编，更不会雇佣演员来“演”。改版后，《天下父母》在娱乐节目如林的周日晚间播出，收视率在专题类节目中数一数二，综合排名一度位居全国第六，其中《兽皮症女孩》单期节目甚至获得了同时段全国收视率第二的好成绩。

《天下父母》栏目以真诚的创作态度去深入展示和探讨两代人之间博大的爱，并以之为主题，这符合山东电视台弘扬齐鲁儒家文化，推广亲情、孝道的主题形象。栏目具有一批稳定的收视群体，在观众中具有较高的美誉度。《久病床前有孝子》、《周大观：热爱生命》、《生死时速》、《天使妹妹刘梦怡》等一大批作品都深受观众喜爱，这些作品为弘扬孝老爱亲的优秀传统文化、加强全社会特别是青少年思想道德教育提供了生动的教材和典范。

由于收视率和社会效益俱佳，《天下父母》栏目得到政府领导和受众的高度赞扬。李长春、刘云山曾分别对《天下父母》栏目做出重要批示，国家广电总局曾向各省、自治区、直辖市电视台等发出通报，要求学习《天下父母》栏目的经验，多办一些品位高、有教育意义的节目。2009年12月28日，中国文明网专门邀请中共山东省委宣传部、山东电视台的领导和《天下父母》工作人员做客中国文明网，进行网络直播访谈，并将《天下父母》的优秀节目视频放在中国文明网上播放。随着观众的认可，《天下父母》栏目的荣誉也接踵而来：开播后连续三年获得山东省十佳栏目称号，三次获得山东省电视文艺牡丹奖，2006年荣获全国优秀电视栏目称号，2007、2009年两次荣获国家级政府奖——中国广播电视大奖“星光奖”，2010年9月获中国电视领域里的最高学院奖“博雅奖”。[②] 在《天下父母》播出八周年之际，《人民日报》海外版发表文章《中国最火的电视节目之(七)——〈天下父母〉》。

---

① 山东电视台，http://www.sdtv.com.cn/lanmu/parents/

② http://baike.baidu.com/view/915206.htm

二、《天下父母》栏目创意分析

1.弘扬传统文化,传承中华文明

山东广播电视台总编辑祝丽华说,“山东是孔孟之乡、礼仪之邦,中国儒家文化发源地,自古多忠臣孝贤。孝文化不仅哺育了中国人的善良友爱,也推动了我们社会文明的和谐发展。创办《天下父母》栏目是时代之需,也符合山东台‘情深似海,义重如山’的定位。”《天下父母》栏目的诞生不仅与当时山东卫视的定位相契合,也与齐鲁文化、孔孟精神分不开。齐鲁大地作为深受孔孟文化影响的地区,“百善孝为先”的思想深深刻印在淳朴善良的山东人民心中。因此,山东卫视创新性地创办了《天下父母》栏目,这是全国最早创办的也是全国省级卫视唯一一档以弘扬中华民族传统文化——“孝道和亲情”为宗旨的电视栏目。《天下父母》栏目弘扬了孝道,把慈孝文化传播到千家万户,尤其是面向广大青少年的亲情教育,这也是对中华民族传统文化和道德文明的一种传承和发扬。

中国首善陈光标做客《天下父母》

《天下父母》栏目开播以来,已访问了五百多位孝老爱亲、道德高尚、无私奉献、感天动地的人物,制作播出了五百多期优秀电视节目,培养了一大批忠实的观众。虽然是周播节目,但观众仍然形成了很强的约会意识。《妈妈的遗愿》、《植物人妈妈生孩子》、《一个儿子的忏悔》、《致命守护》、《暴走妈妈陈玉蓉》、《割皮救女 父爱如山》等一大批优秀作品,弘扬了中华孝老爱亲的传统文化,展现了在困难面前伟大的父爱母爱及血肉亲情。很多节目播出后立即在社会上引起强烈反响,社会爱心人士也纷纷伸出援助之手,共同守护这些伟大的爱。

2. 用真情、孝道打动观众

在现如今竞争激烈的情况下，有些电视节目为了追求收视率，使得节目过度娱乐化，或者节目内容过于新奇、低俗，严重背离了电视媒体应有的社会责任。不管外界竞争如何，《天下父母》栏目始终坚持社会责任和导向意识，坚守正确的道德伦理观，传递积极、健康的社会主义人生观和价值观，传递人间大爱和亲情孝道。

《天下父母》录制现场

《天下父母》以真情孝道为栏目精神，以父母恩情为主，以儿女亲情为辅，以真情实意打动观众。节目在访谈中多是围绕父母儿女或者亲人之间的骨肉亲情，以真实的故事、真切的亲情来打动观众，使观众与其产生共鸣。《天下父母》在播出时，很多观众都被故事中的人物感动得落泪，而这种“飙泪”并非栏目有意追求，也并非刻意设置。山东卫视负责人曾表示：“这种让观众流泪的力量，就是‘孝’和‘爱’；人活在世上，有别于其他动物的就是这种道德的、伦理的力量。”

人一生所追求的可能是内心的强大与安宁，这与做任何事所追求的本质精神都相符，所以想做一档好的栏目必须要有深刻的内涵和精神引领。《天下父母》的成功之处便在于此。一个具有深刻内涵和正确导向的电视栏目或许不能拥有超高的人气和收视率，但它拥有的是更珍贵的观众口碑和赞誉。选秀和相亲节目此起彼伏的出现，推动着电视向“娱乐至死”的方向迈进，可是娱乐之后留下的却是空虚，这绝不是电视行业所追求的目标，也不是观众内心向往的节目。浮华的社会更需要可贵的真情，《天下父母》栏目用自己的实际行动证明了这句话。

3. 栏目和活动互动，提升栏目的影响力

《天下父母》虽然取得了一定的成绩，但栏目组却不满足于此，尝试突破演播室和电视荧屏的局限，从 2006 年开始举办大型活动，一方面利用活动营销提高栏目的知名度和影响力，从而扩大栏目的受众群体，提高收视率；另一方面，利用活动拓展栏目的表现形式，增强观众的参与度，让栏目理念更加深入他们的心中，培养更多的忠实观众，同时提升栏目的经济效益和社会效益。“一条腿做节目，一条腿办活动”，《天下父母》栏目的制片人曾如是说。可见举办公益性的活动已经不仅仅是栏目的宣传手段，也是弘扬真情孝义的另一种方式，把公益活动在某种程度上变成了外景版的《天下父母》节目。

《天下父母》已连续六年举办了“中国演艺界十大孝子推选活动”和颁奖盛典。活动以“百善孝为先，明星做模范”为宗旨，推出了唐国强、姜昆、斯琴高娃、萨日娜、翟俊杰、林永健等50位演艺界孝子，在社会上引起了强烈反响，有效地扩大了栏目的影响力，成为全国较具影响力的电视品牌活动。此外，《天下父母》栏目还承担了2011年度“中国十大孝子”的推选活动。此次活动的一大亮点就是将孝子评选范围扩大至普通百姓，以全民参与、亲情互动为特色，通过观众的来电、来信和网络等方式，收集了大量普通百姓的感人故事。同时，栏目组派出多个摄制组到北京、上海、广州、重庆、西安、长春等城市的社区，采访全国百名孝子的故事，制作成节目特辑进行播出。2011年2月16日《天下父母》还直播了“中国十大孝子”颁奖盛典，王凯和王锐兄弟、马福建、陈光标、伊能静等荣获“2011中国十大孝子”的称号。

2006年12月，中共山东省委宣传部、省关工委、省文明办、省教育厅等十部门联合推出“《天下父母》亲情教育进校园（社区、企业）系列活动”，产生了很大的社会影响，栏目组在全国15个省40个城市创建亲情教育基地近200个，亲情教育示范市2个。其中“《天下父母》亲情教育进校园活动”旨在通过生动、易于被大学生接受的电视亲情故事，让大学生在感动中学会感恩、增强社会责任感，让新一代大学生知荣明耻，为构建和谐社会贡献力量。该活动对学生的震撼之大、效果之好，是很多学校在活动进行前所没有想到的。参与活动的学子们纷纷表示心灵受到了强烈震撼。山东大学一位学生说：“丝丝白发儿女债，历历深纹岁月痛。父母给我们的太多太多，而我们能回报父母的，却少之又少。”山东科技大学一位学生说：“看完电视片，我特感动，我要马上给父母打个电话。以前与父母交流得太少了，偶尔打个电话也是要钱。”山东师范大学附属中学的高中生小刘说：“以前花钱大手大脚，现在我明白了，父母的钱来之不易，我得好好珍惜。”这一个个鲜活的例子让我们真切感受到《天下父母》栏目的力量，同时也感受到唤起年青一代的责任心和感恩的心是这个社会刻不容缓的重任。活动结束后，很多家长也纷纷表示，没想到孩子因为一个节目就可以变化这么大，他们非常支持让孩子在感动中学习感恩，希望培养孩子的责任感和健全的人格。

4. 用明星做“孝道”的“代言人”

《天下父母》在故事的选择上大部分以平民为主，近年来为了提升栏目的影响力，邀请了一些明星做主持人，同时也寻找一些明星关于孝道亲情的感人故事。如栏目曾邀请唐国强、刘劲、林永健、于荣光担任主持人，现在的主持人是侯勇、张子健和孙茜，他们之中除了刘劲全部是山东人。他们不是特别大牌的人物但是观众所熟知的优秀演员，并且山东人的背景更让他们作为栏目主持人增加了许多亲切感。

《天下父母》在嘉宾的选择上偶尔也会选择一些明星嘉宾，如李玉刚、杜淳、侯勇、毛孩，还有被称为“苏珊大叔”的朱之文等。明星的感人故事在一定程度上更能引起观众的兴趣，他们的故事能满足观众消费故事的意愿，也能作为栏目“代言人”更好地宣传亲情孝义，影响更多的观众。

5. 栏目与观众进行良好的互动

《天下父母》非常注重与观众的互动，让观众有更强的参与感。首先，栏目开通了栏目热线、邮箱、官方网站留言板和微博等，方便观众为栏目提供线索或者给栏目组提建议等。栏目的线索大部分来自互联网，也有很多是观众打电话、来信提供的。比如 2011 年获得“星光奖”的《俺娘》，起因就是栏目组收到一个儿子的来信，希望能在电视上给自己的母亲过生日。尽管起初看起来人物和故事平淡无奇，但是栏目组采用多种电视手段精心打造，深情制作，让这位普通农妇展现出作为母亲的那种既平凡又伟大的特质，传递了血浓于水、水乳交融的母子情和人间爱，一举获奖。

其次，《天下父母》栏目组深入基层举办各种大型活动，如《天下父母》亲情教育进校园（社区、企业）系列活动，使观众能近距离接触节目的录制，面对面感受那些真实的故事、人间的真情，让观众在活动中更加深切地感受节目所带来的感动。

最后，很多忠实的观众义务做起了《天下父母》栏目的宣传工作，他们希望通过自己的宣传能让更多的人收看这个栏目，并用心去感受栏目所带来的感动。河南省安阳市武安寨小学七十多岁的退休老师周继训就自觉担当起为《天下父母》栏目宣传的责任，风里来雨里去，走村串巷，从不间断。他说："我愿意这样做，让孩子多跟着《天下父母》节目学，让更多的人受益。"天津市民戈保柱2006年偶然看了《天下父母》，非常喜欢，为了让更多的人了解《天下父母》，他特意租了房子、买了车，默默做起了《天下父母》义务推广员的工作。每到周末，他便组织大学生到一些街道、学校散发宣传资料。还有四川的一位观众每次都把节目录制下来，再特意把节目中的一字一句全部用笔抄录下来，印刷成集，并命名为"快乐天下父母心"，分送给身边的朋友。《天下父母》栏目受观众喜爱的程度可见一斑。

作为一档弘扬中华传统文化和礼仪孝义的栏目，《天下父母》在内容上将"以真情打动观众"做到了极致，引导观众形成正确的人生观和价值观，推动了社会主义荣辱观的建设。栏目创办八年来，不断创新，与时俱进，培养了一大批忠实而稳定的受众。栏目开通了与观众密切及时的互动渠道，建立了观众反馈机制，让观众以"主人翁"的精神参与到节目的建设中来。此外，《天下父母》栏目还通过举办大型公益活动，加大力度弘扬孝义理仁的精神，拓展栏目的表现形式。虽然有时也存在着形式上创新不够、内容上太过沉重悲伤等问题，但总体而言，《天下父母》给所有电视栏目做出了一个非常优秀的榜样，开辟了一个新的优秀的电视节目题材。

云南卫视《经典人文地理》

一、《经典人文地理》栏目简介

《经典人文地理》是云南卫视于 2004 年 10 月制作播出的一档周播科教类栏目，后改为日播，主持人为侯焜，时长 50 分钟。栏目从一开始就将自己定位为“多元文化与高端品位相结合、综合知识与优质影像相对应”的国内外优秀纪录片播出平台。《经典人文地理》是一个展现古老传统、融合多元文化的电视栏目，它主要以人文地理的理念和观点，以特别的角度向目标受众讲述云南的风土人情、人文地貌，同时以全新的视角讲述世界上其他地方的人文地理知识。《经典人文地理》最初的制作是以“自制为主，编辑为辅”，但随着节目量的加大，自制纪录片(含有自主版权的《中国远征军》等节目)占全年播出总量的比例接近 30%。随着外购节目数量的增加，《经典人文地理》在编辑的时候增强了节目的故事性，一改以往纪录类节目平铺直叙或“论文式”的讲述方式，增加了戏剧性和冲突性，把“意义”藏在故事后面，放大了纪录内容的趣味性，也扩大了受众群体。

《经典人文地理》logo

《经典人文地理》以地理学和人文文化作为自己的出发点，时常以小题目入手进行大事件、大问题的探讨与总结，运用多元化的视听语言手段，以丰富的人文角度来关注云南，不仅使云南以全新的面貌展现在世界面前，更使得中华民族五千年灿烂光辉的文化为世人所熟识和赞叹。“人文地理”的概念早已在国外流传并推广，*Discovery*（《探索》）与 *National Geographic*（《国家地理》）在美国已经是非常著名的人文地理栏目，但拥有古老文化和广袤地域的中国却缺少此类型的电视节目。云南卫视正是抓住了这一“蓝海”，开办了《经典人文地理》栏目，不但弘扬了中国五千年的古老文化，展示了中国这片充满神奇色彩的土地，也填补了中国电视行业在人文地理类栏目方面的空缺，使栏目形式更加多元化，从而推动了中国电视行业的可持续发展。《经典人文地理》从开播就受到观众的广泛好评，美誉度不断增高。开播后，先后被评为中国纪录片金牌栏目、全国电视十佳栏目金奖、全国传媒百强栏目创新贡献奖、云南电视台品牌栏目、云南广播电视“十佳”栏目奖、云南电视台优秀栏目、国家广电总局2009年创新创优典型形态栏目，等等。

二、《经典人文地理》栏目创意分析

《经典人文地理》栏目组的基本思路是：以市场为导向，以创新为动力，立足国内市场，积极开发国外市场；受众大众化、经营市场化、生产集约化、市场国际化、发展产业化，打造具有云南特色的纪录片强势品牌。

1.栏目内容紧扣时代热点，且有本土特色

一个电视栏目若想有良好的收视率和口碑，即使形式上再创新，内容不吸引观众，那也将是“无米之炊”。《经典人文地理》将内容放在首位，永远紧跟时代步伐又不忘铭记历史，所以在《经典人文地理》中经常能看到社会热点新闻事件和历史大事件。在电视剧《我的团长我的团》热播时，栏目编导敏锐地抓住这一题材的独特性以及它与云南的独特关联，迅速策划并制作了电视剧《我的团长我的团》的衍生栏目《换个视角看“团剧”》以及反映流落境外的远征军老兵回国探访的系列纪录片《回家——一群中国老兵的再次远征》。这些纪录片结合六十多年前发生在云南的中国远征军的战事，强化了电视剧中的戏剧冲突和动人故事，从剧中的关键事件、人物、重点战役、代表性的武器装备等细节切入，聘请战史研究专家、远征军的幸存老兵、历史的见证者从各个角度解读或者回忆那段历史，同时配以珍贵的图片、影像资料等进行现场重现，让观众更加真实地了解六十多年前的那段历史。这类节目的制作不仅与时下热剧形成有机互动，而且还通过对历史事实的真实还原与揭秘，对电视剧情节进行了有力的补充和阐释，彰显出电视剧资源再利用的无限生机，让观众在欣赏虚构故事的同时，通过纪录片了解相关的真实历史知识，开创了"虚构的故事与真实的历史"结合编排的先河，在观众中引起强烈反响，有效地提升了《经典人文地理》栏目的品牌效应。

《经典人文地理》的成功还源于云南这块多元地形、多元文化的美丽土地。云南高原多山的地形、多民族的集聚、瞬息万变的气候造就了"翻过一山便是另一个民族"的地域和文化特点。有高原和丘陵，也有河流和湖泊，丰富多变的地理环境成就了云南"动植物王国"的美称。取材于云南风土人情、地理文化的《经典人文地理》栏目背靠如此多元灿烂的自然环境和人文环境，必然能保证内容源的充足和本土特色。如栏目创作的八集纪录片《茶马古道》，就是通过对茶马古道沿途各地、各民族风土人情的客观记录，全面考察了赶马人及其马帮这一特殊群体的产生背景、流变沿革、生活状态，以及他们用脚步在雪域高原丈量、琢刻出的一条生命极限之旅，展现了茶马古道千百年来的历史风霜，特别是在交通运输及其各民族文化交流中的重要地位；同时还从另一个侧面披露了茶马古道上"留守"女性们的生存状态和内心酸痛，以及这条古老的交通要道在21世纪的今天所承载的社会文化意义及其价值。

栏目也不拘泥于本土，有时会突破地域，放眼世界，将"人文地理"的内容做得更充实、更饱满。栏目组引入了国内外大量优秀纪录片，通过栏目自己的形式和理念进行加工制作，给观众展现了丰富的世界文化和历史，如"彩色二战"系列、"惊世档案"系列等。《经典人文地理》栏目还探索性地建立了纪录片"收购制"，从题材样式、主题彰显、风格特征、表现形态等方面对引进、购买的纪录片进行严格筛选，在契合本栏目定位与风格的同时，进行本土化、地域化和栏目化的深度加工与包装，使其与整个栏目的格调和谐统一。

"立足云南，放眼世界"是《经典人文地理》栏目的重要理念，栏目借助所拍摄的大量纪录片让人们了解发生在云南这块神奇沃土上的历史文化事件，感知云南各民族独特的风土人情,引导观众享受高品质纪录片所带来的精神愉悦。

2.纪录片制播栏目化、系列化

《经典人文地理》在创作之初主要以单片为主,每周播出一期,内容由自制节目和购买节目两大部分组成,以自制为主,购买为辅。随着栏目改为日播,内容要求日益增多,栏目组也在不断探索适合的发展方向和途径。栏目化、系列化运作是纪录片在电视台生存与发展的一个有效途径,也是纪录片产业化发展的必由之路。

纪录片的栏目化其实最早来源于1993年2月上海电视台《纪录片编辑室》,在此之前电视纪录片在中国电视台中是“没有地位”的,基本都属于“计划外产物”,即便播出也都是非栏目化的。云南电视台准确地抓住这一市场空白,直接推出纪录片栏目,并将这一栏目定位为“人文地理”,成为节目成活的生命线。

为了培养受众的约会意识,增强节目的“黏性”,《经典人文地理》开始尝试制作系列化节目,这不仅可以将某一事件或现象讲述得更深刻、更透彻,而且也能保证节目的收视。《经典人文地理》经常围绕着新闻事件或是历史节日等来进行系列性选题创作,比如围绕“人是从哪里来的”,借助影像推出了《人类进化历程之突变》五集系列片;围绕出土的契丹古墓的墓主人没有墓志铭的疑问推出了《古墓丽影》两集系列片;围绕地球上的万物的生长和生存推出“宝贝行动”系列节目:《花间精灵(上、下)》、《天空斗士(上、下)》、《智慧与本能(上、下)》;反映二战的九集系列节目:《彩色二战之最后的较量》、《彩色二战之攻克柏林》、《彩色二战之闪电大战》、《彩色二战之兵败东方》、《彩色二战之希特勒闪击欧洲大陆》等等。

3.纪录片故事化

由于《经典人文地理》主要以纪录片为主,而纪录片的受众群体又小,所以就产生了一个矛盾,即如何在电视行业这个依靠收视率存活的地方扩大纪录片的影响力。于是就要对纪录片进行一些再创新——纪录片故事化。纪录片有多种形式,而观众最喜欢的还是看故事,把纪录片创作成以讲故事为主的形式,同样蕴含了起因、发展、高潮、结局等部分,更能吸引观众,节目也更有话可说。一有了故事,便有了矛盾;一有了矛盾,便有了看点。依照故事中的逻辑顺序进行纪录片的创作,就是既给观众一个跌宕起伏的故事、一个引人入胜的曲折情节,又使观众在看故事的同时汲取知识，开阔眼界。所以《经典人文地理》将纪录片故事化、娱乐化、戏剧化都是为了更好地让观众喜爱并且认可。

同时，栏目注重原创纪录片的拍摄，加大对其的创作与生产，特别是对像《茶马古道》这类能够提升栏目品牌影响力的优势题材，更是加大投入，全力打造；对于以“记录60秒、微观大世界”为标识的小板块“微型纪录片”系列，则又将目光投向云南的剪纸、布扎、木偶等非物质文化遗产，以及哈尼族梯田、雪山下的藏族小村落等独特的自然与人文景观，不仅创新了纪录片的题材及形态，同时还向外界宣传、介绍了云南秀美旖旎的自然风光和神奇的人文地理景观，更重要的是将这种美和神奇与现代电视技术实现了完美结合，突出了绿色人文的定位，提升了品牌形象。

为了更好地“编”故事，《经典人文地理》还进行了新的尝试，即利用栏目播出的系列片素材进行重新编辑、二次创作。对纪录片的二次创作不仅是对现有节目资源的有效利用，而且还能提升节目的收视率。如2007年播出的12期《空难日》系列节目，播出后收视不甚理想，在2009年空难频繁发生的时候利用《空难日》的素材制作播出了两期《黑色飞行》节目，播出后的收视率达到同时段节目的前十位。

4.纪录片的“季播”形式

“季播”在中国还是个新鲜词，它的含义是根据收视季来调整栏目的播出或者根据节目播出内容来安排播出时间。这是在美国已经被广泛应用的电视节目播出手段，《经典人文地理》栏目充分借鉴了这一播出模式，并取得了一定的成果。中国对于“收视季”的划分略显复杂。根据收视率调查机构多年对收视市场的监测，中国的电视台习惯于将每年的春节、寒暑假以及“五一”和“十一”黄金周作为收视的“旺季”，进行特殊的节目编排，而其他时间则按照正常时段播出。《经典人文地理》栏目也在充分研究国内受众的收视特点后采用了具有中国特色的“播出季”概念。如在2007年春节《经典人文地理》推出特别节目，每天中午12:10播出40分钟的精彩系列节目《动物来了》，包含“蛇之吻”、“虎之吻”、“熊之吻”、“空中巨鲨”等故事；2008年“十一”期间推出了《保卫国家》、《瓜岛之战》、《日本最后的秘密武器》等战争系列节目；2009年“五一”期间利用丰富的“二战”史料资源，强力推出了系列特别节目《大战场》，每天13:40五集连播，再现了六十多年前“二战”的经典战役，揭示了战争给民众带来的深重灾难。由此可见，《经典人文地理》在播出手段上比较灵活地运用了“季播”播放的特点，使栏目在一些特定时期获得了良好的收视率和口碑。

5.纪录片的表现方式新颖、现代

《经典人文地理》在其栏目形态与包装方面呈现出多元化和现代化的特点。无论是片头导视、宣传片介绍，还是栏目中的隔断、递进式片花，都追求鲜明的特质，凸显文化品质，扩大人文地理的理念。节目播出期间还运用图像、声响等视听元素以有效避免观众的审美疲劳，比如运用电脑合成技术、动画技术、影像资料等画面语言更生动、更直观、更有趣地展现所讲述的故事内容以及发展。画面语言是电视媒体的主要元素，通过这一方式可以全面挖掘视听元素，穷尽电视媒体手段呈现故事中的情节，避免画面的单调或者内容的枯燥，增加节目的可观性，使观众的视点不断翻新，从而形成多种视角、多种感官刺激，保证收视的新鲜度。

作为纪录片形式的栏目，《经典人文地理》在深化主题和意义的同时，也在积极地探索着将栏目大众化的方式。既然不能在内容上进行娱乐，那么就在形式上进行翻新。《经典人文地理》在视听手段上进行娱乐化创新，使得栏目严肃与娱乐并存、厚重感与现代感并存。栏目着重制作下期预告与片花，使得观众对于本期节目和下期节目都有着浓厚的兴趣。

在主持方面，《经典人文地理》在主持风格上将普通的“诵”变为更贴近聊天式的“说”，主持人像讲故事一样将节目内容娓娓道来，或者像讲评书一样将故事讲得出神入化。一方面缩短了栏目与观众的距离，增加节目的亲切感；另一方面加大了节目对受众的黏度，增强观众对栏目的约会意识。在每期节目的最后，主持人都会用简短的话语概括整个故事的中心内容并阐述自己的想法，这不仅升华了主题，突显了文化厚重感和人文关怀，而且又润物细无声地将栏目的特质和思想传递给了受众。

目前，《经典人文地理》不仅是云南卫视一档优秀的品牌栏目，也代表了卫视频道的发展理念。云南电视台台长赵树清曾表示：“绿色人文是云南卫视的魅力核心，它不仅是原有的‘人文地理’定位的升级，更意味着要实现节目大众化、多样化的内涵和理念，同时也是对节目品位和格调的价值追求。”

《经典人文地理》栏目不仅在选题上创新成功，而且节目模式在中国电视行业中也是比较新颖的。《经典人文地理》栏目最打动观众的，便是其“用心”：用心地拍摄，用心地制作；栏目吸引受众的另一个因素就是它对于人类文化的探讨、对于人性真善美的追寻。在浮躁的社会风气下，有些电视栏目会因追求收视率而降低水平，运用低俗的噱头来吸引观众。相比较之下，《经典人文地理》有种“出水芙蓉”的品位，它不仅让观众汲取知识，丰富阅历，更唤醒对人性、对文化的追求。《经典人文地理》栏目经过了现实的检阅和观众的考评，在保证纪录片应有的魅力和价值的基础上也获得了较高的收视率和受众的好评。

中央电视台《星光大道》

一、《星光大道》栏目简介

《星光大道》是中央电视台综艺频道2004年10月9日推出的一档大型综艺节目，由央视名嘴毕福剑担任主持。该栏目本着“百姓自娱自乐”的宗旨，突出大众的参与性，力求为全国各地各行各业的普通劳动者提供一个放声歌唱、展示自我的舞台。在这里，普通百姓是舞台上的主角、大家关注的焦点。来自全国各地各行各业的普通群众登上了央视舞台，各展身手。栏目以歌唱比赛为主，同时吸纳多种表演形式，栏目设周赛、月赛、年赛。周赛分为四关，共五名(组)选手参赛，每关淘汰一名选手，最终由观众和评委决出一名周冠军。周冠军参加月赛，月冠军参加年赛，最终每年决出年度冠军。

《星光大道》首次播出便获得央视三套收视第一的好成绩，2005年年度总决赛及2006年年度总决赛收视率更是跻身综艺频道第一、全台第三之列。栏目同时荣获了“2004中国年度传播榜中榜”年度综艺电视节目奖，“2005年中央电视台优秀栏目”一等奖，“2006年中央电视台优秀栏目”一等奖，“2007年中央电视台优秀栏目”二等奖，“2007年综艺年度节目奖”，“2008中国标杆品牌荣誉称号(《哥伦比亚新闻评论》中文版及其独立的评选委员会测评)”，2009年至2012年“中国最具网络影响力的十大CCTV栏目”等众多荣誉称号。

《星光大道》不仅在收视率上一路领先，而且为社会培养和输送了一大批优秀的百姓歌手。2005年年度总冠军阿宝由一个普通农民成长为一名原生态歌手，推动了原生态音乐的发展。凤凰传奇、阿尔法、三木科、扎约、额尔古纳乐队、茸芭莘那、郝歌、李玉刚、风云组合、王二妮等选手也深受观众喜爱。同时，《星光大道》栏目还举办了一系列爱心活动，其中，2005年"创建爱心小学，情系拉祜山乡"活动，为解决拉祜儿童的教育问题提供了较大的帮助，在社会上引起了巨大反响，得到了社会各界及广大群众的好评。

二、《星光大道》栏目创意分析

1.栏目形式平民化

《星光大道》一直坚持走平民化、大众路线，将"真人秀"晋级为"平民秀"。作为国家级电视台的一档综艺娱乐栏目，能够为普通百姓提供参与的机会，让普通人站在央视的舞台上施展才华，这本身就是创新。镜头不再仅仅对准明星、社会精英或官方角色，更多的是聚焦于普通大众展现自我、成就梦想的过程。

《星光大道》以"百姓舞台"为宗旨，为普通百姓提供参与的机会，是"一个没有门槛，没有距离，没有限制的大众栏目"。《星光大道》的参赛对象没有设限，任何人都可以报名参加，不论是孩子还是老人，不论来自哪个行业、哪个国家，只要你愿意，都可以站在这个舞台上展示自己的才华，而且整个参赛过程都是免费的。

《星光大道》的评审团基本也都由十分贴近百姓的非专业人士担任，即使有专业人士，其点评也是运用大众化的说法。为了更好地体现大众化，现场观众都拥有投票的机会，他们的投票对于选手的最后成绩起着重要的作用。所有这一切，都使得《星光大道》真正成为一个打造平民明星的舞台。

2.主持风格平民化

《星光大道》在主持人的选择上彰显节目平民化的风格，摒弃俊男靓女的传统主持路线，选用朴实亲切的毕福剑作为主持人，让观众感到亲近、自然，拉近了参赛者、观众和主持人三者间的距离。毕福剑长相憨厚，极具亲和力，同时他具有编导经验，能较好地进行现场调控。此外，造型师在其形象设计上也体现出平民化的风格。在《星光大道》中，毕福剑一直是一身休闲打扮，与台下普通观众一样，这种朴实、平民化的包装已经成为《星光大道》的一个符号。在观众眼中，他不是高高在上的主持人，而是亲如朋友的“老毕”、“毕大爷”、“毕姥爷”，真正做到了跟观众的“零距离”接触。

毕福剑与选手同台表演

毕福剑除了具有平民化的主持风格外，也不乏幽默、睿智和风趣，使本应紧张激烈的比赛现场营造出一种轻松惬意的氛围，处处洋溢着快乐、和谐。毕福剑在插科打诨中不失聪慧，貌似嘲笑的言语其实是极大的夸奖与鼓励，一笑而过之后方能体会到其中的深意，这种睿智的幽默无疑增加了主持人的魅力。毕福剑也成了《星光大道》吸引观众注意力的一个重要因素，开创了以主持人魅力保证娱乐节目收视的先河。

3.真人秀竞技规则

《星光大道》秉承真人秀竞技规则，每期节目都是一场比赛，改变了过去综艺娱乐节目以“期”为独立单元的格局，所有比赛都环环相扣，强化了节目之间的黏性。每期节目都由“闪亮登场”、“才艺大比拼”、“家乡美”、“超越梦想”四个环节组成，融入部分“真人秀”中的悬念和冲突元素，每个环节都充满着不同内容的竞争，充分给予表演者艺术展示的空间。节目以擂台赛的形式依次决出周冠军、月冠军和年度总冠军，每期都有竞争和淘汰，都能给观众带来较为强烈的悬念感与惊喜感。随着节目的推进，在月赛及年度决赛中被观众锁定的选手，越来越多地寄托着观众的情感。他们能否继续晋级？他们下一场的表现如何？他们会遇到什么样的点评？这些悬念会贯穿整个年度，让观众在悬念中等待结果，这种模式使得观众对节目的期待值大大提高。这不仅提高了节目的竞技性和娱乐性，还增强了节目的连续性、可看性，能够有效地培养受众对节目的忠诚度，培养约会意识，从而养成收视习惯。

4.栏目中多种艺术形式呈现

《星光大道》的各个环节容纳了多种艺术表现形式，以唱歌为主，广泛吸纳舞蹈、器乐、曲艺、杂技、魔术、表演、民间绝活等。除了大众化的内容之外，节目里也有美声歌曲、歌剧片段，以及拉丁舞、芭蕾舞等较为高雅的艺术形式。这些丰富的、雅俗共赏的节目内容满足了广大受众不同层次的欣赏口味和鉴赏水平，集娱乐性与艺术性为一体。

《星光大道》录制现场

在“家乡美”环节中，说家乡、唱家乡、演家乡，处处彰显原汁原味、原生态的生活本质，使《星光大道》成为一个展现民族文化与地方风俗的舞台。这一环节中，来自各个地域、各个民族的参赛选手都要展示自己家乡的本土文化和地方民俗。在这里，观众不仅能够欣赏到有地方特色的演出，感受到祖国大江南北的文化、各个民族的独特民族风情，还能充分领略到中华民族传统文化的博大精深。不仅如此，这一环节还创造性地允许选手与亲友团成员进行合作演绎，将各种具有地方特色的文艺样式淳朴地展现在观众面前，很能引起观众的共鸣。

节目中南腔北调，中西交汇，向观众呈现了多姿多彩的艺术表现形式。这种多样化的表现不仅满足了观众的好奇心和越来越高的审美需求，减少了大众的审美疲劳，也很好地传播了优秀的中华文化。

5.与观众的互动

《星光大道》非常尊重观众的主体意识，不是把观众看作“过客”，而是栏目的主人。在栏目中，互动处处可见，有时候毕福剑还会把话筒交给观众，让他们对参赛选手进行点评。参赛选手、观众、主持人、嘉宾评委、亲友团以及现场所有的工作人员编织成了一张巨大的互动关系网，这种互动并非节目环节生硬的程式，而是即兴式、自然化的随机互动，有时主持人一时兴起与参赛选手或嘉宾评委互动，有时观众、亲友团与主持人、参赛选手互动，他们相互合作、相互感染，享受着参与的乐趣，共同营造出节目现场全民娱乐的氛围。

同时，《星光大道》还非常注重与观众进行思想上的互动，其中主要是情感上的互动交流。在节目过程中受到情感冲击时，观众会情不自禁地流下眼泪，产生情感的共鸣。《星光大道》栏目的这种情感上的互动还来源于节目的人文关怀。《星光大道》栏目在娱乐与竞技的同时，还注重弘扬“真、善、美”，体现出了丰富的人文内涵。观众在观看比赛、欣赏节目时不仅收获了喜悦与欢笑，更多的是一份感动与思考。在这个以平民为主的舞台上，实现了一个个文艺爱好者的梦想。无数选手光彩靓丽的形象背后都会有许多艰苦与辛酸，他们成功的背后故事引起了观众的强烈共鸣，带给了观众无数次感动。盲人歌手杨光，用自己温暖的歌声为人们带来阳光与希望；农民歌手马广福、刘仁喜，身体力行地告诉大家艺术就在你我身边。每一个选手身上都有一个动人的故事，都有一种蓬勃的艺术感染力，都在不知不觉中提升了广大受众的人文素养和审美情趣。在舞台下，《星光大道》同样弘扬人文精神，关爱民生、乐行善事，利用节目自身强大的影响力，举办了多次公益活动，以实际行动体现出为百姓做实事的社会责任心。

《星光大道》的成功离不开平民化的创新理念、充满创意的比赛环节和规则、亲切的主持风格、丰富的艺术样式以及人文内涵。《星光大道》在注重平民娱乐的同时，还应注重其理性的传播方式以及传媒潜移默化的引导作用。将中国的一些民俗、传统文化等更好地与平民娱乐结合起来，在形成自身特色的同时，适度提高节目的文化品位。在娱乐选秀节目逐渐低迷的年代，《星光大道》如何保持自身的优势，延伸节目生命周期的成熟期，是一个非常大的挑战。这就需要再次明确栏目定位，充分了解受众的需求，与时俱进，不断创新，制作更多更好的节目内容。

山东齐鲁频道《拉呱》

一、《拉呱》栏目简介

《拉呱》是山东齐鲁频道(原齐鲁电视台)于 2005 年 10 月 31 日开播的一档民生新闻节目,以山东方言为主要语言,播出时间是 17:30,时长 30 分钟。《拉呱》集新闻、文艺为一体,由小么哥(张勇)作为主持人,还有一个搭词的助理主持人。其定位为日播新闻类节目,凭借内容上的本土化和曲艺化的播报方式,自开播以来受到了山东观众的喜爱,并一举成为齐鲁台的品牌。

相较于新闻节目,《拉呱》更像是生活艺术片、小说、纪实文学、电影、电视剧、故事会、小品、相声等等。它不是空乏的新闻,也不是枯燥的报道,而是通过一个个具体的人、一个个有血有肉的故事,反映生活,表达百姓的喜怒哀乐、愿望与要求。

《拉呱》宣传图片

在表现形态上,《拉呱》开创了全国第一个曲艺式电视新闻形态;在节目内容上,《拉呱》形成了独特的家庭式新闻风格。由于其形式新颖、内容贴近,在推出之后迅速得到了观众的认可和好评。栏目开播仅一个月的时间,在山东地区的收视率便由最初的2%提升到12%,三个月后最高收视率达到了惊人的33.9%,市场份额更是高达80%。央视—索福瑞市场总监安平信曾这样评价《拉呱》栏目:“就像《东方时空》改变了中国人早晨不看电视的习惯一样,《拉呱》也改变了山东观众下午五点半不开机的收视习惯。”该栏目曾被评为2005年中国电视榜样,2006年最具投资价值媒体,2007年年度民生新闻栏目。

二、《拉呱》栏目创意分析

作为一档方言播报的民生新闻,《拉呱》在推出后很短的时间内就受到了山东观众的关注,甚至可以说创造了山东地区新闻类节目的收视神话,这在很大程度上应当归功于在运作过程中处处渗透着的人本理念和人文关怀,具体到栏目定位、理念、内容、选材,包括主持、功能等都有明确的体现。

1.“大众化”的受众定位

《拉呱》定位为民生新闻,将报道的重点放在普通群众的日常生活中,以“民生、民情、民意”为主要关注点,以城镇百姓“身边事、麻烦事、稀奇事、关心事”为主要报道题材。《拉呱》本身的名称其实就是对于节目定位的最好诠释,“拉呱”是山东方言,即唠嗑、聊天之意,即无论男女老少、无论何种职业都会在工作之余拉个家常聊个天,而所“拉”之事可以是家长里短、天文地理、稀奇怪事。根据丹·拉瑟的“后篱笆院”原则,《拉呱》关注的内容主要围绕百姓身边的人和事,很少有国际大事和国内热点,因此,《拉呱》将目标受众锁定在30岁以上、文化程度在初中及以下的城镇居民,这部分观众文化程度不高,生活节奏相对较慢,视野并不开阔,他们对自己身边的新鲜事、稀罕事有着浓厚的兴趣。

《拉呱》之所以如此定位源于栏目开播之前对受众收视偏好的调研。山东齐鲁频道作为山东省覆盖的省级地面频道,《拉呱》的受众就集中在山东省内,他们更关心本省的和身边的事情。据统计表明,山东省人口有9400多万,其中有大专以上学历者只占3.86%,其余的都是中学及以下学历。受众的构成和兴趣所向是《拉呱》栏目重点关注的问题,而用方言说新闻的模式让本地观众很容易接受,自然也就产生一种亲近感和认同感,同时平等的视角也让观众感到了尊重。

方言里有比普通话丰富得多的生活、情感用语,致力于本地居民,用乡音进行交流,语气亲切,富于生活气息,使当地居民成为忠实的观众。这也是地方电视台对抗中央电视台和省级卫视的强势话语权和资源优势,是其谋求自我生存、发展之路的有效探索。

2.内容真实亲切

方言类民生新闻的本质内容依旧是“民生”,在新闻的范畴里必须含有平民的精神品质,因此平民视角、民生内容、平民取向是必不可少的。新闻报道的内容也多聚焦于普通民众的生计和生存,以人为本,尤其注重关爱弱势群体。这种深入市井民间和草根阶层打成一片的做法除了表现出媒体的人文关怀外,无形之中也树立了媒体自身的良好形象,提高了媒体的影响力。《拉呱》栏目的内容真实而亲切,所有的都是与人们生活息息相关的百姓事、身边事。这样才能做到既质朴又可信,只有可信才会觉得亲切,只有亲切才能打动人心,这就为培养当地观众的收看忠诚度打下了良好的基础。这种亲切真实从一些新闻题目中就能看出:《妙不可“言”:青岛方言 别叨叨》、《小区惊现一疯狗 “打狗专家”来帮忙》、《喉咙割开 大姨从伤口喘出粗气》、《小伙楼沿晃荡 坠楼落到气垫上》等。

3.曲艺形式的加入

《拉呱》在全国首创了“曲艺式新闻”的全新栏目形式。曲艺式新闻,实际上就是借用曲艺的一些表现形式把新闻用更加个性化、娱乐化的方式呈现出来。新闻和曲艺的嫁接,给观众带来一种全新的视听享受。节目主持人用济南话主持节目,同时还设置了“搭词”的,类似于相声中的“捧哏”角色,与主持人插科打诨。节目中不同新闻之间的衔接,通过一些笑话、悬念、包袱等方式把下一条新闻连带出来。这些都是把曲艺的艺术形式和传统的新闻播报进行了巧妙的结合。“搭词”的与小么哥互相“讽刺”,把表演因素引入新闻节目,使得节目妙趣横生。

《拉呱》直播画面

《拉呱》把新闻的真实性与曲艺的娱乐性结合起来，同时满足了观众求真、找乐的双重需求，实现了快乐收视，符合受众本位、快乐至上的原则。这种曲艺形式并不是无中生有的，它有着深厚的地域特色。山东曲艺历史悠久，济南素来就有“曲山艺海”之称，山东快书就诞生在这里。《拉呱》的曲艺风格主要表现在三个方面：

一是演播室的设置。演播室借鉴了说书场所的设置：一架屏风、一堵隔墙、一把折扇、一张书桌、一只古瓶。主持人小么哥穿着寻常T恤笑眯眯地站在桌后侃侃而谈，俨然一副说书人的样子。说到尽兴时，小么哥笑眯眯的样子惹煞中老年观众的喜爱；而说到愤怒时，他的两道立眉又充满怒气。

二是独特的新闻语言。在播报语言上，《拉呱》充分利用相声语言中的说、学、逗、唱来播报新闻。如在描述一桩家庭纠纷时小么哥式的评论“看看那吹胡子、瞪眼睛、抡袖子、跺脚的架势”，“张口就骂，不分青红皂白，不问子丑寅卯”，“哎呀，那德行一个比一个嗓门大，一个比一个跳得高”让观众忍俊不禁；还有在评论中常常利用山东方言来表达，“看那个熊样子”、“你胡咧咧个啥来”等等。这种幽默诙谐的语言增加了节目的娱乐性，将新闻的真实性与曲艺的娱乐性完美地结合在一起，也让观众倍感亲切。

三是捧逗角色的配合。《拉呱》栏目借鉴了相声中的捧哏与逗哏，在主持人“小么哥”之外还有一个类似于副主播性质的配角，即“助理主持”。助理主持由鄢磊和张帆担任。看上去他总在小么哥主持节目的时候捣乱打岔，实际上是活跃了气氛，为下一段节目的引出做铺垫。两人一唱一和的对话往往起到新闻导语的作用，为新闻故事的开始和结束牵线搭桥，确保节目的流畅性。同时主持中的表演因素，使节目陡生悬念，高潮迭起，妙趣横生。如在《装盲人专摸美女大腿“探路”为掩护》节目前，鄢磊就装起了盲人和小么哥插科打诨，引出了新闻事件内容。

4.幽默诙谐的主持人

《拉呱》节目主持人“小么哥”张勇是相声演员出身，是著名相声演员唐爱国的徒弟。“小么哥”是张勇为《拉呱》栏目专门起的艺名，“小么子”在济南话中的意思就是“邻家小男孩”。从名字来看就拉近了与观众的距离，主持人更像是一位邻家大哥、知心朋友。张勇笑眯眯的样子、两道立眉、方方的脸庞，正是这一极具亲和力的形象赢得了众多观众的喜爱，他的亲和力为他营造一个“场”，使之能够在传播中有更强的凝聚力和影响力，《拉呱》让他在山东省内成了家喻户晓的名人。

《拉呱》主持人小么哥张勇

小么哥用济南话晓之以理、动之以情地讲述观众身边事，体现出服务百姓的意识，为节目本身增添了亮色。他对新闻的串联、点评更是信手拈来，把曲艺的娱乐性和新闻点评的道德教化结合得非常完美。《拉呱》经常以家庭为中心向外扩散，在新闻事实说完了之后主持人都会发表自己的立场，甚至是一些劝诫和道德看法。小么哥幽默中带犀利、轻松中带深刻的点评做到了通俗而不庸俗。他用独特的语言形式，教给老百姓如何尊老爱幼，如何与朋友相处，如何在社会上处事等，把枯燥的道德教化用娱乐化的方式表现出来，亦庄亦谐，寓教于乐。他在评论的时候利用简洁精辟的文字，或议论或褒贬，总是把人们往善良的方向引导。这也是很多观众喜欢收看《拉呱》的原因之一。如《帮忙抚养 超生孩子到俺家》节目结束，小么哥这么点评：“事实是大娘年纪越来越大了，有些力不从心，找他的亲妈也是人之常情。但让我不能理解的是，这毕竟是十月怀胎，身上掉下来的肉，你就真能狠下心来死不相认，非要做亲子鉴定？这真是让人想不通，唉……”

5.观众互动平台的建立

随着通讯技术的发展，观众可以与节目形成一个良性的互动与沟通。很多新闻节目都设有热线电话、电子邮件和手机短信等互动环节，观众通过这些途径，除了可以向节目提供新闻线索以外，还可以就当前播出的话题发表个人意见，打破了传统新闻传播单一的传受途径，形成多维的互动方式。这种大众传播由此有了些人际传播的交互性，同时能够让观众找到自己的“收视位置”，从而提高收视兴趣和积极性。

《拉呱》栏目送大奖到社区

《拉呱》栏目专门设置了“拉咱家常话”、“短信乐翻天”、“雷翻天”等环节。在“拉咱家常话”环节中，主持人与观众之间的交流内容明显趋于平民化，不探讨问题，不讲大道理，而是像朋友见了面聊聊天、问候问候，这个环节的语言和内容都很生活化，贴近草根，贴近平民，给观众一种归属感、满足感。“短信乐翻天”、“雷翻天”则是将观众发来的有趣短信制作成动画视频，让观众乐在其中。在这里，百姓的声音得到了倾听，权利有了保障，观看节目的时候就会充分感受到自己作为社会一员的权利和尊严，这种心理和精神的满足自然也会培养观众的忠诚度。

《拉呱》栏目设置了观众热线，在节目结尾的唱词中也不停地提示观众“您要有什么新鲜事、稀罕事给咱《拉呱》来个信，记者马上到家门”，从这里我们也能看出《拉呱》栏目对于发生在普通老百姓身上的新闻的重视，也让观众和栏目有了更多的交流渠道。

《拉呱》栏目在现今的社会中，顺应了小众化传播的潮流，展现了在激烈的媒体竞争环境下差异化竞争的实力，丰富了荧屏内容。当然，个性化并不意味着节目可以忽略大众普遍遵循的秩序和规范，忽视节目的品位和社会价值。无论是“大众化”还是“小众化”，都需要强调节目的内容和质量，强调精品意识。拿方言类节目来说，最重要的不是“方言”这种形式，而是“方言”所体现的内容。因此，《拉呱》栏目要更注重主持人素质的培养和节目内容的充实，注重节目内涵的挖掘和整体风格的打造，真正做到“内容为王，以质取胜”，这也是此类节目获得持久发展的唯一出路。

《拉呱》作为一档地方知名新闻栏目，要想影响力更大、质量更高，还需要借助网络的力量，积极拓展互联网宣传和节目展示渠道，让更多的观众了解并收看。同时，民生新闻节目也要尽量摆脱仅停留在曝丑闻、看热闹的浅表化和庸俗化层面，才能在追求收视率和知名度的同时彰显民生新闻独立的价值和品牌影响力。

凤凰卫视《一虎一席谈》

一、《一虎一席谈》栏目简介

《一虎一席谈》是凤凰卫视于2006年初开播的一档谈话类栏目，以主持人胡一虎的名字命名，在凤凰卫视中文台播出。栏目定位为“话题争论性栏目”，选取每周发生的重大事件、焦点事件或热门话题，请来当事人或各界学者、专家、名人担任嘉宾发表意见、见解，以辩论为谈话叙述重点，对事件做出深度、全面的解析。选题的话语价值、内容的丰富激烈、形式的多元化让节目在华人世界大受欢迎。

“这里不是一言堂，所有的意见都备受尊重”是《一虎一席谈》栏目的宣传语。正是因为坚持了这样的理念，使其在中国新闻话语节目经历了当事人接受采访的单口时代，主持人参与话题的对口时代后，成为新闻谈话节目群口时代的开山之作。它颠覆了以往电视节目“传—受”的传播模式，拒绝了规定的宣讲内容，不仅让当事人有话说，让多元思想代表现场针锋相对，更赋予现场观众随时插话、发表个人意见的权利，真正构建了媒体创造的公共话语空间。而作为中国唯一一档大型抗辩式思想性谈话栏目，《一虎一席谈》始终秉承凤凰卫视的理念，用海外的目光看中国，用中国的目光看海外；以关系国计民生的大话题开启广阔的言论空间。此外，还将搭建的群口时代话语平台延伸到节目之外，在凤凰网和天涯社区开辟《一虎一席谈》节目论坛，给节目话题讨论以更广阔的空间。[①]

① 《一虎一席谈 这里不是一言堂》，http://phtv.ifeng.com/program/yhxt/200712/1218_1863_335778.shtml

节目播出一年后，在社会上引起了强烈反响，亦赢得了业内专家的肯定。2006年荣获凤凰卫视最佳创意大奖、最大影响力大奖；2007年又摘得《新周刊》评选的2006年中国电视榜“最佳谈话节目”桂冠。凤凰卫视董事局主席兼行政总裁刘长乐曾说：“《一虎一席谈》所提供的话语空间是我们现代社会的普罗大众和媒体话语空间的高度拓宽，这种形式的突破是一个时代开放开明的重要标志。”

二、《一虎一席谈》栏目创意分析

1.开创中国新闻谈话节目群口时代

《一虎一席谈》开创了中国群口谈话节目的先河，改变了以往谈话节目的“宣讲”式传播，聚焦社会热点话题，反映了中国现实社会多元文化价值观，同时以一种真正的辩论形式，让所有人能够自由地表达思想，达到一种高度的和谐。在这里，每个人都有独立的话语权。《一虎一席谈》通过对最具有公共性、最为民生的问题的关注，让相关的专家进行讨论，让不同的利益当事人来表达意见，让整个社会大众参与互动与讨论，并在这种讨论中寻求问题及政策的利益平衡点。在这个节目中，通过公平、公正、公开地对一些公共性话题的讨论，让每个人都有表达意见的机会，实现了“主持人＋专家＋当事人＋观众”的群口谈话模式。

《一虎一席谈》借助其公共传媒的地位优势为中国民众创造了一个各抒己见的公共话语空间，这为群口谈话提供了一个理想的舞台。公共话语空间的创建主要得益于人民对公共治理的广泛关注和各方利益的博弈。公共治理包括两个方面的内容：一方面是公共性的内容，它是指人民或公民关心与共享的事物，强调的是对公共利益的关注；另一方面是治理的内容，它强调的是调解冲突及融合不同利益的过程。公共治理所关心的是政策议题的确立、制定、执行及监督，以及各种利害相关者的参与模式等内容。

《一虎一席谈》激辩现场

《一虎一席谈》这种群口谈话模式的

创建，是现代社会普通大众争取话语权、参与公共事务管理的一个体现，也是这个时代媒体开放的一个重要标志。栏目在嘉宾设置时的惯例是邀请正反两方嘉宾或学者、一些事件当事人、关心事件发展的民众，对事件展开辩论；事件当事人对事件进行陈述或者评论；现场观众通过举牌赞成或反对嘉宾观点，有时也会发表自己的看法。如在《京城暴雨 悲剧能否避免》节目中，正面嘉宾邀请的是北京防汛指挥部总工程师刘洪伟，中央气象台退休专家晁淑仪，中国水利水电科学研究院副总工程师程晓陶，反面嘉宾是《新京报》摄影记者、"7·21"广渠门途胜车主溺亡事件图片拍摄者陈杰，独立时事评论员童大焕，媒体人王志安。然而这期的正面嘉宾却没有过多地反驳，因为当他稍微有为政府辩论的意思时，现场立马会有一大堆反对牌举起来，现场听众甚至直接开口反驳。在这个栏目中，民众和媒体的话语权都被拉伸到最大尺度，让受众感觉到就是自己人在替自己说话，同时也为政府解决民生问题提供了决策建议。

2.具有冲突性的话题选择

《一虎一席谈》在话题形态上选择具有冲突性的公共热点话题，这一类话题具有如下特征：及时性，即话题具有新闻时效性；公共性，即新闻事件不论大小都对社会发展和个人生活具有较强的干预性；冲突性，即每个话题背后都具有多元的价值判断标准。《一虎一席谈》所选择的话题，一般都是重大事件、焦点事件或热门话题，涉及人们公共生活的安全或生活的便利性，而且这些问题都具有不同的解决方案。从具体内容上看，《一虎一席谈》节目主题重点集中在民生、国际关系和国际问题热点上，例如《毒胶囊如何解毒》、《中国不打黄岩岛是不是示弱》、《朝鲜核试验会不会引火烧身》、《"任督二脉"是否只是个传说》、《院士该不该去官化》等等。

一档电视辩论节目质量的好坏与收视率的高低很大程度上取决于冲突程度的强弱。《一虎一席谈》中现场观众的深度参与对冲突的性质和冲突的环境都产生了非同一般的影响。而在现场嘉宾和电视观众这两方面，现场观众的深度参与也对他们产生了十分微妙的影响。当然，这一切都对辩论节目中的主持人提出了更高的要求。主持人必须足够冷静，不至于被群体和后台化的气氛感染，同时要具有足够的魄力和智慧来调解纠纷，使辩论不致脱离正轨，或者使秩序迅速恢复正常。

节目不是单纯的争吵和激辩，而是要通过辩论拓展人们的思维空间，引发更多的思考，这也正是节目的价值所在。《一虎一席谈》作为辩论型的谈话节目重在对事件的分析评论，就事论理，所以主持人要在规定话题的范畴内，引导嘉宾展开对话题的探讨与辩论，使不同观点形成交锋。在这个过程中，言语冲突是讨论时激辩的正常形态。胡一虎曾对自己的角色定位做过这样精辟的解释：要成为一个“最会挑拨离间的主持人”，“挑”是挑起每一个人说心里话的欲望；“拨”是撒播一个种子，去倾听别人的声音；“离”是离弃，要使嘉宾离弃中国人过去人前不说话的怯懦性格；“间”出同中有异、异中求同的空间。

《一虎一席谈》在具体选题上常会借用一些新兴词汇和吸引眼球的字句以获得充分的关注。因为热点话题在社会人群中有很大的影响力和关注度，加之是热点问题，所以人们不仅对其关注而且会有很大的思考空间，这样更容易引起共鸣。

3. 多元话语空间的营造

在节目流程上，《一虎一席谈》先让主持人通过影像资料引入话题，再分别引入嘉宾，引起话题讨论；期间穿插观众意见；嘉宾与嘉宾之间、观众与观众之间、嘉宾与观众之间进行讨论、思想交锋，由局部到全面，由表及里；最后由主持人加以总结，引发受众思考。

栏目对嘉宾的选择非常用心，因为嘉宾是节目中的主要辩手。栏目组会根据每期节目的话题，精心选择正反双方的嘉宾。这些嘉宾既有与当期话题持不同意见的学者专家，也有在社会上具备一定影响力的网络红人、当红明星，抑或是话题的当事人，总之，嘉宾选择时会尽量平衡正反两方的数量。相比起“草根阶层”的观众来说，这些带着精英身份的嘉宾具有更大的意见冲击力，在辩论中更能碰撞出火花。

《一虎一席谈》现场观众表达意见

对于《一虎一席谈》栏目来说，话题所具有的及时性、公共性和冲突性，决定了各方立场的必然差异。在这个过程中，嘉宾被激发出关于话题更深入的观点看法，也激发了每一个现场观众积极参与的热情，从而呈现出热烈的谈话氛围。《一虎一席谈》最大的成功之处就是巧妙地把谈话和辩论结合起来，把事件的冲突用辩论的形式彰显出来，把这种冲突化为连绵不断的谈话，其具有的刺激性很容易吸引观众的注意力。

4.栏目中娱乐元素的运用

虽然《一虎一席谈》选择的话题大多比较严肃，有的还涉及学术、商业、政治等领域里专业性极强的问题，但是栏目却依然能在认真、严谨、科学地对待这些问题的前提下，从栏目包装、语言设计、主持人的应变等多方面赋予节目娱乐的性质，不至于因为话题深刻而显得像是在啃专业书籍，现场气氛也不会因为太过专业而显得死气沉沉。[①] 例如节目的片头设计，就体现出了很明显的娱乐元素。节目一开场，幕后解说员以煽情的语调演绎出当期话题，那种气氛给人营造出一种各方辩手在辩论场上激烈思想碰撞的精彩场面，让观众对节目充满期待。

凤凰卫视把自己的目标受众定位为全球华人，而凤凰卫视中文台的主要受众则在亚洲片区，特别是以内地为主，以国内民众为主要受众群体。《一虎一席谈》的关注热点也多以内地的新近热点新闻事件为主，邀请的嘉宾、专家、学者多来自香港和内地，主持人胡一虎来自台湾，整个节目具有国际化的视野和观点。

《一虎一席谈》致力于对民生问题的深入探讨、理性思辨。具有批判精神的《一虎一席谈》敢于为了公众的利益对公共权威进行批判。在《一虎一席谈》中没有绝对的真理和权威，只有对事件本身的探究和向真相的无限靠近。作为凤凰卫视颇具影响力的栏目，我们发现它体现了凤凰的很多精神内涵——媒体的人文精神、媒体的影响力与媒体的核心竞争力。面对未来的发展，胡一虎说："《一虎一席谈》会秉承节目一贯的抗辩风格，赋予当事人公平的话语权，在态度上不偏不倚，坚守公理，真正构建起媒体创造的公共话语空间。"

① 王宇飞、曹正文：《〈一虎一席谈〉的内在要素及发展方向》，《声屏世界》2011年第5期。

浙江卫视《我爱记歌词》

一、《我爱记歌词》栏目简介

《我爱记歌词》是浙江卫视于2007年9月30日推出的全国首档卡拉OK互动音乐节目，兼具娱乐性和公益性，秉承“全国门槛最低”的主旨，结合了中国老百姓最喜爱的娱乐方式——卡拉OK和风靡欧美的歌词记忆游戏，通过选取中国各个年代脍炙人口的流行经典歌曲设计唱歌游戏，从而达到公益的目的。参赛者现场回忆歌词，并大声唱出，唱对歌词最多的参赛者就是当场比赛的冠军。《我爱记歌词》并非以考验参与者演唱水准为终极目的，而是借助唱歌这个低门槛、易传播、有群众基础的娱乐方式，来吸引大众的关注度与参与性，从而达到实现公益慈善的目的。在节目中只要唱对歌词，就有机会成为爱心大使，所得到的奖金将以善款的形式全部捐赠给慈善机构。

《我爱记歌词》一经推出就受到观众和业界的认可，平均收视率排名位列全国三甲，成为除湖南卫视外唯一一个收视率超过1.0%的省级卫视周播娱乐节目。2008年，国家广电总局向全国推介20个创新创优的典型节目时，《我爱记歌词》作为唯一的综艺节目名列其中，评价其“定位准确、视角独特、内涵丰富、形式新颖、格调健康，贴近实际、贴近生活、贴近群众，满足了人民群众精神文化多层次、多方面、多

《我爱记歌词》栏目冠名及logo

样化的需求，深受广大群众的喜爱和好评”，并称其为“把百姓乐见的文艺形式还给百姓”。之后，国内各家卫视及地面频道相继推出形式类似的K歌类节目，在众多同类节目的竞争以及选秀热潮中，《我爱记歌词》不断创新创优，不断推出新的节目形式和大型活动，成为国内观众最喜爱的娱乐节目之一，一直保持着领跑地位。

《我爱记歌词》推出五年来，赞美和褒奖不断。曾荣获浙江省广播电视节目政府奖一等奖、《综艺》年度节目大奖、《新周刊》电视节目年度综艺秀提名栏目、中国最具网络影响力的十大省级卫视栏目等等。

二、《我爱记歌词》栏目创意分析

1.主持人和领唱混搭的主持模式

主持人对一档节目的成功与否起着至关重要的作用，是节目的形象代言人，他们能以自己的个人影响力与专业知识为节目增添魅力。《我爱记歌词》的主持人由浙江卫视著名娱乐主持人华少联袂浙江卫视当家花旦朱丹组成，他们各有特色，形成互补，演绎了精彩的脱口秀主持风格。华少以“搞怪”和“整蛊”作为他的当家招牌，严谨又不失幽默、聪明又擅长恶搞；朱丹则以温柔知性、率真可爱、阳光动感来和华少呼应。朱丹离开后，由新生代主持人伊一接替她的位置。伊一活泼美丽，温柔大方，言辞机灵，并且秉承了朱丹的主持风格，因此主持人的更换并没有对节目产生太大影响。主持人鲜明的个性、独特的风格成就了《我爱记歌词》的持续走红，栏目收视率也居高不下。

除了对主要主持人的全面包装，《我爱记歌词》栏目还精心打造了主持人和领唱混搭的主持群。浙江卫视“蓝星制造”工作室通过其首创的“主持人经纪制”平台，在频道内部整合资源，集结频道内部的优秀主持、领唱、麦霸等有利资源，为《我爱记歌词》栏目打造了一个“主持人和超级领唱”组合团队。“蓝星制造”工作室全力将组合团队培养成为新的明星，将他们与浙江卫视各大栏目、大型活动进行充分融合、捆绑，相互促进、相互提升知名度。目前，除了主持人华少、伊一外，超级领唱王滔、刘海峰、程程等也都具有较高的人气和知名度。在节目进行的过程中，超级领唱还会根据现场情况进行表演或者做游戏，这种方式既增强了节目的娱乐性，也便于他们机动、灵活地和现场主持人、参赛者进行互动。

此外，节目现场的乐队表演也是《我爱记歌词》的一道靓丽风景线。酷劲十足的乐队，或幽婉或劲爆的音乐，都增强了舞台的感染力，再配以超级领唱的优美歌声，让整个舞台变成了“音乐大厅”。《我爱记歌词》不遗余力地打造特色明星的方式，为观众提供了美轮美奂的视觉盛宴和听觉享受，也成为栏目制胜的一大法宝。

2. 受众参与门槛较低，实现全民娱乐

自2005年湖南卫视《超级女声》将中国电视娱乐带入“选秀”时代后，随后几年电视选秀节目开始风靡全国，同质化的竞争让全国观众集体审美疲劳。浙江卫视突破瓶颈，另辟蹊径，创造性地引入美国NBC（美国全国广播电视台）热播节目《合唱小蜜蜂》的节目形态，制作了全民卡拉OK互动音乐节目《我爱记歌词》。该节目将时下流行的选秀节目中的“比唱功”变为“比记功”，将“比表现”变为“记歌词”，把节目参与门槛降到最低——没有职业、性别、年龄等任何方面的限制，甚至没有唱功的限制，不论男女老少，只要喜欢唱歌、会唱歌的人都可以前来参加挑战。与专业的唱歌比赛相比，《我爱记歌词》不以考验参与者演唱水准为终极目的，而更偏重于记忆力挑战。虽然参与者有时跑调甚至找不到调，但只要能记住歌词，能将歌词准确无误地“唱”下来就能获胜。节目在宣传语中这样写道：当熟悉的旋律响起，你是否会应声歌唱？而这种“唱”，并没有对其乐感、音律、音调等有要求，只需根据自己的声音条件唱出歌词即可。这种国内全新的节目形态调动起了全民的娱乐积极性，真正做到了“将属于观众的娱乐还给观众”。

此外，观众参与比赛的规则也很简单，没有复杂的晋级、淘汰抑或是复活，参与者只要根据给出的题目唱歌就可以。没有其他的规则设置，很容易被广大观众接受。

3. 互动性强，调动了观众参与的积极性

《我爱记歌词》的选手征集方式有很多，渠道也很广，包括电话、手机短信、信件、网络等。观众也可以通过这些渠道给节目组提建议，进行问题沟通。

在节目前期，在各大城市街头、KTV包房搜罗选手进行“城市对决”，继而通过现场“歌词大接龙”游戏，挑选出观众上台参加比赛，这样选手与台下观众形成了很强的互动；同时，两位主持人上演无评委条件下的精彩脱口秀，持续营造现场热烈、欢快的氛围，引导现场观众随声唱和、互动，给予平民参赛选手明星般的拥戴，激发选手的表现欲，使其在没有压力的情况下展示自己的最佳水平。

进入最后环节时，大屏幕上会出现几个歌手的名字让选手随机进行挑选，接着根据自己的喜好和熟悉程度选择歌曲进行比赛，这样节目在体现人文性的基础上，还有效地强调了主动性、互动性与现场刺激性。在新年等特别的日子，临时增加“接唱送红包”等板块，全场接唱、热烈参与，观众和演职人员争相竞秀，这种气氛也很容易调动电视机前观众的收看热情以及参赛者和观众的表现欲、参与欲，心理期待得到了极大的满足。

为了观众能广泛参与，栏目组还组织了“城市麦霸对决”、“麦霸英雄汇”、“超级领唱全国争霸”等活动。在这些活动中，栏目组以平民 K 歌为出发点，特意选取老百姓耳熟能详的经典歌曲、红歌和流行歌曲，避免一些小众、冷门的歌曲。在选手比赛的时候台下观众可以一起唱，有时俨然成了一台大型合唱会。这种形式让“平民娱乐”变得更纯粹，也让台上台下的互动变得更彻底。这种区别于传统的“单向传播”的“互动娱乐”模式，让观众更加喜欢、更加容易接受，同时也让观众真切地体会到做“主人”的感觉，而不再是被动地接受。

为了更好地达到互动效果，《我爱记歌词》的舞台与传统的封闭式比赛场地不同，它借鉴了卡拉 OK 的场地模式，设置为开放的舞台形式。舞台上除了两位出色的主持人，还有多位广受支持的领唱，一个总是传递快乐的乐队和一大批欢乐的挑战者。整个舞台上，主持人、领唱和选手没有明显的界限，自然地融为一体，就像朋友在一起 K 歌一样，萌发出一种特别的亲和力和凝聚力。这样的聚合不仅让人感觉这是一个大家族，更给人以亲和力，让参与者一颗开放的心灵接受挑战。

4.娱乐、益智、公益元素相结合

《我爱记歌词》作为浙江卫视的主打栏目，肩负着浙江卫视经济效益和社会效益的双重任务，在给人们带去信息、带去欢乐的同时，也要传播社会主义核心价值观，传递爱与责任。《我爱记歌词》把“中国蓝爱心公益金”的概念融会贯通到节目中，让不同身份的参与者都以娱乐的方式筹集“公益金”，观众、音乐人、歌迷和明星等都以不同的形式来参与公益。《我爱记歌词》以慈善的形式作为选手参加节目的奖励机制，让他们在获得快乐和奖励的同时也帮助有困难的人筹得公益金，这无形中也体现了节目的人文关怀。

另外，慈善元素的引入使《我爱记歌词》栏目从当年的“选秀”浪潮中脱颖而出，获得了受众的好评。选秀节目曾在中国娱乐界掀起一个巨大的浪潮，促使众多草根一夜爆红，也使一些评委迅速出名。很多选手为了成名、成星，采取各种方法和手段，有些行为甚至对社会产生了不良影响。有些节目为了提高收视率，故意制造极端话题，更是助长了不良之风，着实让观众反感。浙江卫视立足公益，营造和谐氛围，将《我爱记歌词》定位于非选秀类音乐竞赛，不再靠毒舌评委、煽情眼泪、修改规则甚至晋级淘汰的黑幕来吸引观众，引领中国娱乐节目进入了一个和谐、清新的崭新世界，制造了真正属于大众平民娱乐的舞台。

5.全方位、立体化的品牌传播方式

《我爱记歌词》参赛选手表演

《我爱记歌词》栏目火爆热播的同时，也打响了属于自己的品牌战役，提升了品牌价值。“全互动”的栏目定位、“明星化”的主持人形象、“零门槛”的全民参与等一系列品牌推广活动使节目逐渐树立起自身品牌，在品牌宣传中融入了栏目的品牌价值。《我爱记歌词》栏目不仅持续地在浙江卫视播放宣传片，而且每期节目前还制作精致的、有悬念的预告片。每期节目预告都是经过精心剪裁、制作，挑选下一期节目中最吸引人的部分，在节目内容、主持群、嘉宾等元素之间制造看点，通过悬念、PK或者幕后花絮来“抢鲜”。同时，栏目还在许多全国性的报纸、杂志以及杭州市的路牌、公交车等媒介上投放《我爱记歌词》栏目的宣传片。栏目还利用互联网提升品牌价值，进行全方位、立体化的品牌塑造和推广，通过最具人气的网络社区、百度贴吧等来制造话题，引起广大观众的注意。为提高关注度，栏目还开通了新浪和腾讯官方微博，及时更新每期节目内容，最大化地满足了广大网络受众的需求。

为了更好地将节目资源最大化以及拓展受众群，《我爱记歌词》栏目已经进入电视节目流通市场。栏目除了销售给国内地面频道外，还远销到东南亚地区。同时，栏目通过浙江广电集团国际频道在北美落地，并获得了较好的收视率和较高的知名度。这不仅传递了快乐，也将中国文化传出国门，让更多的海外人士了解中国。

在《我爱记歌词》形成具有一定忠实度的收视群体后，栏目继续以“全民 K 歌热”为主题推出同类型的《爱唱才会赢》和《我是大评委》，以期笼络周末晚间由《我爱记歌词》带来的“K 歌收视群”，从而巩固观众的“约会意识”。

除了全方位的品牌宣传外，《我爱记歌词》还善于将节目营销与品牌推广到各种线下活动和实地的巡演活动中。大型活动的举办在短时间内给节目做了集中性宣传，提升了人气与知名度，激发了观众的参与热情，也扩大了节目的影响力。如栏目策划推出的季播活动“城市麦霸对决”，通过集中优势力量、重点编排、强势推广，在“十一”国庆黄金周播出七天，其一周平均收视率达到 1.081%，位列同时段全国卫视综艺节目首位。如栏目推出的品牌活动“超级领唱全国争霸”，面向全球发出号召争夺领唱席位，吸引了歌手、主持人、选秀明星、网络达人、普通大众等来自不同地域、不同国籍的唱将纷纷报名参赛，与节目原设的颇具人气的领唱一争高下。在“一番厮杀”之后，《我爱记歌词》超级领唱全面大换血。此外，栏目还联合《爱唱才会赢》和《我是大评委》共同推出季播品牌活动“全国麦霸英雄汇”，活动定位为“非选秀、低门槛、高参与”，以平民麦霸为主题，给予他们充分展示的空间，他们在舞台上不单是展示歌舞才艺，也可以将他们的喜怒哀乐、人生悲欢展示出来。这些延伸活动的推出，不仅提升了《我爱记歌词》栏目的知名度和美誉度，成功地将栏目塑造为知名电视品牌栏目，还将浙江卫视的综艺影响力提升到一个新台阶。

《我爱记歌词》栏目定位准确、视角独特、氛围和谐、形式新颖、格调健康，满足了人民群众精神文化多层次、多方面、多样化的需求，倡导了正确的人生观和价值观，营造了和谐健康的舆论氛围，体现了电视媒体的公益服务精神，彰显了电视媒体的社会责任，树立了电视媒体的亲和力、公信力和影响力，展现了当代电视娱乐节目的新风采。

《我爱记歌词》栏目借助唱歌这个最有群众基础和最大众化的娱乐方式，为人们提供了展示自我的平台，具有一定的益智性。其倡导公益活动的理念也赢得了社会的广泛好评。

辽宁卫视《王刚讲故事》

一、《王刚讲故事》栏目简介

《王刚讲故事》是2008年1月1日辽宁卫视携手著名表演艺术家王刚打造的一档电视故事类栏目，也是辽宁电视台首个以个人名字命名的知名电视栏目。该栏目选题囊括世间万象，其中既有重大新闻里的故事，也有闻所未闻的现代传奇以及社会热点下隐藏的旧闻秘事等，通过主持人王刚独具个人魅力的讲述，以及现代化的电视技术手段，将发生在大千世界里的真实故事展现给观众，旨在呈现出生活本身的多样性和世间的冷暖悲欢。《王刚讲故事》力求在全国上星频道中以"一样的故事，不一样的讲述"为标签，冲出千篇一律的故事类栏目的固有模式，让观众在习以为常的收视中捕获到新的感动、感悟和思考，在崭新的视觉冲击中享受收看一档好节目的快乐，品味世间百态。

《王刚讲故事》logo

栏目组通过不懈的努力，使得《王刚讲故事》自开播以来，收视率节节攀升，而且稳居央视一索福瑞全国省级卫视收视率调查周排名前六十名。2009、2010年《王刚讲故事》在全国同时段收视总排名均名列前茅，有力支撑着辽宁卫视在

2009 和 2010 连续两年进入全国省级卫视第一阵营。同时，出色的成绩也使《王刚讲故事》在业内广受好评，栏目连续两次被国家广电总局《综艺》杂志评为“《综艺》年度节目”，连续三届荣获年度中国最具网络影响力的十大省级卫视栏目和省级卫视上星栏目三十强，两次荣获中国电视博雅奖，获得 2009 年度国家广电总局“典型节目形态推介”等诸多殊荣，成为辽宁广播电视台具有全国影响力的品牌栏目。①

二、《王刚讲故事》栏目创意分析

1. 名人造就名栏目

故事类栏目对主持人的故事讲述能力要求很高，不仅需要动听的声音，还需要有一定的表演能力，能扮演不同的角色，其神态、表情、动作都要符合故事内容的要求。《王刚讲故事》栏目特邀著名表演艺术家王刚担纲主持人，并以他的名字命名。作为一位知名艺人，王刚拥有驾驭语言的深厚功底和多年写故事、讲故事的从业经历，而且阅历丰富、博学多才，形象健康，在观众中具有很强的号召力。在节目中，王刚很好地发挥了他讲述故事和表演的能力，时而扮演不同的角色，时而跳出故事进行评说，肢体语言和有声语言也运用得恰如其分，将故事演绎得亦真亦幻，为观众讲述了一个个可听、可视、可感的精彩故事。

王刚的外在形象和内在气质都具有较强的亲和力。他圆圆的脸庞，炯炯有神的眼睛，一副眼镜似乎几十年不变，如同老朋友，大大拉近了观众与节目的距离。王刚风趣幽默、机敏睿智的主持风格、独特的讲述故事能力和颇具个性的外在形象也形成了他鲜明独特的主持风格，塑造了栏目的个性化特点。王刚在讲故事时借鉴了评书手段，创造出机敏

《王刚讲故事》主持人王刚

---

① 资料来源：《王刚讲故事》栏目组。

灵巧、口语化、通俗化的个性特征，使整个故事讲述过程跌宕起伏；他尤其擅长用声音来营造神秘氛围。这种个性化魅力有效地营造了讲故事的氛围，使观众的思维紧随故事进展，目光自然停留在电视屏幕上。

王刚身上的明星特质构成了栏目品牌的人格化符号，成为栏目乃至频道重要的形象代言人。王刚多年来的演艺经历不仅让他拥有较高的知名度、忠实的粉丝群，也让他对故事的演绎和表演驾驭自如，这种优势很快使栏目拥有了一大批忠实的观众，在全国众多栏目中脱颖而出。

主持人王刚的王氏讲述风格

《王刚讲故事》不仅形成了王氏讲述风格，而且还增加了王氏点评，在栏目结尾处别具匠心地安排王刚起身点评，话语简短而又切中要害，意味深长且掷地有声，这一形式成了节目的标志段落。在一期节目中，讲述了成都一个男子怀疑前妻不忠而绑架儿子的故事。结尾处，王刚抨击绑匪人性泯灭，说了这样一句话："京剧《铡美案》中有句话，杀妻灭子良心丧，没良心的人能说没病吗？"《女儿爱上杀人犯》中王刚则评价道："如果没有妈妈王家珍的保护、奔走、求救，单纯的燕子早就跟她的前任男友一样，一命呜呼了。母爱这么伟大，可不少年轻朋友还是在恋爱当中宁可相信所谓的朋友，也不相信父母，伤了爹妈的心，最后吃亏上当，受害的还是自己，何苦呢？"在事件点评的时候，王刚运用不同的语调和声音，或嗔或怒，或劝或讽，发挥了他的艺术功底，张扬了嬉笑怒骂的个性，以观众喜闻乐见的方式提升了节目的现实批判意义，也体现了栏目的原始诉求。

2.栏目选题广泛但凸显特色

《王刚讲故事》栏目以"一样的故事，不一样的讲述"为宗旨，选择与百姓生活息息相关的新闻事件、社会故事和个体话题，以平民的眼光和客观的态度，讲述一个个故事，揭露一个个社会问题，深刻挖掘问题的根源并给予科学的解释，最后由主持人进行简短而深刻的点评。栏目将镜头对准社会群体中最具有代表性、最大众化的平民阶层，在平凡人物中挖掘不平凡的故事，在故事中挖掘人性的真善美，在嬉笑怒骂中给人以启迪。

《王刚讲故事》栏目的选题视角涉及社会的方方面面，非常广泛。有与国家政治、社会经济等宏观问题相关的大型题材故事，也有与公众或个体生活、团体组织等相关的微型题材故事；有国家甚至人类的大事，也有普通百姓个人的小事；有热点流行话题，也有不为人知的隐秘事件；有大到人命关天的大事，也有邻里之间鸡毛蒜皮的小事……只要有故事有意义，就都是栏目所要搜寻的对象。《王刚讲故事》栏目虽然选题广泛，但更注重故事的社会价值和社会关注度，在选择故事的时候尽量避免暴力血腥、社会黑暗和人性险恶的极端话题，以防为了博取收视率而对社会造成不良影响。

《王刚讲故事》栏目在对选题切入点进行选择的时候，更加注重故事的讲述方式和它所要揭露的问题及所蕴含的意义。"一样的故事，不一样的讲述"正是栏目吸引观众，获得高收视的主要因素之一。有的热点故事已经被媒体多次报道、深度挖掘，事件当事人在被一遍遍采访的时候说着相同的故事，对此，栏目组坚持长期跟进，深度调研，从中挖掘出有延伸性的新热点和个性化故事，使其成为其他媒体跟踪、转载与引用的故事题材。

除了选题角度不同，《王刚讲故事》"不一样的讲述"还表现在主持人对故事的演绎和讲述方式上。大部分故事类栏目都类似新闻报道，主持人字正腔圆、表情严肃，就像播报新闻一样，很难真正把故事讲"活"。《王刚讲故事》借鉴了评书演员的模式，主持人王刚犹如一个评书人，有时候他手里还会拿一把扇子，坐在讲案前，语言生动形象、丰富有趣，时不时再加上他独有的戏谑语调和表情，很好地塑造了人物形象，烘托了环境气氛，极大地调动了观众的想象力。

3.内容为王，打造原创

故事类栏目的核心就是"讲什么故事"和"故事怎么讲"，如何在形态相似、电视表现手段相似的情况下，形成自己独有的风格。《王刚讲故事》栏目创办之初就十分注重内容的原创性，力图让每期节目都能发出独特的声音与思考。对于一档关注民生的栏目来说，原创的力量首先来自于内容的真实——用镜头真实记录社会转型期个体命运的跌宕起伏，真实反映百姓生活，满足百姓的精神诉求，所以栏目最终定位于"追踪人物命运，透视人生悲喜，探究世态真相，捍卫核心价值"，其核心是要讲真实的人的故事，即使是科学探秘的内容，也要先从一个人讲起，人的命运有了转折，人性的东西才可能表露出来，受众才会感同身受。

有了节目制作的目标和标准，接下来就是寻找合适的故事，找出报道的角度，并对故事素材进行采编。一般来说，电视故事类栏目的生产方式是购买加工和自采自编。购买加工的方式是大多数节目所采用的，因为购买素材不仅免去了素材的拍摄时间和拍摄成本，而且节目质量比较容易控制，故事编辑效果也容易达到。《王刚讲故事》栏目采用自采自编方式，这就保证了“一样的故事，不一样的讲述”，为此栏目坚持对主创队伍的梯队式培养，保证了节目内容的供应。《王刚讲故事》栏目中的内容大部分都是用自己的采编队伍完成的，而对现实情境不能还原的部分，栏目组则一方面购买素材，另一方面采用现场情景模式的办法予以表现。现场情景模拟运用类型片电影的拍摄手法，加入烘托环境的空镜头，使故事情节更加真实、引人入胜。

4.注重真实，还原真相

故事的魅力在于“已知与未知之间、规则与变化之间、不可避免与难以预测之间”，而电视故事类节目是用讲故事的形式告诉观众一个新闻事件，因此其内容必须是真实的，不能有虚构的成分。《王刚讲故事》非常注重故事的真实性，尊重真实，讲述真实。每一期节目都是编导亲临事发现场，探究故事真相，采访当事人和知情人，根据他们的口述了解故事真相，掌握第一手材料，追踪故事本源。在节目中我们可以看到事发现场的画面和故事当事人，这些真实的画面为故事的发生、发展提供了最真实、最直接、最具体的事实凭证。

《王刚讲故事》之《开胸，为我证明》

获取更多的真相，就意味着不能回避任何问题。为此，栏目的主创人员投入了同行们难以想象的勇气，一次次冲破来自体制或人性的障碍，撬开坚硬的真相外壳，为观众奉献一个个精彩的故事。《张悟本大揭秘》一期，记者冒着危险乔装探访悟本堂，以丰富翔实的图文视频资料，为观众揭开这位天价养生大师面具下的花样文章。在众多媒体为张悟本和“张悟本们”推波助澜时，栏目则以客观冷静的视角分析这些伪科学滋生的土壤，让公众多角度了解整个事件的前因后果。2009 年年末，《南方周末》盘点了全年轰动全国的民主法制事件，在 30 个案例中，《王刚讲故事》讲述过六件，包括河南农民工开胸验肺、北大医学教授离奇猝死、重庆醉驾撞人事件等。2010 年，栏目深度解读了湖北“挟尸要价”、方舟子遇袭、凤凰少女坠亡、北京查处“天上人间”等热点事件。这些节目不仅为栏目赢得了高收视，同时也赢得了业内的掌声。《王刚讲故事》栏目就是这样，不论在社会话题还是个人话题上都与百姓生活息息相关，以平民的视角关注身边普通人不普通的事，真实展现平凡百姓的故事，让观众从他人的故事中获得普遍的启示意义。

5. 独特的故事讲述方式

同样的故事，不同人有不同的立场、角度和观点。《王刚讲故事》善于从多个侧面来讲述故事，而且切入点独特，选择不同人物的观点立场，多角度、多层次地叙述故事，反映出故事内容本身的多样性和复杂性，向观众还原事实真相，迎合广大受众对同一个故事的不同看法和对故事真相好奇的需求。这种多角度叙述故事不仅满足了不同观众的多样需求，而且也使得故事更加完整、丰满、客观、真实。《王刚讲故事》对故事开篇的切入点比较独特，在充分考虑观众的兴趣点后，选择故事最有价值和最有吸引力的部分为开始，设置悬念，吸引观众的眼球。

电视的表现形式和方法不同于广播。若电视故事完全靠单调的声音来讲述就失去了电视本有的属性和传播效果，同时，故事的真实性也没有了证据保证，传播效果就会大大降低。《王刚讲故事》充分发挥了电视的图像、文字、色彩、声音等符号的表现力，充分利用电视视听语言和表意符号，通过现场采访的真实画面和同期声准确无误地还原故事的真实面目，保持故事的真实性，确保传播效果。每一期节目，主持人都会适时加入

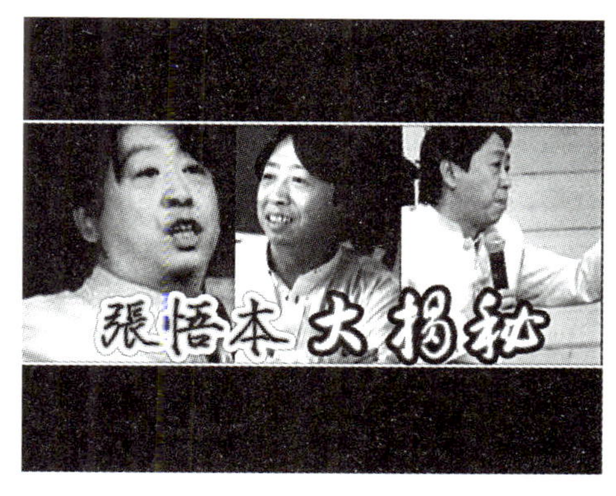

《王刚讲故事》之《张悟本大揭秘》

《王刚讲故事》之《坠落的空姐》

评论，或对事件发展阶段的情节进行引申、点评，主持人讲述与画面叙述恰当结合，亦动亦静。主持人的评述声音是静态的、抽象的、主观的，但故事发展却是动态的、具体的、客观的，声画相辅相成，视听高度统一。这种声音和画面的完美结合，推动了故事发展，打破了故事的时空限制，使观众获得一种亲近感和参与感，强化了观众的情感体验。除了王刚动听的声音以外，节目还增加了多样音效的配合，在故事情节的变化中，会适时地加入音效元素，这些音效在推进情节发展的同时，还增强了画面的渗透力，丰富了王刚的语言表现力，使整个故事氛围更具现场感、真实感。这种声画结合的形式，可以使主持人有效地控制节目的节奏，在叙事的过程中不断地以更多的悬念引起观众的兴趣，从而引出更多的话题和故事情节。

精彩、真实的故事内容和声画的完美结合能够吸引观众，但更吸引观众的是悬念的设置。电视故事类节目如果能够恰当地设置悬念，则有助于提升节目的观赏性。《王刚讲故事》之所以能够牢牢抓住观众的眼球，悬念设置起到了很大的作用。《王刚讲故事》往往在节目的开始就将故事的结局或故事的最精彩部分提前告知观众，运用倒叙的手法，在还未开讲前就开始设置悬念，吸引观众。冲突前置形成后续的一系列悬念，激发了观众追根究底的欲望和继续看故事的心理需求。要想继续吸引受众不能只设置一个悬念，若只有一个总悬念在支撑，也容易造成观众的心理疲惫，《王刚讲故事》的悬念环环相扣，此起彼伏。开始的悬念贯穿始终，是整个故事最重要的矛盾，接下来矛盾重重、悬念重重，所以观众才会有一直看下去的动力。

6.保证质量，保持品位

《王刚讲故事》栏目虽定位于记录真实，却并非简单还原生活的粗糙质感。作为一档关注民生的专题栏目，《王刚将故事》始终恪守媒体的职业操守，不为收视迎合低俗。我们需要拍案而起，需要直斥顽劣，更需要传播爱与善的主流价值观，让作品饱含人文关怀的高度和深度，引导人们透视事情的真伪，辨析人性的善恶，找寻生活的希望。

在这一创作理念的指引下，栏目创作出了大量感人至深的主旋律作品，像《爱的集结号》、《拯救巨腹女人》、《爬着找幸福》、《他，征服了一座城》等。这些作品向人们讲述了困境中生命的顽强，危急时刻爱的力量，灾难面前人性互助的光芒……这些闪烁人性光芒的故事，不仅震撼人心，而且还可以帮助人们找回迷失在物质文明中的精神家园。所以栏目不仅有好的收视率，而且社会反响也不俗。

同时，栏目也没有忘记媒体的舆论监督职能，始终关注社会热点焦点，并对热点背后的问题进行不懈的追踪与叩问，体现媒体的责任与担当。像作品《“天上人间”的台前幕后》、《凤凰坠落》、《药家鑫案始末》、《32 岁青年的游戏人生》等，都是百姓关注的热点话题。2011 年年初，微博打拐成为舆论焦点，而早在 2008 年《王刚讲故事》刚开播之时，就已率先关注了被拐儿童及其家庭的命运，呼吁社会关注这个群体。三年后，在媒体的合力推动下，栏目曾经报道过的被拐儿童彭文乐平安回家。接着，该栏目又连续推出《监控录像里的失踪男孩》，讲述彭文乐及其家人三年来的悲欢离合。同时，栏目在各大门户网站及国内一些纸媒同时推出节目编导手记和王刚访谈，重新审视网络打拐，呼吁“向善的力量”。

7.栏目的品牌推广

《王刚讲故事》以主持人之名命名，在“故事类”电视栏目方兴未艾且差异性有限的形势下，这种独辟蹊径的命名方式使得该栏目在众多电视故事栏目中脱颖而出。以主持人的名字为栏目命名，不仅使栏目名称简单易记、容易识别，还可以借助主持人的原有知名度和良好的社会形象扩大节目影响力，易于树立栏目品牌形象，而且在宣传上也便于制造话题和焦点。

在节目获得一定的效果后，《王刚讲故事》与辽宁人民出版社联合推出了系列图书《王刚讲故事》，在播出的诸多故事中精选比较好的故事，经过再度创作编辑成书。《王刚讲故事》图书浓缩了电视节目中的故事精华，用文字的形式延伸一个个新奇深刻的故事，让观众和读者能在节目的背后细细品味人间的冷暖真情。栏目推出相关图书，拓展了节目产业链，加深了观众对节目的印象，带动了节目的宣传，提高了节目的影响力，进一步树立了节目的整体品牌形象。

《王刚讲故事》从主持人选择到故事的讲述方式、从选题的策划到品牌的建立成就了它今天的成绩。当今社会处于一个信息化时代，各种媒介所生产出来的产品对人们的影响也越来越大，因而媒体在这个时代除了要考虑自己的生存问题之外，还应该更加重视媒介给受众带来的潜移默化的影响。栏目要想获得长远的发展，就必须继续坚持故事的真实性，避免故事的低俗化和极端化，减少过于个人情绪化的宣泄，继续保持客观公正的评论，维护媒体的公信力。面对收视的诱惑，必须时刻保持清醒和理智，将职业道德放在足够高的地位，承担应有的社会责任。

湖南卫视《天天向上》

一、《天天向上》栏目简介

《天天向上》是湖南卫视于2008年8月推出的周播礼仪公德脱口秀节目，该节目以礼仪、公德为主题，分为歌舞、访谈、情景戏三段式，用各种形式来传播中国千年礼仪之邦的礼仪文化。节目采用全国第一支偶像男子主持群的概念，对“礼仪公德”这一定位从两方面进行解读：一方面是以“公德”为核心的价值取向，另一方面是以“礼仪”为载体的内容支撑与拓展。正是节目在定位和内容选取上的坚守，成就了《天天向上》于轻松幽默中不失文化品格的节目特色。

《天天向上》栏目由湖南经视《越策越开心》栏目原班人马打造，不仅有“策”的神韵，更发扬了中华传统美德。该栏目创意的出发点是：中华自古为礼仪之邦，然而到了21世纪，中华民族的传统美德逐渐消失，国民优秀礼仪风范逐渐退化，与“文明之邦国”的称号相去甚远，随着2008年北京奥运会的临近，让世界认识真正的中华民族传统美德与礼仪风范已是刻不容缓的任务。如何让国民在娱乐

《天天向上》logo

嬉笑之余感受中华传统美德的精髓并将此发扬光大，是节目创建的最初目的，也是节目定位的深度体现。[①]

该栏目在播出之前就打造了三期宣传预热节目《天天向上前传》，并以日播的形式播出。节目对《天天向上》栏目创建背景和引用的典故进行了介绍，并邀请何炅、郭冬临担任班主任和代课老师角色，推出了汪涵、欧弟、俞灏明、矢野浩二等栏目主持人，并进行角色定位和阐述。《天天向上前传》的制作播出不仅对《天天向上》栏目的推出做了很好的铺垫，还为其奠定了基础，以至于节目一开播收视率曲线就一直攀高，牢牢占据了湖南卫视的收视前列，成为湖南观众乃至全国观众最喜爱的节目之一。《天天向上》自开播起就雄踞湖南本土电视收视率王牌位置，连年获得全国电视百佳及全国电视节目评比综艺类一等奖的殊荣；同时，还连续登上了《新周刊》2008 年、2009 年中国电视"最佳娱乐秀"榜单；2010 年荣获第 25 届中国电视金鹰奖"优秀文艺节目奖"。

《天天向上》用各种形式来传播中国千年礼仪之邦的礼仪文化。节目的主题固定为礼仪公德知识，以风格各样的嘉宾秀融合脱口秀的形式开场，用栏目剧的形式来演绎和诠释生活中常见的礼仪知识，再加上跨国界的嘉宾访谈互动环节，让国人更加掌握文明礼仪，让世人更加了解中华礼仪节目本身包含的公益性、教育性、知识性。[②]2009 年《天天向上》栏目进行首次改版，栏目不再拘泥于固定环节，只是保留了开场舞蹈、即兴情景剧、大师讲礼仪等单元，将节目主攻方向逐步引向主题的再塑造。国家羽毛球队、八一电影制片厂幕后工作者、微软团队、协和医院医护人员、试睡师、食物美容师等作为嘉宾纷纷被请入演播室，向观众展示社会不熟知的职业的生存状况或者某些职业的幕后状态。

二、《天天向上》栏目创意分析

1. 颠覆传统，打造男子偶像主持团

节目主持人创新是娱乐节目的重要卖点，名主持人在一定程度上是高收视的保证。一般的娱乐节目都会考虑不同受众的审美诉求，基本上采用的模式是男女

---

①② 百度百科，http://baike.baidu.com/view/592578.htm

搭配、两人组合。《快乐大本营》栏目改版后提出的“快乐家族”团队主持，在娱乐节目中独树一帜，但也是男女搭配。《天天向上》栏目借鉴了《快乐大本营》栏目“主持群”的概念，将各有特色的主持人和演艺明星集中到一起组成了一个特殊的“主持群”，各展所长，互补不足。但《天天向上》的创新之处在于选择的全部是清一色的男主持，彻底地颠覆了传统主持组合的模式，打破了以往由俊男靓女搭配主持或者某一位资深媒体人士单一主持的套路，打造了国内第一支男子偶像主持团体。

《天天向上》男子偶像主持团

《天天向上》主持团中的主持人不仅地域不同，而且类型、性格也各不相同，每位主持人各有魅力、各具特色，他们分工明确、各司其职。“班长”汪涵，作为知名主持人且年龄偏长，擅长模仿全国各地方言，大气、睿智、理性、幽默、反应快，而且学识渊博，自然是主导角色，是掌控现场和推动节目进行的核心人物，在主持团体中主导节目的流程，把控节目的整体气氛。他常常妙语连珠，并将自己的人生感悟融入与嘉宾的闲聊中，让观众在笑得前仰后合之际又有所收获。节目中时常讲的不同地方方言，让不同地域的观众又多了一份亲切感。“副班长”欧弟，颇具喜感，幽默风趣，而且多才多艺，善于抓住谈话的间隙见缝插针地即兴表演情景剧、展示自己的才艺。其他班级成员也是各具特色，构成主持群中不可缺少的角色：韩国的金恩圣（小五）和“快乐男声”俞灏明作为新生代偶像加入，他们个人拥有大量粉丝，不仅为节目增添了不同色彩，而且能够为节目带来更多粉丝；钱枫的冷笑话和经常被调侃的“大脑袋”以及田源的临场吟诗作对都为节目增添了不同的色彩。他们配合默契、分工明确，使得节目进入门槛较高，难以被模仿和替代。

《天天向上》主持团注重多元文化融合，不仅有来自不同地区的内地主持人，也有台湾和国外主持人、演艺明星，各位主持人都带来了其所属地区的特色文化和主持风格，符合节目的国际化路线，展现了多元文化，同时也为体现节目的异域内容和扩大受众群带来了帮助。汪涵是湖南本地人，精通湖南各地方言；田源来自石家庄，从长相到语言都比较贴近北方式审美标准；钱枫是上海籍，长相英俊白净，性格相对温和柔顺，符合大家对海派男人的想象；来自台湾的著名主持人欧弟，操持一口台湾普通话，语言风格也很接近台湾综艺风格，浑身充满了台湾的地域文化气息；日本籍的明星矢野浩二，他的日本口音普通话和日本说话语调为观众带来了阵阵欢笑；来自韩国的金恩圣（小五），是“至上励合”的成员之一，聪明可爱、帅气调皮。这些来自不同地域的主持人让节目拥有了无与伦比的魅力。在节目中常设的即兴情景剧中，主持人以各自的地域方言、性格特色进行角色设定，增强节目的幽默效果。而不同地域的主持人在与来自各个地区的嘉宾用方言沟通时，也给观众以亲近感。

2.娱乐脱口秀和访谈相结合的节目形态

《天天向上》将谈话节目的基本节目形态和娱乐节目的表现手法结合在了一起，开启了新一轮娱乐脱口秀和访谈相结合的节目形态。这种形态既有谈话节目的信息性、深度性，又有娱乐节目的娱乐性和趣味性，这种舞台化、表演化的谈话内容使节目更具可视性，使整个节目既有娱乐节目综合多元的气质，同时又具有脱口秀节目清新、通俗、明快的气质。以往的谈话节目，谈话元素是整个节目的大部分内容或者全部内容，长此以往，势必会给观众带来审美疲劳；而单纯的娱乐节目，只注重趣味性，缺乏深度，观众的忠实度也会减弱。《天天向上》栏目则把谈话作为主线，视谈话为整个节目的推动线索，是各个元素的连接点，重点则是“秀”出知识和娱乐，将知识性与娱乐性相结合，真正做到了寓教于乐。这种模式既秉承脱口秀节目的娱乐特质和搞笑幽默的风格，同时又以崭新的形式设计和内容建构将脱口秀推向新的发展方向。《天天向上》主要是利用主持人汪涵反应迅速、脱口成章的特点把握整个谈话线索，推动各种“秀”的展现，而其他主持人则各自发挥自己的特长带领嘉宾或现场观众一起“秀”。节目的开场运用开场秀的表现形式，主持人也融入其中，整体上营造出一种热闹、欢乐的氛围，一下子就把观众的兴奋点调动了起来；嘉宾的出场也充分运用各种表现形式，“秀”出他们最具风采的一面。在采访嘉宾的过程中，将嘉宾的特长用不同的表现方式加以展示，有时将厨房搬上舞台，一展嘉宾的高超厨艺，有时整个舞台布置得像一个辩论场，一展嘉宾的口才，着力彰显“秀”的特点，整体看来既有趣味又很充实。

《天天向上》虽然是以脱口秀访谈为主导形态，但它还包括了音乐、舞蹈、表演、游戏等娱乐元素，融合了多种节目类型与元素，将内容与各种表现形式完美结合，围绕主题先后展开，形成了一种易被广大观众接受的具有相对独立性的新的电视节目形态。该节目形态既有综艺娱乐节目的特点，又有访谈节目的特点，避免了各种形式环节的重复出现，符合观众求新求变的心理，防止了审美疲劳。

3. 内容娱乐和民族文化的结合

电视节目作为一种大众文化产物，我们最初视之为宣传道具，继而又将之视为商业产品。在这种观念下，节目的制作者和节目的接收者之间无法形成良性互动。直到我们逐渐明白大众文化也可以有精神和使命感，因为“娱乐不仅仅是唱歌、跳舞、选秀和明星，汉唐乐府也是娱乐”。[①] 娱乐节目往往被人们视为最缺乏内涵和文化的节目，如何在节目中融入文化因素，成为娱乐节目内容策划的难题。《天天向上》自开播以来，其定位就在于传播中华传统文化，对受众进行文化层面的影响和涵化，向世界展示真正的中华民族传统美德与礼仪风范，让观众在开怀大笑之余，感受中华传统美德的精髓并借此推广栏目。《天天向上》运用娱乐方式解构传统文化，运用电视擅长的手段，创造各种生动活泼的方式，引导观众更多地了解优秀的民族文化。

《天天向上》在整体内容上力求生活化，不论在话题选择上还是嘉宾选择上都贴近生活。它的选题范围非常宽泛，有普通工人和学生的生活、养生保健知识、企业和个人的成长经历、行业的先进事迹、大众不熟知的工作展示或者大众熟知的工作幕后状态等，这些话题中又隐含着很多文化知识和社会道德教育。话题选择轻松愉快，具有生活趣味性，即使是比较严肃的话题，经过主持人轻松幽默的解读，那种沉重和尴尬也会在笑声中化解。节目内容和话题紧扣时代发展的脉搏，关注普通百姓和草根阶层的生活状态，以寓教于乐为价值支点，做时代风尚的

《天天向上》主持人和嘉宾表演京剧

① 刘春、徐舫舟、胡智锋：《2009，中国电视创新对话》，《现代传播》2009 年第 1 期。

引领者。

为了避免只追求单纯的视听享受的诟病，使节目具有深远的立意和深度的内涵，《天天向上》栏目将发扬中华传统文化和积极向上的精神作为“外衣”，运用富含知识性的脱口秀方式，在娱乐搞笑的现场氛围中巧妙地将大众文化与传统文化进行融合，将模糊抽象的传统文化演绎成雅俗共赏的精神食粮。例如中华礼仪、戏曲知识、民乐知识、民族舞蹈、养生知识、鉴宝知识、民间发明、商业及职场打拼、处世之道等都在节目中得以一一呈现，并将这些传统的文化资源借助现代传播媒体得以重新发扬光大。《天天向上》栏目将各种文化通过不同的娱乐表现形式加以呈现，并融入各个环节中，如舞蹈、音乐、舞台剧等，这种将传统文化与娱乐相结合的方式既满足了观众的娱乐需求，又满足了观众的求知欲望；既丰富了节目，又传播了文化。《天天向上》栏目力求传播更多优秀的民族文化和不为大众所熟知的民族风情和特色职业，如即将濒临灭绝的非物质文化遗产、异域的风俗民情、新兴的特殊职业等等，这不仅能满足观众的好奇心和求知欲，还为传播这些文化提供了平台，作出了卓越的贡献。

4.栏目嘉宾的大众化

《天天向上》在嘉宾选择上以平民为主，明星为辅，并且日益凸显国际化趋势。节目所选嘉宾基本都是普通人，没有行业、年龄、地位、民族、国界之分，很多嘉宾都是来自观众身边。这种平民化的嘉宾选择策略，不仅拓宽了嘉宾资源，展现了嘉宾群的多样化和丰富性，而且为节目的可持续发展奠定了坚实的基础，也给观众带来亲近和新鲜的感觉，相对于明星嘉宾，提高了观众对普通嘉宾的认同感。所邀请的嘉宾来自各行各业，并都有各自的风采，他们或许是大学生、教师、医生、空乘人员，或许是厨师、军人、民工、技师，也或许是品酒师、食物美容师、试睡师、入殓师等等，在《天天向上》的舞台上他们把最真实的一面展现出来，让观众对那些平日里既熟悉又陌生的职业有了全新的认识。嘉宾的平民选择充分体现了节目的平民性、草根性和原生态。《天天向上》对嘉宾的选择并不局限于平民，偶尔也会根据时事热点或者热播电视剧等情况，选择一些明星讲述戏里戏外的事情或者他们的幕后生活。同时栏目还放眼世界，从各个民族、地区、国家来选择符合节目内容要求的嘉宾，既体现了节目的国际化意识，展现了节目内容的多样性，也满足了观众对异域的好奇心理，给观众带来了更多的趣味。例如，观众可以亲眼看到、亲耳听到纯正的异域歌舞，观赏到独具特色的民族服饰等，现场观众还可以品尝到异域的特产美食。

5.娱乐、文化、教育和商业的完美结合

《天天向上》作为一档娱乐脱口秀类节目，它将娱乐、文化、教育和商业等诸多元素完美地融合在了一起，在娱乐中讲述文化，在文化中渗透教育，在教育中体现商业，让观众不觉得做作，而是顺理成章。这种模式既提高了收视率又传承、推广了传统文化，普及了大众知识。在主持人的把控、搞笑和多种表现形式中，让那原本商业气息浓厚的节目躲进了观众的笑声中。例如《向上吧！中华老字号》就是将商业与教育和娱乐的完美融合。在现代文化的湮没下，有些老字号已被渐渐淡忘，这种文化已经濒临灭绝，这期节目介绍了中国众多老字号品牌的历史渊源、他们的辉煌成就和对人们的影响，这实为一种传统文化的传播和对历史的回顾；2010 年 2 月 19 日百度的精英团队以强大阵容登陆《天天向上》，与天天兄弟共同上演了一出别具风格的招聘秀，同时来自百度的 80 后高级经理、歌喉堪比张学友的最帅博士后、集美貌智慧于一身的美女工程师、敢于“吼”摇滚示爱的技术“黑客”，特别是被誉为技术偶像、最帅 CEO 的李彦宏即兴表演的一段探戈都给观众留下了极其深刻的印象，这期充满商业味的节目并没有令观众反感，反而取得了收视率 1.58%、收视份额 3.84%的好成绩。在主持人的脱口秀解说和娱乐表演方式中展示企业状况和推广企业品牌，再加上充满创意的产品展示，广大观众不仅欣赏到了平时看不到的知名企业的工作流程和工作面貌，也领略到了传统文化的魅力，在开怀大笑中增长了见识。

《天天向上》之《向上吧！中华老字号》

而在对待赞助商冠名这件事上，《天天向上》主持群不仅从来不回避甚至屡次主动提及冠名商的名字，除了基本的致谢外，主持人有时还会拿来调侃。在某期节目中汪涵拖长语音将“特步”重点说出之后，又将“特步”重复三次，继而向观众示意

“四次到了哦”，同时配以文字“特步，特步，特步……”，引发观众阵阵笑声。在汪涵代言统一老坛酸菜牛肉面后，主持群经常拿此事来娱乐，甚至重复广告词，顺其自然的调侃只是增加了节目的笑点，并没有引发受众的不满。此外，节目摄像师、导演的名字也常常被主持人挂在嘴边，甚至台领导也经常被主持人顺口提及，在节目现场有些节目工作人员还会被主持人拉到台上一起“秀”。

6.栏目传播方式的延伸

一个优秀的节目，当然离不开成功的传播策略和恰当的传播方式，具有创意的传播方式和出奇制胜的传播策略能迅速提高节目的知名度，凝聚节目的人气，从而带动节目的热播。《天天向上》在节目正式推出之前播出了三期《天天向上前传》为节目预热。《天天向上》栏目联合搜狐视频推出了90后中国少年热血成长秀《向上吧！少年》选拔赛，旨在通过展现少年们在层层选拔中的励志表现，来塑造一群鲜活的少年榜样，展现华人世界里90后的蓬勃风采，从而对收视人群形成积极向上的影响。优秀选手和获胜选手有机会参与《天天向上》的节目录制，选手将会在网络、电视、平面等多渠道立体展现自我风采。该活动由著名主持人欧弟鼎力加盟，钱枫、月川雄、陈铭主持。该活动贯穿了网络与电视两大平台，优质的媒体资源与创新的节目形式吸引了伊利、拉芳两大品牌与该活动紧密捆绑，突破传统的广告投放方式，开展一系列极具网络特色的新型营销。《向上吧！少年》不仅提升了《天天向上》的知名度，引来了广大媒体和受众的关注，同时也为节目培养了下一代观众群体。

《天天向上》以文化提升娱乐品质，用快乐实现文化传播，将文化知识与娱乐完美地融合，寓教于乐、深入浅出，打破了以往电视娱乐脱口秀节目的制作模式，走出一条全新的融合娱乐精神和文化品质的新路。它推动了我国电视栏目的创新，提升了综艺节目的形态，引领了雅俗共赏的审美愉悦潮流，传播了传统文化，传递了积极向上的人生观、价值观和道德观。观众在潜移默化、愉悦身心中学到了文化知识，陶冶了情操。《天天向上》栏目已经具备了电视文化娱乐节目的品牌价值，在未来的发展之路上应继续保持文化品位，避免低俗文化的熏染，并紧跟瞬息万变的时尚潮流，坚持节目的定位，不断创新节目形式、丰富节目内容，满足观众日益多元化的需求，不断创新宣传和营销方式，只有这样，它才会有更持久的生命力。

北京电视台《养生堂》

一、《养生堂》栏目简介

《养生堂》是由北京电视台科教中心于2009年1月1日推出的一档大型日播养生栏目，2011年1月1日《养生堂》栏目全新改版后移到北京卫视播出，时长由原来的30分钟增加到45分钟。

《养生堂》栏目采用“演播室访谈＋专题片”的方式，以“传播养生之道、传授养生之术”为宗旨，秉承传统医学理论，根据中国传统养生学“天人合一”的指导思想，按照二十四节气来安排节目内容，每天既介绍中国传统养生文化，又有针对性地介绍实用养生方法，通过医学、养生专家的专业解读，为广大观众奉上实用、权威的知识。从2011年开始，节目在原有的基础上，增加了西医内容，同时为了使栏目更具权威性、科学性，在2010年12月23日成立了北京卫视健康节目专家顾问团。除北京市卫生局方来英局长、卫生部健康教育中心毛群安主任、国家中医药管理局医政司蒋健副司长等领导加盟顾问团外，西医部分的顾问全部为中华医学会各分会的主任、副主任委员，中医部分则有北京中医药大学校长、中国中医科学

《养生堂》logo

院院长等顶级中医专家，他们将为北京卫视健康节目的内容监督指导，出谋划策。[①]

《养生堂》自开播以来，观众数量日渐增多，影响力也日趋深远。它在专家学者与平常百姓之间架起了一座沟通的桥梁，缩短了他们之间的距离，同时也使得科学养生、专业养生的理念深入人心。《养生堂》中既有传奇故事，又有专业知识讲解，对药理的分析简单明确，贴近生活。专家的讲解，主持人的旁敲侧击，让“治病不如防病”、“药补不如食补”、“不同的体质，不同的禁忌”这些简单科学的养生之道在悄无声息之间被观众所接受。目前该节目已拥有接近6亿人次的收视人群，在栏目开播当年平均收视率达到了2.69%，单期节目最高收视率达到4.68%，当年就将原时段的收视率提高了8倍。2011年，移师北京卫视后，全国平均收视率达到0.50%，与2010年同时段相比，提升幅度高达256%。目前，《养生堂》栏目在省级卫视同时段与健康养生节目类型中均是全国收视第一，在北京电视台官方网站中每周点击量平均20万，在北京电视台所有栏目中位居第一。[②]

《养生堂》曾获得“第三届《综艺》年度节目奖”，在颁奖词中这样写道：“《养生堂》紧紧抓住中老年观众的收视需求，它的简单和实用促使电视对娱乐潮的反思，让电视的性格缺陷在某种程度上得以弥补。”2012年5月，在中国电视艺术委员会主办的“2011年度电视节目表彰会”上，《养生堂》获得“电视民生类年度品牌节目”、“年度主持人”和“年度制片人”三个大奖；在中国广播电视协会主办的“首届全国广播电视健康品牌栏目及金牌主持人表彰大会”上获得“全国健康品牌栏目”和“年度主持人”两项大奖。

二、《养生堂》栏目创意分析

近年来，养生保健知识成了国人的迫切需求，气功、瑜伽、按摩、针灸、食疗等等，可谓是百家争鸣。伴随着社会中出现的越来越多的食品安全威胁，加之环境破坏、工业污染等问题的不断显现，生活在快节奏、高压力下的人们开始愈发意识到日常保健养生的重要，全民养生已是迫在眉睫。在这样的大环境之下，《养生堂》自

---

① 资料来源：北京电视台。

② 《中国最火电视栏目之〈养生堂〉：献给亲人的爱》，http://news.xinhuanet.com/zgjx/2012—06/27/c_123335382.htm

然会受到观众的关注与喜爱。

《养生堂》栏目的设置非常简单，首先是专家针对一个话题给出专业的讲解，然后专家再针对主持人提出的某些状况或简单症状提出自己的见解，并且在见解中提出简单可行的“养生处方”，还会适当地加入古人的养生之道，因为古人的养生对中国的老百姓来说更具有说服力。其次是主持人针对自己了解的情况或者网上热议的某个话题，让专家在现场给予解答。最后一个环节则是专家与现场观众的互动。然而简单的栏目设置背后，却暗含着极具特色的要素，这也是栏目如此火爆的关键所在。

1.“大健康”概念的栏目定位

在目前激烈的电视节目竞争市场中，健康养生类节目从众多综艺娱乐节目中脱颖而出，成为当下电视荧屏上的新一轮热潮。据统计 目前国内的养生节目已经超过了上百个。即便如此，养生类节目仍“不被重视”，它们的播出时间几乎涵盖各时段，有的甚至在午夜。养生节目在内容上涉及中医、营养、食疗、心理等各方面，节目的整体制作水平良莠不齐，甚至还出现了一些虚假、违法、夸大的内容。在这些众多的节目之中，《养生堂》以其科学的态度、准确的定位、高端的品位，获得了受众的广泛关注和认可。

《养生堂》节目录制现场

《养生堂》以“传播养生之道、传授养生之术”为宗旨，以“做成有深度、有思想、有灵魂的节目，把养生之术、健康之道，更重要的是把爱献给我们的亲人”为目标，所以栏目组在选题时更注重内容是否科学、对观众是否有用、是否有利于观众的身心健康等。

《养生堂》坚守栏目宗旨和满足观众的诉求，选题从关注“病人”向关注“健康人”转变，从“治病”向“防病”转变，让观众通过节目能判断自身状况，从而提前预防各种疾病的发生，深得观众的喜爱，也将其“大妈级”受众群扩展到所有受众。

2.人性化的内容定位

《养生堂》栏目从一开始就把“《养生堂》——献给亲人的爱”作为整个团队的追求，所以“为谁说”有了一个明确的目标——“为亲人说”。为此，栏目拒绝了许多养生畅销书作家上节目的要求。栏目制片人伍立表示，“那些绝对的说法、卖大力丸式的吆喝固然能造成一时的轰动、提高栏目的收视率，但它对观众和栏目造成的损害却是长期的。急功近利、杀鸡取卵的事不能干。”

膝关节热敷方
骨碎补20克 透骨草20克 伸筋草20克
牛膝20克 桑寄生30克 红花15克
鸡血藤30克 大黄15克 羌活20克
独活20克 乳香15克 没药15克
木瓜15克 川椒15克
大青盐100克 白酒100克

《养生堂》节目开出的药方

回顾已经播出的多期节目，《养生堂》在内容方面都显示出了很明显的人性化特征。栏目聘请医学专家，用讲解、聊家常的方式，将涉及中医、食疗、运动、营养、疾病预防与治疗等各方面的知识传递给人们。节目现场除了一两个专家、主持人外，其余便是少许的观众。作为节目的三大主要参与者，他们以轻松聊天的方式，让观众从“听不懂”到“听得懂”再到“喜欢听”。电视机旁的众多男女老少甚至养成了一边看电视一边做笔记的习惯。《养生堂》栏目没有将死亡的恐惧或确诊病例的震惊作为主导诉求，而是给观众提供了许多具体、形象的健康内容。例如，2011 年 3 月 14 日的节目，将人的脸色、气色的相关常识作为主要关注点；栏目还曾分析过人体的记忆问题、头晕现象、筋骨等相关方面的知识。所有这些内容，都是我们每个人在日常生活中很容易接触到或发生的现象和问题。栏目用朴实的方式去讲述，将日常实用作为内容的基本导向，做到了内容与日常生活息息相关。

3.内容的科学性和真实性

随着养生类栏目的增多和部分节目暴露出的一些信息不实的丑闻，同时节目对受众的影响较大，受众对养生类栏目的科学性和真实性的要求也越来越高。《养生堂》为了增强栏目的可信度，从嘉宾和内容两方面进行把关。首先在挑选嘉宾时，不盲信“养生名家”，也不为了追求收视率，而是注重真才实学，注重嘉宾能够给观众带来什么实用的养生知识和正确的养生观念。即使在节目创办初期嘉宾欠缺的状况下，栏目组仍然拒绝了很多并不具备医师资格的“养生名家”。栏目还制定了对主讲嘉宾的审查依据：三级甲等医院的副主任级以上医师，在专业杂志上发表过论文，有医师执业资质等，而且这些人在医院都能查到，是平时出诊的现职医师。这些标准有效地保证了主讲嘉宾的真实性和科学性。有研究者这样评论：“北京电视台《养生堂》节目请来了京城各大名医，带着他们的祖传秘方、按摩手法，让观众大呼耳目一新，甚至80后也加入了养生一族中，并关注节目。”[①]《养生堂》栏目对嘉宾相关信息的展示能有效强化节目内容在观众心中的可信度，进而起到有效传播节目内容的目的。

其次，在内容上一方面要保证内容的真实性和科学性，另一方面要保证观众能听得懂、愿意听。为了达到这个目标，栏目编导在同专家接触时，一直坚持“不管遇到多大的腕儿，自己才是电视专家，节目怎么开头、如何架构、怎样起承转合都必须听我们的”的要求。因为编导相信：即使再正确科学的内容，观众听不懂或者不爱听，也是没有价值的。虽然因此曾与专家有过摩擦，但收视结果证明了坚持的正确性。而这些非医学出身的编导，为了能更好地和专家沟通，往往要查阅很多专业知识。北京协和医院医生于康，为了某一个选题，他和栏目编导去查阅权威文献；还曾因某食物营养素的含量而反复查找《食物成分表》中的数据。节目组一旦发现不当、不实的论点，哪怕已经完成录制，也会不惜成本，坚决改正。正是栏目对专家和内容的“较真”，才赢得了《养生堂》的口碑，赢得了观众的信任。

4.以专家为核心

《养生堂》栏目以专家为核心，巧妙打造适合各专家不同特点的节目细节和话题，使大众既领略了各领域专家的风采，又在维护学术性和权威性的同时，增加了节目的观赏性。从立题到成稿，从录制到编辑，每个环节，编导和主持人对专家都给予了关心和尊重。[②] 栏目以对科学的坚持，对专家的尊重，对大众负责的态度，搭建起了一个专家、大众和媒体共赢的平台。

---

① 张楚瑶：《立足本土 回归健康——安徽养生健康类电视节目的发展浅析》，《新闻世界》2010年第2期。

② 于康：《专家、大众、媒体的共赢平台——从一个医生的角度看〈养生堂〉的成功模式》，《中国广播电视学刊》2012年第2期。

《养生堂》栏目本着对“亲人”负责的态度，所邀请的嘉宾，不论是中医还是西医，全是三甲医院的院长、副院长，重点科室的主要负责人，或是国家级老中医及其传承人，他们拥有深厚的学术背景和丰富的临床经验。不仅如此，栏目组在2010年底就成立了专家顾问团。顾问团成员主要由国家顶级医学专业机构专家、中华医学会各专业委员会主任委员、副主任委员和中医权威专家、院士担当。顾问团已经成为《养生堂》最权威的专业指导机构。随着节目影响力的不断扩大，2012年6月21日，《养生堂》栏目又与中国中医科学院签订了战略合作协议，约定共同策划开展中医药养生、保健以及疾病防治领域的相关活动，让更多的专家学者走到台前。

《养生堂》栏目在今年的改版中加入西医的内容，邀请的西医专家也均为业内翘楚，如北京天坛医院副院长、著名神经内科学专家王拥军，中国医学科学院阜外心血管病医院副院长、著名心内科专家杨跃进，北京友谊医院副院长、著名消化内镜专家张澍田等分别来节目中做客，利用直观的道具、生动的动画，将庞杂的心脑血管疾病、消化道疾病防治方法，梳理成普通电视观众听得懂、学得会的最权威的疾病预防知识。

5. 多重角色的主持人

电视健康类谈话节目是电视人采用“谈话节目”的方式，向观众普及健康知识、介绍养生保健常识、倡导健康理念的一种电视节目形态。主持人既要掌握一定的医药健康常识，正确地引导专家的思路，使专家的讲解清晰易懂，又要作为患者意见的代表、观众声音的放大器，想观众之所想，问观众之所问，搭建观众寻医问药的平台，所以主持人实际上具有倾听者、提问者和主持人三重身份。①

《养生堂》嘉宾与现场观众互动

《养生堂》栏目大胆地起用了80后主持人悦悦担纲主持，深受观众的喜爱。悦悦幽默亲切的主持风格与养生专家们

① 李莉：《浅谈电视健康类谈话节目主持人的三重身份》，《新闻传播》2011年第4期。

稳重严肃的形象相得益彰，也更具有互动性、针对性和实用性。[①] 在节目中，悦悦很好地扮演了主持人、提问者和倾听者的角色，将节目现场引导得严肃而不失幽默，活泼而不失分寸。悦悦还经常和现场观众一起作为现场示范者，通过肢体语言和行动很好地配合专家的讲解。通过一系列的现身说法以及鲜明的对照，让观众对节目内容有了更深刻的了解。此外，在面对专家的一些专业术语表达时，为了让观众都能理解，悦悦通过自己的专业知识储备，将其翻译成通俗易懂、形象朴实的语言，让观众拥有切实的感受。

《养生堂》主持人悦悦

主持人的水平能够决定节目的层次，主持人的人格魅力也能影响到节目的受关注程度。健康谈话类栏目的专业性和服务性要求主持人在知识储备、经验积累以及主持技巧等方面都要有最好的表现。

目前在我国，电视医药类节目传播存在很多的问题，例如传播虚假信息、节目内容空洞、节目形式老套等。作为一档成功的健康养生访谈类栏目，《养生堂》给我们带来了一些启发。

准确定位，目标明确。电视是大众媒介，因而栏目首先需要准确的定位，要努力成为给大众传播医药健康信息的桥梁和纽带，真正做到服务观众，杜绝不实信息，要给观众传达有价值的医药健康资讯。

内容为主，形式为辅。对任何一档电视栏目来说，内容都是第一重要的部分。尤其对于医药健康类栏目来说，由于它的实用性很强，观众看节目的目的就是为了获取健康知识，如果内容不具有可用性，抑或内容空洞不实，自然不能吸引观众，栏目的前景也就可想而知。此外，表达形式也很重要。就如同《养生堂》一样，每期节目都要针对选定的选题，进行内容的优势整合，丰富表达形式，体现出内容的价值。

① 《〈养生堂〉再获三项大奖 主持人带动年轻养生潮》，http://ent.qq.com/a/20120518/000299.htm

媒介融合，优势互补。当今时代，媒介高度发达，互联网的快速发展，更促进了各种媒介之间的相互融合。电视作为传播媒介，具有内容不易保存的特征，观众有可能错过节目的播出，或者遗漏部分内容信息。此时，就要借助互联网平台，将往期视频放到网站上供观众选择收看；还可以通过留言、发电子邮件甚至是电话等形式，保持与观众的互动沟通，积极主动收集观众对节目的反馈信息和建议，促进节目的发展传播。《养生堂》单期节目在网络上的点击量基本都在 10 万次以上。

品牌营销，赢取市场。在市场经济时代，电视栏目也需要打造品牌来赢取受众这个大市场。《养生堂》栏目经过几年的发展，已经打造出了品牌效应。节目不仅具有知识性、服务性，还具有一定程度的趣味性，深得观众的喜爱与信赖。这也是同类型其他节目可以借鉴和学习之处。唯有如此，健康养生类节目才会走得更稳，走得更远。

江苏卫视《非诚勿扰》

一、《非诚勿扰》栏目简介

《非诚勿扰》是江苏卫视于 2010 年 1 月 15 日制作播出的一档婚恋交友真人秀节目，由孟非主持，在每周六、周日晚 21:20 播出。该节目为广大单身男女提供公开的婚恋交友平台，属于社会服务类节目，精良的节目制作和全新的婚恋交友模式受到了观众和网友的广泛关注。节目中的互动形式完全突破了过去传统的交友方式，体现了新时代男女的婚恋观、人生观。

《非诚勿扰》栏目聚焦 80 后、90 后群体的婚恋观，以此折射出社会文化的变迁，不仅给当代年轻人提供心灵交流的平台，展示他们对社会现象的认知，而且还能让其他年龄段的人们了解时下年轻人的心态。可以说交友是壳，交心才是瓤。《非诚勿扰》正是借用了交友、婚恋、情感节目的范式，在编导用心的预设和掌控下，在浅层次上带给观众娱乐的快感，在深层次上让年轻人交流、交心，从而使节目承载了较为深厚的意义价值和传播影响力。这也是节目不仅受到年轻

《非诚勿扰》logo

人喜欢，同时也拥有许多中老年观众的原因。有关传播学、社会学家指出："《非诚勿扰》打破了婚恋交友节目的世俗甚至是低俗的取向，体现了鲜明的主流价值，为年轻人做出积极引导。"中宣部《新闻阅评》也曾对节目给予充分肯定："节目在突出公益性、服务性、正确引领、强化社会责任等方面得到了观众的肯定。"

《非诚勿扰》为了突出服务性，在常态节目外，还组织了专场节目，如"外来务工人员专场"、"教师节专场"、"返场男嘉宾专场"、"法国专场"、"澳洲专场"、"美国专场"、"英国专场"等，在创新节目内容的同时不断实现主流价值引导。其中"外来务工人员专场"受到社会各界的关注与好评，认为其在保留婚恋的主题外，促进了社会各阶层和群体之间的相互沟通与了解。

《非诚勿扰》通过爱情这一永恒的话题，将服务和娱乐完美结合，开播后虽然话题不断但收视率却一路飙升，屡屡创出新高。据央视一索福瑞 34 城市全国平均收视率显示，《非诚勿扰》2010 年 6 月 5 日(第 33 期)和 6 月 6 日(第 34 期)两期节目收视率分别达到 4.4%和 4.53%，再一次刷新了省级卫视的最高收视纪录，也是五年来中国省级卫视电视节目收视率的峰值。虽然后来由于节目调整和改版等原因，收视率有所下降，但其仍然保持着国内卫视栏目收视率的领先地位，据央视一索福瑞 71 城市收视率最新统计，《非诚勿扰》的收视率仅次于央视一套《新闻联播》(所有频道在内的所有节目)和《天气预报》，牢牢霸占着全国卫视所有上星节目每周收视第一的宝座。

《非诚勿扰》从播出后连续两年获得中国最具网络影响力的十大卫视栏目，在 2011 年"第四届《综艺》年度节目暨电视人评选"活动中，《非诚勿扰》获得年度特别节目、年度主持人、年度制作人三项大奖。

二、《非诚勿扰》栏目创意分析

1. 生活服务类的栏目定位

《非诚勿扰》栏目将自己定位于生活服务类栏目，以服务为宗旨，节目形式采用娱乐真人秀的形式，为追求爱情的单身男女提供了沟通了解的平台。栏目以生活服务为出发点，融合了选秀、访谈等元素，将生活中的婚恋服务搬上荧屏，借助现代传播形式，将这种服务屏幕化、公开化。

《非诚勿扰》之所以从"交友"的角度切入，因为"交友"承载着个人和家庭的幸福问题。2009年江苏卫视将品牌定位升级为"幸福"，将"感知幸福、追求幸福、创造幸福"作为核心价值。《非诚勿扰》正是肩负着传播幸福、创造幸福的理念应运而生的。"交友"是恋爱、婚姻、家庭乃至社会和谐的重要基础，而正确的交友观、恋爱观以及婚姻观是人们能够幸福一生的基本前提。《非诚勿扰》正是希望通过"交友"的过程引导大众正确的婚恋观和人生观，从爱情引发当代年轻人对财富、事业、家庭以及社会等多方面更深层次的表达。节目中有对提高生活质量、追求幸福生活的共同愿望，有对爱情的追求、事业的执着、家庭的责任的探讨，有对孝敬老人、尊重爱人、自强自立等中华传统美德的赞同和认可，也有现代生活方式和传统生活观念的碰撞，这些都能给观众以思考和启示，让观众在嬉笑怒骂中思考人生、感悟人生。

2. 充满故事和戏剧色彩的男女主人公

《非诚勿扰》为周播类节目，每周六、周日晚上播出。为了形成稳定的观众群并让观众形成较强的约会意识，栏目以情感为主线，营造出电视连续剧的叙事结构，即增强了节目的连续性、富有故事性，让观众沉浸于节目所构建的故事中。台上的男女嘉宾作为故事的主人公，也是整个故事组成中最重要的部分。

《非诚勿扰》现场采用了24位女嘉宾选择男嘉宾的模式，每个上台的女嘉宾会有一段视频介绍其情况。24位女嘉宾有着不同的特点，来自不同地区、行业，同时每个人都有不同的故事。她们或温柔大方，或妩媚多姿，或自信成熟，或刁蛮刻薄，她们的职业有模特、教师、在校学生、私营老板、普通职员、健身教练、单亲妈妈等，甚至还有来自国外的女生站在《非诚勿扰》的舞台上。俗话说"三个女人一台戏"，且这24位女嘉宾个个外形靓丽、伶牙俐齿、观点独特，足以构成一台绚丽多彩的舞台剧。女嘉宾的差异性不仅让现场男嘉宾有了更多的选择，也笼络了各种不同口味观众的"芳心"。栏目还规定，女嘉宾可以一直在场上，直到牵手成功。女嘉宾的连贯性让节目也产生了连贯性，甚至某些女嘉宾还成了"明星人物"，很多观众非常关注其最终会花落谁家。曾有学者这样总结过《非诚勿扰》的男女嘉宾："男嘉宾就是系列剧，不断轮流出现，女嘉宾就是贯穿整个故事的连续剧，还建立起了一个较为长远的对人物认知、认同和命运期待的运作机制。”24 位女嘉宾的轮换率比较低，男嘉宾则不停地更换。大部分女嘉宾为众多观众所熟知，有些男嘉宾因为长时间关注某一女嘉宾而不远千里特意来参加节目，但充满戏剧性的是，在男嘉宾上场之前女嘉宾恰巧和上一个男嘉宾牵手成功。为了增加节目的连续性，《非诚勿扰》在女嘉宾的安排上还做了个规定：1 号永远保留一个中性化打扮的女孩子，11 号女嘉宾将永远是职业模特，5 号女嘉宾肯定拥有高学历，24 号女嘉宾则一定是个子很高的女生。

作为系列剧的男嘉宾，每人只有一次展示自己和挑选女嘉宾的机会，每期节目有五个男嘉宾。一般来说，每一期节目中，肯定有一个学历高的，有一个收入高的，有一个外形好的，有一个感情经历丰富的，还有一个表现力很强的。这种制片人所谓的“配菜”，让节目看上去更加包罗万象，也更能折射出不同人的不同婚恋观、择偶观。[①] 男嘉宾也是来自不同阶层、不同职业、不同性格、不同家庭背景的人群，会让更多有着相同或相似经历的观众在观看节目时产生共鸣。尤其是节目现场男女嘉宾之间的提问和回答，非常精彩，可能会引出生活、感情、社会等诸多话题，再加上主持人和嘉宾主持的渲染、延伸与引导，现场有时像一场激烈的辩论会，有时像一场温馨的情感剧。这一幕幕情节让节目高潮迭起，使得节目的观众流失率非常低。

为了渲染现场气氛，节目后期制作时应用了一些视频特效，在情感高潮处加上特效，放大了现场的情感。如第 35 期，男嘉宾王文清坚持选择心动女生时的叠化效果。在美妙的音乐中，画面连续三次出现叠化效果，特别是告白结尾处的第三次叠化，男女嘉宾二人的形象相重叠时，王文清的感情抒发到了顶点，观众对他们“有情人终成眷属”的期许也达到高峰，三次叠化特效正顺应、启示、放大了嘉宾和观众的这种心理过程。此外，男嘉宾失败退场时的褪色特效，同样恰到好处地放大了观众的伤感、遗憾情绪。

3.“服务＋娱乐”的环节设置

栏目制片人王刚曾表示，“《非诚勿扰》的真人秀性质决定了它不仅仅是一档完

---

① 《〈非诚勿扰〉制片人王刚：将限制模特圈嘉宾比例》，http://ent.163.com/10/0524/02/67DRODI500034B6H_2.html

全以服务为目的的相亲节目，它的内容类型是相亲，节目形式是娱乐，服务功能与娱乐功能一个不能少，否则完全是服务性的，大家会觉得节目不好看，参与的人就会越来越少，而如果只为了节目好看而故意制造什么，观众会觉得这不是供大家交友相亲的，参与的人同样会越来越少，所以，服务性与可看性都非常重要”。《非诚勿扰》栏目以服务为宗旨，但其中增添了娱乐元素，增加了节目的看点。节目中设置24位单身女嘉宾和一位男嘉宾进行面对面的交流，并设有心理学专家和性格色彩专家的建议，加之心动女生的悬念，都增强了节目的专业性和娱乐性，增加了节目的高潮点。《非诚勿扰》虽不属于娱乐节目，但融合了访谈、脱口秀这些节目形式的优点，在娱乐化泛滥和审美疲劳的今天，这种形式创新迎合了大众的服务需求和娱乐需要。

首先，在节目环节设置上，女嘉宾要经过“爱之初体验”、“爱之再判断”、“爱之终决选”三个环节对男嘉宾进行了解，以亮灯和灭灯方式来表示对男嘉宾是否中意，前三个环节之后如果亮灯数量超过三盏，男嘉宾则进入“男生权利”环节，由其对女嘉宾进行选择。在这四个环节中，男女嘉宾需要相互提问以了解更多的信息，这个过程更像是一档群口谈话类节目，在主持人孟非的引导下，男女嘉宾之间就某一问题进行精彩的对话、激烈的观点碰撞。男女嘉宾通过对某一问题回答或者就某一观点的讨论，不仅展示了男女嘉宾个人的性格和特性、现代人的婚恋观，也激发了更多具有争议性的话题，这些话题又变成一个个社会现象让观众去探讨。如马诺的一句“宁愿坐在宝马里哭，也不愿坐在自行车后笑”引来观众热议，让她当仁不让地成为话题人物，被封为“最刻薄拜金女”，还有一些女嘉宾如马伊咪、谢佳、刘承、武潇等都因参加节目成了受众关注的热点人物。

其次，《非诚勿扰》在前三个环节中会各穿插一段关于男嘉宾的视频短片，每段短片通过男嘉宾叙述或者情景模拟呈现其生活状态和婚恋观。第一段视频主要介绍男嘉宾的职业、收入、住房等基本条件，第二段视频重点介绍男嘉宾的感情经历、择偶标准，最后一段视频则是男嘉宾朋友的评价，由此折射出男嘉宾的性格特征以及他的人生观和价值观。三段视频分别从不同方面较为完整地展现了男嘉宾的相关情况，让现场女嘉宾和观众可以较全面地了解男嘉宾。视频拍摄的时候比较注重故事性和可视性，有时也充满调侃与幽默。

再次，在节目中增加娱乐元素。编导会根据嘉宾的特长来安排他们在舞台上适时展示，有舞蹈、唱歌、武术、书法、魔术等，如遇上男女嘉宾都具有某种特长时，还会邀请他们共同比赛或者合作演出。如 2011 年 11 月 20 日的节目中，“完美博士”一曲《人鬼情未了》震撼全场；2012 年 1 月 15 日，“舞蹈王子”惊艳全场，现场与女嘉宾翩翩起舞；2012 年 3 月 17 日的节目中，“折翼天使”雷庆瑶用脚和现场男嘉宾比书法，令观众无不为之动容；2012 年 4 月 1 日，作为航天工程师的男嘉宾大秀双节棍，让观众大开眼界。

林志玲参加《非诚勿扰》

最后，悬念设置以及未知的不确定性都增加了节目的娱乐和戏剧成分。作为真人秀节目，主要是将正在进行的真实发生的情况展示给观众，这种真实的表达让观众感到很刺激。孟非和乐嘉都说过，“我们所有人都不知道下一秒会发生什么”，正是这些未知和不确定让节目充满了刺激和挑战。交友类节目最大的悬念莫过于嘉宾在经过重重考验之后能否最终成功牵手。节目在开始时便让男嘉宾选择自己喜欢的“心动女生”，该环节的设置使整个节目更富悬念，这意味着会出现多种可能的结果。电视机前的观众在节目开始时便能知道男嘉宾做出的选择，[①]《非诚勿扰》正是通过这种已知的线索来吸引观众进一步去观看，再用结果的不确定性来印证观众的分析和判断能力。特殊大奖也是《非诚勿扰》增加节目悬念的另一手段。在男嘉宾第一轮亮相获得不少于 22 盏灯、牵手女嘉宾成功后，他们就获得赞助商提供的爱琴海之旅。值得注意的是，奖励的程序、形式、命名会随着节目的播出而变化，并且与商业运作息息相关。

4.音乐的巧妙运用

作为一档相亲类节目，《非诚勿扰》的音乐制作水准非常高，很自然地将流行歌

① 节目在剪辑播出时观众能看到男嘉宾所选择的心动女生，而现场除了主持人孟非和男嘉宾外，其他人都不知道心动女生是谁。

曲嫁接进节目制作过程，炒红了不少老歌，而且所有音效和音乐都是现场同步收音的，并非像其他综艺节目那样是后期配的。同影视剧中运用音乐一样，《非诚勿扰》也运用了大量的音乐和歌曲来烘托故事情节，每个环节根据不同的现场气氛播放适合的音乐，完美地衬托了节目内容，让现场嘉宾和观众能根据现场气氛释放真实情感。例如男嘉宾出场时的 *Can You Feel It*，交友失败后的《可惜不是你》，交友成功后的《梁山伯与茱丽叶》。这些歌曲在烘托节目氛围的同时，也伴随着节目的热播而再度被大众传唱，继而引发了全国相亲类节目猛唱流行歌的热潮。

据《非诚勿扰》栏目音乐总监蔡昆言介绍，他们为现场准备了三百多种音效，几千首歌曲，其中有一百多种音效都是在录音棚专门录制的，所有歌曲都做了精心剪辑，很多都是直接从高潮部分开始的。充分而精心的准备让现场音乐师能在几秒钟内找到最恰当的音效或音乐，然后通过电脑搜索进行现场播放，如录到两位母女选手在台上发生争执时，现场立刻响起了《女人何苦为难女人》，让大家会心一笑的同时，也巧妙化解了现场的尴尬；如有一位男嘉宾现场道歉，现场播放了萧敬腾的《原谅我》，把孟非都感动哭了，道歉成功后，《我比想象中更爱你》响起来，让现场观众在几分钟内经历了从大悲到大喜的全过程。

此外，节目还制作了自己的主题曲《向前一步》，由主持人孟非演唱。这首原创歌曲不仅与节目完美契合，还为节目增添了亮点，凸显了节目特色，提升了节目的知名度。

5."主持人+嘉宾主持"的混合主持模式

《非诚勿扰》栏目最大特色还有其"主持人+嘉宾主持"的混合主持模式。栏目大胆起用曾经是新闻节目主持人的孟非做主持人，还邀请性格色彩创始人乐嘉以及江苏省委党校教授、心理分析师黄菡为嘉宾主持。三人分工明确，搭配恰到好处，或将节目推向高潮，或适时将现场气氛维持在观众可接受的程度。

《非诚勿扰》主持人孟非

节目主持人孟非有着十多年的新闻节目主持人经历，能正确把握节目导向，其新闻主持的风格、健康积极的形象、机智幽默的语言表达，将现场掌控得恰到好处。栏目制片人王刚曾表示："相亲类节目与普通综艺节目不同，它关注点涉及房子、孩子、婆媳关系、收入、职业、丁克等人们所关注的现实问题，这不是一般娱乐主持人能做到的，所以起用了非常睿智和拥有丰富社会经验的《南京零距离》主持人孟非，他能够把握住这个度，调节现场气氛并达到观念交锋的目的。"这位自称是"史上最严肃的娱乐节目主持人"受到了众多观众的认可和好评。中国传媒大学胡智锋教授曾说："以孟非为代表的主持人，没有走常规的'谈话秀'的主持老路，而是以新闻的眼光和独特经历，以非常健康的形象来抵抗娱乐主持人的内俗。"

嘉宾主持人乐嘉温和却犀利，时而流露出真性情。很多观众观看节目的初衷就是看他的表现和点评。在节目中，他经常能给男女嘉宾以指导性的言语，帮助嘉宾去了解对方的情况并给出建议。

《非诚勿扰》嘉宾主持人黄菡、乐嘉

女嘉宾主持人黄菡是《非诚勿扰》栏目在 2010 年 6 月 27 日改版后加入的，她是社会心理学博士，江苏省委党校行政学教研部教授、主任，江苏省社会心理学会副会长。她主要给节目提供一些女性视角的建议，使观点的碰撞更加多元化。她在节目中是知性、睿智、温和、善解人意的"邻家大姐姐"，给在场的男女嘉宾以建议。

两位嘉宾主持人的主要工作就是配合主持人孟非调节现场气氛，疏导男女嘉宾中出现的缺陷心理，引导极端情绪和主导正确观点。正是他们出色的工作表现，赢得了观众的赞赏，突出了节目的特点。三人的默契配合也构成了节目的一大看点，有力地把握了主持节奏和节目的价值导向。

6.完善的网络营销体系

互联网的迅猛发展把众多的电视观众拉向了电脑屏幕前，同时，网络也为电视节目提供了一个节目展示、观众参与、互动的平台。《非诚勿扰》能迅速火起来并引领国内电视相亲节目，除了节目定位符合时代要求和内容吸引观众外，还有其快速、全方位的网络推广营销方案。《非诚勿扰》充分利用网络资源对节目进行宣传推广，达到了扩大知名度、提高社会影响力和创造良好经济效益的目的。

首先，《非诚勿扰》栏目的官方网站是其最重要的网络推广方式，它包含了节目库、栏目介绍、人气嘉宾介绍、新闻报道和互动讨论等板块。“节目库”板块中，往期节目的精彩内容和精彩片段让错过节目或者回味节目的观众方便收看；“人气嘉宾介绍”展示了台上男女嘉宾的基本信息，便于观众或者择友对象详细了解对方；“互动讨论”板块则让观众深入参与节目内容，并抒发自己的感受或者给节目提出改进建议，而且在该板块中还经常引出一些“争议性”话题，让节目内容演变成一些网络热点话题，如“女博士拒绝痴情律师引热议 孟非乐嘉黄菡连称遗憾”点击量在24万次，有些热门话题的点击量甚至高达上百万次。

其次，《非诚勿扰》栏目和网络媒体进行联动合作推广。2010年5月20日，《非诚勿扰》栏目和百度合作推出了一个网络情人节专场，当天百度的logo变成了与《非诚勿扰》的结合体，一天之内，页面点击量达上亿次。2011年5月20日，《非诚勿扰》和腾讯合作，腾讯QQ的登录框合成了两方的logo，当天登录量达到5亿。为了将节目播出后的网络影响力转换成播出前对收视率的贡献，《非诚勿扰》栏目在新浪和腾讯推出了“网络抢先看”，观众可以在节目播出当天下午提前看到当晚节目最精彩的部分。

最后，《非诚勿扰》栏目和网络媒体的资源共享。栏目与百合网、珍爱网两家大型婚恋网站合作，资源共享、互惠互利。一方面，百合网和珍爱网给节目输送优秀男女嘉宾，栏目可以降低选择嘉宾和验证身份环节的人力和物力成本，甚至还将其庞大的用户资源转换为节目的核心受众。另一方面，两家网站的名称和标识会在节目上以多种形式展现，借此提升网站的社会公信力。

由于《非诚勿扰》栏目网络营销体系较完善，互联网上看到的《非诚勿扰》视频，全部需要购买播出权。节目网络播出版权收益也就成了节目的一大收入来源。

一档电视节目取得成功的核心因素在于创新，这既是电视节目完整产业链的首要环节，也是商业模式开发的基础。江苏卫视《非诚勿扰》栏目很好地将节目创新与社会需求相结合，以满足观众需求为出发点，迎合受众不断变化的心理，因而在同类型电视节目竞争中立于不败之地，自开播以来收获了巨大的品牌效应。如今的电视节目荧屏已然开始了新一轮的竞争，节目同质化现象不断凸显，对于像《非诚勿扰》这样的交友类节目，栏目性质决定了其不可能像选秀类节目一样进行大规模的事件营销，因而只能通过提高节目本身的品质，在精准定位的基础上进行合理的宣传推广，探索多途径的广告赢利模式来开发其商业利益。

东方卫视《东方直播室》

一、《东方直播室》栏目简介

《东方直播室》是东方卫视于2010年3月开播的一档将电视传播、网络媒体、短信互动等多种传播手段有机结合的时事辩论民意调查类节目，以实现主流媒体“传递声音，引导舆论”为目的。原计划每周播出一期，每期时长46分钟。第一期节目《父母放弃救治闭肛女婴，该不该?》在上海收视率2.63%，全国收视率达0.56%，并引起了观众对该话题的热烈讨论。节目因此从周播改为日播，周一到周四23:00—24:00播出。2010年《东方直播室》全年播出量为63期。进入2011年后再次调整播出时间，从46分钟扩版到80分钟，每周一、二晚21:20播出。

《东方直播室》的口号是:“直播转型中的中国”及“梦想离不开现实的关注”。节目构成的七大元素包括:一是新闻双方当事人构成节目故事主体，强化新闻热点和真实性;二是主持人以睿智、中立原则掌控节目流程，引导多意见嘉宾充分表达观点，深入探讨核心问题;三是相同或类似经历者到场内发言，延展节目思路和内容;四是利用电话连线拉近节目和辅助当事人的时空距离;五是巨幅环绕LED屏幕展现场外50位网友互动意见

《东方直播室》宣传图片

及尖锐问题；六是60位现场观众投票团，体现现场民意；七是短信互动，留言与投票在屏幕下方滚动显示，充分体现民意调查的功能。①

《东方直播室》由骆新主持，将“社会现实戏”搬进了演播室，并基于“三屏合一”（电视、网络、手机）的传播通路，由当事人、主持人、现场嘉宾和场内外观众就重大事件或敏感社会话题展开讨论和争鸣，建构一个“社会观念的自由市场”。在开播两年多的时间里，《东方直播室》在高端人群（25—44岁，大学以上，月收入5000元以上）中，收视率、人均收视分钟数和到达率皆在同时段省级卫视中名列前茅，并被《新周刊》“2010年中国电视榜”评为“年度最佳脱口秀节目”；被广电总局评为“2010年创新创优栏目”；2011年3月，中共上海市委宣传部新闻阅评督查组特意撰写《东方卫视〈东方直播室〉热点节目弘扬主流价值观》专题对其进行表扬。

二、《东方直播室》栏目创意分析

1.开放的话语空间

《东方直播室》致力于建构一个“社会观念的自由市场”。在节目中，主持人、正反方嘉宾、当事人、现场观众以及通过网络媒体和短信平台参与节目的观众共同组成了一个开放、多元、互动的谈话场，最大限度地做到了给予各方观点平等、公开表达的机会，这在某种程度上契合了社会话语能量释放的需要。在《东方直播室》所构建的公共话语空间中，大家一律平等，谁都不是高人一等的说教者。这种开放性，使得节目并未变成具有家长作风的一言堂；使得节目充满了思想的交锋，真正做到了“让人民说话”。

《东方直播室》节目录制现场

《东方直播室》这档兼具民生新闻的贴近性和综艺节目可观性的栏目，有时谈话现场氛围显得过于火爆和激烈，综

① 资料来源：《东方直播室》栏目组。

艺化运作色彩稍显浓重，但是通过对话题的恰当选择、节目内容与观众的贴近，以及嘉宾间思想的碰撞，依旧吸引了广大观众的关注，引导并传播着社会主流价值观。

2.极富张力的表现形式

《东方直播室》坚守的一条原则就是一定要让事件当事人出现在节目现场。每期节目邀请4—5名当事人或者话题相关人员，按照节目设计依次登场。当事人的出现，让嘉宾和观众能直击事件，使事件给人以真实感，这也成为引爆节目高潮的关键，极大地满足了“感觉人”的互动需求，从而逐步把辩论引向深入。同时，《东方直播室》非常善于讲故事，注重叙事节奏的把握。一波三折的故事、意料之外的神秘人物、戏剧般的情节转折等近乎娱乐性的元素都在刺激着观众的神经，引起观众持续的收视兴趣。

3.热议的选题与内容

《东方直播室》的选题定位是：关注当下热点新闻事件以及引起广泛关注、值得讨论的社会现象，直播转型中的中国。在遵循以上定位的同时，节目注重话题选择的关注度、冲突性、民生性。因此，此栏目的选题大都是炙热的具有冲突性的社会热点话题。这类选题一是具有广泛的关注度，能够有效激发众多嘉宾、广大观众参与话题讨论的热情。二是具有明显的冲突性，蕴含着多元化的判断标准。在节目中，各方就同一话题在自己的立场上各持己见，互不相让。三是具有贴近大众的民生性，节目话题与社会发展、人民生活密切相关，观众很容易从节目中找到共鸣。

《东方直播室》栏目与天涯网络社区旗下一百多个论坛合作，征集网友意见，选择热点社会话题、民生问题作为节目的讨论话题。节目话题的采集充分利用了新媒体在线索搜集上的优势，因此每期《东方直播室》的内容都很贴近受众，很吸引人们的眼球。

4.掌控节目现场的主持人

《东方直播室》属于群口类谈话节目。对这类节目来说主持人既是组织者又是引导者，需要灵活地掌控各种角色。主持人不仅需要对每一个采访对象进行深入透彻的了解，而且对观众的情况也要有一定的熟知度。这就要求主持人在节目中保持睿智和中立。《东方直播室》起用了有着长期新闻工作经验，曾当过记者、评论员的骆新。他冷静、理性，同时兼备对现实人文的关怀，气质与栏目的定位非常吻合。他曾获全国优秀主持人、全国电视星光奖、全国五一新闻奖、上海五一新闻奖一等奖等荣誉。

骆新冷静、独到、犀利的主持和点评风格，赢得了广大观众的喜爱，得到国内同行的高度评价。他通过不断地转换引导持不同意见的嘉宾充分表达自己的观点；在谈话气氛保持持续高涨的同时，要避免偏题、跑题，使得节目在正面与反面的声音交织中层层深入到核心性的问题；最后总结提炼，使节目主题进一步升华。在这个过程中，主持人自身的主持艺术尽显无遗。

5.新媒体技术的充分利用

当今时代是新媒体的时代，新媒体的出现改变了信息传播方式和形态，同时也撼动了传统媒体在信息传播中的绝对优势地位。因此创新电视节目形态，密切与受众的交流、反馈和互动势在必行，只有这样才能让节目更有可看性和影响力。《东方直播室》就是一个充分应用新媒体的典型的新形式电视节目。

《东方直播室》栏目开通了官方网站、百度贴吧。在话题选择和设置上，广泛征询网友意见，选择的都是热点社会话题、民生问题。节目话题的采集充分利用了新媒体在线索搜集上的优势，因此每期《东方直播室》的内容都很符合观众的胃口。

话题讨论的过程中，观众针对话题可以发送手机短信留言，节目下方会滚动直播他们的感受和看法，这些看法直接呈现在电视机屏幕前，观众可以看到或赞同或反对或中立的不同声音。节目录制现场 LED 屏上还邀请 50 个网友，分为红蓝方各 25 人，形成“两军”对垒的架势进行“辩战”。3G 技术、视频技术都被应用到现场连线中来，呈现出更多的讨论与交流，大大增强了节目和观众间的互动性。

此外，观众还可以通过手机短信进行投票表达自己对话题的看法，节目右下角会显示正反两方观点的支持票数。节目还开辟了在线网友表态投票环节，在话题讨论过程中，主持人会要求网友进行正反观点投票，观众通过 LED 屏幕及时知晓民意的倾向和结果。这种结果可以使观众清晰地了解到大多数人的态度，更具有真实性。

新媒体技术的充分应用为《东方直播室》栏目提供了很好的反馈平台。观众可以针对节目内容在这些论坛中发表评论、提出意见和建议，这是一种非常有效的反馈方式。

《新周刊》曾这样评价《东方直播室》:“它是最具有海派气质的脱口秀，唇枪舌剑中蕴含着温文尔雅；它是最具思维跨度的脱口秀，娱乐话题中表达着社会关怀。它既是圆桌会议，也是表演舞台；既是辩论赛，也是疗养室；既是个人故事，也是普适指南。它用‘我的视角’兼容‘他的视角’，用主持人和嘉宾的互动带出观点的激荡。”《东方直播室》尊重每一个新闻事件当事人的生活现状和思想感受，给予各方观点平等、公开的表达机会。这样一档高质量的栏目在“三网融合”的技术背景下，通过不断的技术革新，给观众带来了全新的视听感受。融入了新媒体技术的《东方直播室》是一个受众参与录制节目、评论节目、影响事件发展的新形式节目，它实际上改变了传统电视节目的制作流程和形态。我们看到传统媒体可以充分挖掘利用新媒体技术和功能，将新媒体技术有效应用于传统媒体。相信在未来的日子里，《东方直播室》还将站在时代潮流的前沿继续引领中国的访谈类节目扬帆起航。

东方卫视《中国达人秀》

一、《中国达人秀》栏目简介

《中国达人秀》是东方卫视制作的真人秀节目，自 2010 年 7 月 25 日开始每周日晚 21:05 在东方卫视播出，节目旨在实现身怀绝技的普通人的梦想。节目原型来自英国 Fremantle Media[①] 公司。在《英国达人秀》、《美国达人秀》等系列达人秀节目风靡欧洲、美洲和澳洲的情况下，英国 Fremantle Media 公司开始尝试开拓中国市场。在此契机下，东方卫视买下了“达人秀”节目在中国的版权，制作并播出了《中国达人秀》。

《中国达人秀》logo

《中国达人秀》的口号是“平凡人也可以成就大梦想，相信梦想，相信奇迹!”节目主持人为程雷，评委则由高晓松、伊能静与周立波三人共同担任。最后的胜出者将获得拉斯维加斯三个月的表演合约并且担任台湾著名歌手蔡依林

---

① Fremantle Media 公司是贝塔斯曼集团旗下 RTL 集团负责节目内容制作的公司，是美国以外最大的跨国节目制作公司之一，每年它为 57 个国家制作 9500 个小时的节目。

世界巡回演唱会的嘉宾。为了能让普通人拥有最完美的舞台，东方卫视将在最大程度上吸纳《英国达人》的“节目宝典”，并由英国方面定期派出“飞行制片人”到场指导，尽力还原国外最先进的现场灯光舞美效果和选拔模式，力争打造一场完美的“中国达人秀”。

2010年10月10日，《中国达人秀》第一季华丽落幕，上海八万人体育场八万观众共同见证了草根明星的诞生，如此大规模的现场直播方式和人数如此庞大的现场观众，创造了中国选秀节目的历史纪录。《中国达人秀》“导向和收视率高度统一起来”，受到广电总局的褒奖，同时以上海本地收视率34.88%、全国同时段节目收视第一、全国全天所有节目排行排名第一完美收官。目前，《中国达人秀》已经播出了四季。

《中国达人秀》真正做到了平民选秀，没有任何门槛，不限任何才艺，让拥有才华和梦想的任何一个普通人，都可以展示天赋和潜能。在当前选秀节目收视率集体下滑的状态下，《中国达人秀》异军突起，受到全民追捧，究其原因，有节目总体风格定位上的准确，也有节目主持的平民化、即兴化以及评委本身的卖点等等。

《中国达人秀》从选手各式各样的表演到选手故事的表达，抑或是评委的点评以及主持等都充满了娱乐元素，同时也表达了对真、善、美、爱以及自由的追求，充满了人文关怀。节目总导演金磊表示：“选秀节目的精神内涵应当是梦想和奇迹的实现，传达的应该是一种能够温暖人心的力量。”

《中国达人秀》在娱乐、选秀的同时与慈善事业结合，彰显节目的公益性质，有助于提高节目的社会关注度，同时也拓展了节目的深度和广度。节目总决赛的短信收入全部捐赠给中国慈善事业的创举，提升了节目的美誉度，也产生了巨大的社会效益。

二、《中国达人秀》栏目创意分析

1.参赛选手真正的平民化

《中国达人秀》致力于打造“零门槛”的选秀节目，为普通百姓创造了一个可以真正实现自己梦想的舞台。只要是怀揣梦想的人，不管来自哪里，从事什么职业，都可以在这里展示自己的天赋和潜能。节目组在上海、深圳、北京、武汉、天津、成都设立六大赛区，在西安、沈阳、昆明、广州、重庆设立五大“超级加油站”。所有符合相关条件的人，均可以在各大赛区报名参加海选。但是，“零门槛”并不意味没有底线，节目组拒绝低俗、庸俗、媚俗的内容。这种“零门槛”的形式，使得选手年龄跨度大、职业范围广，让节目拥有更加丰富的选手资源，能够最大限度地实现节目内容的多元化，提高节目的娱乐性和观赏性。

《中国达人秀》选手参加节目

《中国达人秀》是民生娱乐的代表，至今印在人们脑海中的“达人们”均是现实生活中一类人的代表，绝大多数是弱势人群，如翟孝伟和马丽、有才华的儿童张冯喜、外形肥胖但有漂亮歌喉的蔡艸勍和朱晓明，还有“鸭脖子夫妇”、“送你葱”的“菜花甜妈”等等。《中国达人秀》用真诚的姿态把普通而不平凡的人们的生活、梦想坚持展现给世人，也把小人物的辛酸和幸福推到人们面前。让生活当编剧，让真实感动人心。

2. 侧幕主持平易近人、贴近观众

《中国达人秀》一改以往节目在舞台上进行主持的形式，别出心裁地采用侧幕主持，主持人从台上走到幕后，主持的主要场地从舞台转移到了选手上下台必然经过的舞台侧面的帷幕里。侧幕主持的程雷没有居高临下的架势，首先他把自己当做一个观众，以一种普通百姓的价值取向和视角与观众沟通，用实实在在、通俗易懂的语言表达群众的呼声和愿望；他专心投入选手的表演之中，感受他们的情绪，分享他们的兴奋与失落；在选手下场后与其热情拥抱，或是恭喜晋级者，或是鼓励淘汰者，给选手们提供一种交流的方式和心理安慰。这样的主持形式在选手与观众、节目与观众之间架起了一座桥梁，能够更好地实现三者的沟通，同时也营造出一种平民化的温馨氛围，更加突出节目本身的特色。

3. 评委各具特色并充满人文关怀

在选秀节目中，评委扮演着重要的角色，不仅决定着比赛的公平性，更决定着节目的品位和走向。《中国达人秀》的评判模式借鉴国外的经验,并将其发扬光大,"评"出自己的特色。《中国达人秀》的三个评委来自不同领域,拥有不同的语言风格和人格魅力。周立波爱调侃、语言犀利、好奇心强,常常提出质疑,经常走上舞台尝试选手的表演以验真假;他对选手的妙语点评经常获得全场观众的掌声,引来阵阵欢笑。如一位选手穿了条翠绿的裤子,十分抢眼,周立波说:"如果你能晋级,我建议你换一条颜色鲜艳的红裤子,绿裤子让人想起现在惨淡的股市。"伊能静作为该节目的唯一一位女性评委,她的美丽、才气和表达力非常符合节目对于评委的要求。她的点评理性而充满情感,她鼓励不习惯穿高跟鞋的女选手脱掉高跟鞋赤脚站在舞台上演唱;她也会感动落泪,没有任何矫揉造作,这有利于对现场情感的引导,也突出了节目的人文关怀。高晓松则一直以比较专业的态度对待参赛选手,他认为艺术特别平等,是给每个人的,不管你来自什么阶层,不管你有着怎样的生活,音乐和舞蹈都能抚慰人的心灵。在面对失去双臂的刘伟用脚演奏《梦中的婚礼》钢琴曲时,高晓松说:"看到你的表演,我们应该放弃所有对生活的抱怨,精彩地活下去。"后来由于种种原因,《中国达人秀》的评委团又加入了黄舒骏和倪萍,但周立波、伊能静和高晓松"铁三角"组合的表现始终深受观众的喜爱。国家广电总局收听收看中心主任金文雄这样评价他们:"点评突出了人性的关怀,三位评委都不错,非常客观,他们对选手尊重、欣赏、善意关爱。"可以说,三位评委在满足人们娱乐心理的同时,还积极引导选手主动思考、自我发挥,真正与观众和选手实现观念上的碰撞、思想上的交流,从而使节目不断迸发出智慧的火花、思想的光芒。

人文关怀的核心是以人为本,关注人的生存状况、精神追求和思想情感,重视人的价值和尊严,强调物质生活提高的同时谋求人的全面发展。《中国达人秀》深度挖掘参赛选手背后的故事,以表演引出故事,以故事丰富表演。节目在传达娱乐精神的同时,也向观众传递了真、善、美,潜移默化地对观众进行人文教育,也满足了观众对人间大爱的精神寄托。失去双臂的刘伟、从菜市场走出的中国"苏珊大妈"、失去母亲的乌达木、为

《中国达人秀》评委

博得植物人妻子一笑的“孔雀哥哥”，这些能够让观众留下深刻印象的选手，都体现出自身的执着与坚强，评委在对其进行娱乐化点评的同时更加注重对人性的尊重和理解，并加以积极鼓励，体现出较强的人文关怀理念。

4.节目真实和虚拟的结合

《中国达人秀》注重真实表达，对选手的本真表现不加任何渲染。从舞台灯光、音效等各个方面，尽量减少舞台氛围对选手的影响，让选手拥有最真实的表现。节目尊重选手情感的流露和宣泄，情感的延续始终是它的一条隐形线索，并非刻意为之，而是让观众通过选手真实的表现去细细体会。《中国达人秀》用纪录片的手法真实记录选手的生活，全方位跟踪选手，从选手的报名直到表演结束，力图最大限度地还原选手的情感与心理状态。

参加《中国达人秀》的选手

不过真人秀节目不同于传统的将“真实”和“虚拟”划分得较为明显的节目，而是将“真实”和“虚拟”相融合。“真实”是指选手的真实、故事的真实、比赛的真实，“虚拟”是指事先预设的游戏规则，节目内容的构建过程即是参与者在规则下的集中表现。参与者的活动表现带着其自身真实的个人风格，然而由于规则的限制，这些表现又不会完全真实地出现在现实生活中。《中国达人秀》较好地将“真实”和“虚拟”结合在节目中，“虚拟”并不会破坏节目的真实性，反而更能体现真实性。

5.节目多元的营销策略

《中国达人秀》的火爆不完全是因为节目内容的精彩和评委点评的犀利，还有其多元渠道的营销。

首先是故事营销。与普通的选秀节目不同，达人秀节目比拼的不只是才艺，而是选手的故事和才艺所形成的整体。参加《中国达人秀》的更多的是普通人，舞台上这群不同年龄段的草根就是故事的主角。他们表演的节目不见得有多大吸引力，但他们讲故事的手段却非常高明。当“孔雀哥哥”用拙劣的舞姿和价格低廉的设备完成表演后，大家没有太多的感触，但一句"创作这样的舞蹈是为了逗乐瘫痪在床的妻子"，顿时打动了全场观众。他并没有刻意煽情，却能让所有的故事都融入到表演中，这是一种最高级的讲故事的方式。

其次是梦想营销。《中国达人秀》打动人的不仅仅是选手的才艺，更多的是为梦想的坚持和执着。不管是生活拮据的基层百姓，还是物质条件相对富足的社会精英，不管是拥有奇思妙想却难以实现的中学生，还是痴迷于古老民间技艺的年轻人，人人心中都珍藏着一个梦想，但有时候梦想却是件"奢侈品"，此时，成就梦想更能获得广大观众的共鸣。达人秀的冠军刘伟以一句"要么赶紧死，要么精彩活"成为振奋无数人的经典语录。节目在倡导积极向上的生活理念的同时，让普通人登场完成梦想。这正是观众共同价值、核心价值的骤然外现和在外现中对人的心灵的陶冶与治愈。

最后是互动情感营销。在这个节奏越来越迅速的时代，人与人之间的距离似乎在变远，爱情、亲情、真情的力量最容易拨动观众内心那根最温柔的心弦。在《中国达人秀》现场，一位八岁的小姑娘赵欣瑜上场后唱出的第一句，便让评委和台下的观众大吃一惊。表演结束后的问答环节里，赵欣瑜的童言无忌更为其赢得了不少感情分。当周立波问起她在什么地方唱歌时，她答"村里的丧事上"。她"只唱白事"的原因是"红事他们不让我唱"。伊能静问她会不会害怕，她回答"怕，但他们不是我的亲人"。一语落毕，她赢得了三个"Yes"。

6.融合新媒体，增加观众参与度

《中国达人秀》较为注重与新媒体的融合互动，发挥新媒体的传播特性，创新推广渠道，进行立体化的传播。节目除在全国各地设立报名点外，还与优酷网、土豆网、酷6网三大视频网站合作，利用网络的普及性和开放性，开设了"网络招募站"，对报名方式加以创新。让想参与节目的达人可以直接在网上报名，并上传自己的才艺视频。这样，既方便广大达人报名，也方便了组委会的遴选。在节目现场还设有全程微博互动，观众可以对选手以及评委进行点评，即时展开线上互动。

除了"中国达人秀"的官方网站，节目组还和优酷网、土豆网、酷6网、迅雷网、乐视网、PPLive、PPS等视频网站进行深度合作，节目首播之后观众可以在以上视频网站随时点播收看节目的完整视频、幕后花絮，为不同年龄层的观众提供了不同形式的收看选择。

《中国达人秀》还有一个特点就是场地选择的创新。它突破了传统节目演播室录制的束缚，将选秀的舞台搬到了演出剧场当中，并根据不同比赛的场景变换不同的场地。虽然是平民选秀，但是节目给参赛者提供了一个在豪华舞台上实现梦想的机会。从上海音乐厅、人民大会堂、上海八万人体育场到国际舞台维也纳，每个场地对于选手来说都意味着梦想的实现。

《中国达人秀》虽然是一个“舶来品”，但节目组对其进行了巧妙的本土化改造，内容上融入了更多的中国精神和思想，较为符合中国观众的观赏心理，既有娱乐节目的基本元素和诉求，又能体现出大众传媒对主流价值观的正确引导与塑造。在整个节目中感动与娱乐并存，在轻松的娱乐形态中完成了主流价值观的宣扬，产生了良好的社会效益。但是过度的温情容易导致滥情，《中国达人秀》要在注重人文关怀的同时，兼具客观性。在评委选择上要优中取优，注重评委形象的塑造和维护。在选手选择上要注重真实性，避免炒作。

中国教育电视台和江苏卫视《职来职往》

一、《职来职往》栏目简介

《职来职往》是由中国教育电视台一频道和江苏卫视联合打造的国内首档职场类真人秀栏目，于2010年12月10日开播。该栏目在中国教育电视台一频道首播，江苏卫视复播，口号是“职来职往，前途宽广”；主要是通过电视真人秀节目帮助求职者正确地对待自己与职场工作，为职场精英和应届大学生提供就业机会。栏目通过行业达人和求职者之间的对话，反映当下热点的就业话题和劳资双方的需求与现状，并产生观点的碰撞和思想的交锋。

《职来职往》通过邀请不同行业、不同职位的职场精英组成招聘团，让他们在与求职者的对话或面试的过程中展示职场所需要的人才；通过他们和“Mr. Job”客观、理性、真实、全面的分析，展示真正的职场，让求职者和观众对职场有一个客观真实的认知。每期节目邀请18位来自各行各业的“职场达人”，他们以亮灯和灭灯的方式对参与节目的求职者进行评判，决定他们能否前往100家知名企业工作、能否与自己心仪的工作岗位牵手，同时针对每一位选手的情况提一些

《职来职往》logo

《职来职往》主持人李响

关于职业和职场的宝贵意见。

2010年底，作为职场真人秀节目的《职来职往》创下了收视率的新高，打破了中国教育电视台一频道自制节目首播的纪录。2011年2月，它更是登陆江苏卫视成了《非诚勿扰》的孪生节目。两台联播让这档节目的影响力陡增，每次播出后总能成为观众的话题、网络上的热点。据克顿顾问公司的统计，《职来职往》2011年3月的收视率甚至超过黄金时段电视剧的收视率。

为进一步完善节目形式，2011年11月《职来职往》进行改版，将以往单纯的灭灯改为现在的亮灯加灭灯，即上一轮对求职者不满意的达人在下一轮的考评后依旧可以为求职者再次亮灯。除此之外，新改版的《职来职往》增加了嘉宾亲友团，为求职者现场加油鼓劲。改版后的节目更显人文气息。

二、《职来职往》栏目创意分析

1.“适时”的栏目定位

一档电视栏目若要争取庞大且稳定的收视群体，准确的定位是其重中之重。栏目定位直接影响着节目的主要受众、品牌形象和核心竞争力。通过准确的定位打造属于自己的个性，塑造独特的品牌形象，以此来避免同质化竞争。

《职来职往》定位为求职真人秀，致力于为求职者和企业之间建立一个沟通交流的平台，从而引导整个社会正确的价值观和职场观，化解一些潜在的社会矛盾，发挥媒体推动建设和谐社会应有的责任。《职来职往》栏目抓住了近年来的社会热点问题和矛盾：随着经济社会的转型发展，我国的就业形势日趋严峻，劳资双方矛盾逐渐加大。一方面，企业进行结构调整和产业升级对劳动力产生了新要求，招不到合适人才；另一方面，部分求职者择业观滞后、信息渠道不畅，找不到合适的工

《职来职往》录制现场

作。在此背景下,《职来职往》栏目的创办无疑是迎合了市场需求,满足了受众的心理,在求职者和企业间搭起了一座"电视求职"的桥梁。

栏目还非常重视大学生群体。中国大学生的就业形势严峻,求职是他们要面对的重要课题。有数据显示,2011年中国的应届毕业生人数高达650万,争取一份适合自己的工作与争取一个在著名企业中的中高级职位是不大相同的,将要走出象牙塔的学生如一张白纸,最为实际的是学习该如何为自己争取到一份合适的工作。从上班族和大学生的实际出发,并使之成为基本受众群,是《职来职往》策划的基础,这一基础符合时代需求和社会现实需求。

2.准确的受众定位

《职来职往》的目标受众是一般上班族和大学生,即那些刚入职场或者准备踏入职场的年轻人。栏目通过调查发现,年青一代最迫切的社会需求之一就是职业发展,而且大部分人都希望通过自身努力来实现自己的职业理想,但在这个过程中却存在很多问题,如对职场不了解,没有明确的职业规划等。《职来职往》正是将目标对准了这个群体,不仅符合栏目的整体定位,而且也适应了社会的需求。

针对目标受众,《职来职往》在节目设置中既严肃又有一定的随意性,使得年轻人非常喜欢。职场达人们虽然已经熟悉职场且能成功处理与他人的关系,但从节目中还是可以了解整个职场的状况,从而对自己有一个全方位的认识;而应届毕业生对职场的各种无形规则毫不知情,对工作充满无限幻想抑或是恐惧,不知道如何面对以及解决复杂的人际矛盾,节目中职场"面试官"会让他们了解一些职场规则和明确自己的职业规划。

3.企业高管化身"职场达人","Mr. Job"指点迷津

《职来职往》借鉴《非诚勿扰》的设置,在面试环节请来18位来自不同行业的企

业高管，企业高管们在节目中化身“职场达人”对求职者进行面试。节目对于“达人”的选择同样别具匠心，不仅要求达人在自己的职业领域身经百战，更要拥有犀利的眼光能够一针见血地指出求职者的优缺点，且观点独到、个性鲜明。

“职场达人”马丁

“职场达人”的设置，不仅模拟了求职应聘现场，还为求职者提出很多专业的、可行的建议。在节目现场，他们一方面是提供职位给求职者的面试官，但更多的是担任面试者在求职路上的“职业导师”角色。节目挑选的“职场达人”通常都来自不同行业，并涵盖行政管理、营销策划、媒体公关、技术业务等职位，他们或犀利、或温暖、或客观的评判，充分实现了达人“角色化”，如智立方的杨石头、光线传媒的刘同、天启一方的马丁等人不仅观点独到，更是个性鲜明。他们一方面通过丰富的人生经验、职场经历、专业知识来评价选手；另一方面，还通过自身的言谈举止，将企业的文化、用人原则、运作方式展现给观众，成功地进行了自身的品牌营销。经历过面试的人都知道，能否取得面试的成功，不仅仅要求求职者本身的专业技能和工作能力，还有很多细节如求职者的谈吐、形象、气质、态度等，也会影响面试的结果，同时许多求职者在求职过程中也常会遇到关于劳务方面的法律盲点，为此，栏目组在每期的 18 位评委中，特别安排了造型设计和法律界的评委，旨在给求职者提供更全面的指导和帮助。

《职来职往》在人员设置上的另一个亮点就是“Mr. Job”职场分析师。对此，栏目制片人表示：“这个角色在场上很重要，职场分析师就是站在一个客观的角度对求职者给予正确的引导，他还能够告诉观众应该如何去求职，让《职来职往》栏目成为一个求职教材。”[①]《职来职往》栏目的“Mr. Job”职场分析师由潘力和雷明两人担任，他们都是具有多年丰富经验的企业管理人员。潘力拥有丰富的人员招聘和团队领导经验，特别擅长对年轻员工的激励和培养，而雷明则拥有丰富的心理咨询、心理沙龙、心理讲座和企业EAP服务经验。他们能够敏锐地发现求职者言谈中的问题，在求职者应聘的过程中给予职业引导，或在求职者陷入迷茫与危机时给予思想引导，二人的精彩点评和职场建议往往让求职者受益匪浅。

“Mr. Job”职场分析师潘力

4. 节目内容趣味性强

《职来职往》虽然定位为真实、严肃的求职类真人秀节目，但为了增强节目的可视性，一改以往求职现场的刻板，节目规则设置有趣又不失严谨，节目内容充满话题性又不偏离求职类节目的服务性初衷，在获得高收视率的同时致力于为广大求职者提供工作机会和求职经验。《职来职往》在规则设置时效仿了江苏卫视的相亲节目《非诚勿扰》，一对多的面试形式生动新颖，对求职者来说充满无限挑战。在提问阶段，一方面求职者要对职场达人们提出的尖锐苛刻的问题一一予以回应，另一方面职场达人们要客观理性地对求职者做出评价并给出忠告或建议，帮助求职者更好地认识自我，为求职者的职业道路指点迷津。

《职来职往》设置有三个环节，使节目具有闯关类节目的游戏效果，充满悬念，这一方面提升了观众对节目的兴趣，另一方面又烘托了求职现场的紧张氛围。求职者通过第一环节“职场亮剑”进行自我介绍，并由相关行业达人对选手进行职业技能测评，以此考验选手的心理素质、逻辑思维、创新思维等基本职业素质。第一轮灭灯之后，进入第二环节“职我本色”，通过选手拍摄的VCR短片了解求职者的生活经历和求职故事。这一环节中，职场达人和职场分析师将对选手的生活态度

① http://baike.baidu.com/view/4503413.htm

和求职态度进行评价。第二环节之后,若在场达人为求职者亮灯数超过12盏,求职者则可转被动为主动,在百强企业中任意选择一家就职。若低于12盏,则开启第三环节"职场诱惑",由职场达人们为求职者提供适合的工作供选手选择。若没有达人企业愿意提供职位,则求职失败。求职者一路闯关,使节目刺激有趣,增强了故事性和趣味性,避免平铺直叙使得观众视觉疲劳。栏目制片人马浚益曾表示,"《职来职往》栏目是一个斗智的过程,怎样回答巧妙,能够获得面试官的青睐是一门学问;其次,整档节目在好看的同时,给观众带去真正的帮助。"

《职来职往》还设置了极具诱惑的奖品,通过面试的求职者除了在场18位职场达人带来的工作机会可以选择之外,更有100家知名企业等待着有能力的求职者。百强企业联盟中不乏宝马、星巴克、百度等大型知名企业,他们提供的高端职业无论从职业发展的角度还是个人待遇方面都极具诱惑力。栏目制片人说:"百强企业联盟将让《职来职往》成为求职类节目的标杆。"《职来职往》是国内职场真人秀节目集结企业资源最多的节目,为求职者提供了更多选择和被选择的机会,切实地为求职者提供就业服务。

另一方面节目的内容又是积极向上的。由于主要面对的是年轻人,节目内容的导向就显得举足轻重,因此《职来职往》在内容导向上是积极向上的。节目中没有为了收视率而"搏出位"的言语,更多的是积极鼓励的语言和诚恳的建议,增强了求职者的自信心和对职业的憧憬。在2011年7月29日的节目中,边防战士王力强曲折的求职故事,现场简朴真挚的求婚,还有他没有"豪言"的"壮语"——"我可以失败却依然准备,今天只要有1盏灯亮着,它就足以照亮我的前程,如果没有灯亮着也将有18盏红灯照亮我的前程"——令无数的观众为之动容。《职来职往》所呈现的内容、所传播的价值观是引导当代青年群体对求职、对人生、对社会的正确期望与向往。

5.栏目的"亲民"风格

为了营造轻松亲切的求职氛围,《职来职往》一改应聘求职类节目的刻板和枯燥。与同类节目中企业高管坐在"宝座"上不同,《职来职往》中的"职场达人"和应聘者一样都是站在台上的。栏目突破了以往求职节目中嘉宾评委打分"PK"等模式,直接还原面试现场,参加者直接面对多名高管提问,同时使用双向选择,面试过关后，由面试者再挑选所希望就职的企业。这样的面试形式为求职者营造了一个平等自由的环境，强调应聘一招聘这一互动过程的平等关系，即企业选择求职者的同时，求职者也有选择企业的权利。

该节目在主持人的选择上也突出体现了亲切的节目风格。《职来职往》的主持人李响给人一种邻家大哥的形象，主持风格清新自然、充满活力，在节目中不断鼓励求职者，为他们加油，对待达人和 Mr. Job 则谦和有礼，使观众在收看节目时倍感亲切舒适。

除此之外，改版后的《职来职往》还增加了嘉宾亲友团。邀请求职者的亲朋好友到现场为求职者助威，增强了现场选手的信心，减少了心理压力，对选手面试顺利起到了一定的积极作用。改版后的这一措施更人性化、更具服务性。

《职来职往》栏目除了关注职场人士和大学生群体以外，还关注到了退役运动员这一特殊求职人群。近年来，国家体育事业得到了长足的发展与进步，中国体育健儿在国际上的声誉越来越高。我们总是能从各种各样的媒体上看到姚明、刘翔、李娜这些优秀运动员的身影，然而，支撑金字塔顶端这些耀眼明星的，是数量庞大的体育事业从业者和千千万万没有拿到过世界冠军的普通运动员，他们中的一些人，甚至从来没有进入过国家队的名单，更不用说在媒体上“露脸”。他们同样要经历运动生涯的起伏，也必须面临退役、转业等现实问题。《职来职往》首次关注到这样一个特殊的求职就业群体——退役运动员。毕业于南京炮兵学院的魏丽，是退役女子射击运动员，魏丽来求的职位却是和射击没有任何关系的人力资源岗位。[①]

除了退役运动员，《职来职往》还曾关注过一位富士康离职人员。来自陕西的谢龙只有小学学历，14 岁就被父母遗弃，独自出门打工。曾供职于富士康的他一度走到了轻生的边缘，然而，与生俱来的坚强让他顽强地活了下来。在场达人和职场分析师对该求职者不仅提出了职场方面的建议，更对他的人生道路给予了帮助和鼓励。

《职来职往》的产生是顺应了时代的发展和受众的需求，栏目坚持服务性，保持亲切平等的风格，在观众中树立了良好的形象。《职来职往》的网络视频播放平均

① 《〈职来职往〉改版在即 “老版”最后一期怀旧登场》，http://ent.xinmin.cn/2011/11/03/12576613.html

每期高达76万次以上，最高一期已经超过了110万次，新浪官方微博粉丝总数也突破了46万。《职来职往》栏目还和国内领先的人才网站智联招聘深度合作，充分利用互联网的求职平台和专业的信息资源，为求职者提供网上报名、求职指导等个性化服务；栏目还与人民邮电出版社联手，策划出版了《职来职往——这样求职进百强》，图书作为节目的延伸在荧屏之下用事实案例向求职者传道解惑。

求职类真人秀节目因顺应当今国内严峻的就业形势而风靡一时，作为该类节目的代表，《职来职往》由于其准确的节目定位、创新的节目规则、亲切平等的节目氛围受到了观众和求职者的热烈欢迎。求职类真人秀节目集娱乐性、服务性、商业性于一体，在创造话题争取高收视率的同时，坚持其根本的服务性特征是必不可少的。只有真正服务于大众，才能赢得良好的口碑和忠实的观众，节目才能健康长远地发展。

浙江卫视《中国梦想秀》

一、《中国梦想秀》栏目简介

《中国梦想秀》是浙江卫视打造的一档为普通人圆梦的大型“季播”公益栏目，于2011年4月2日制作播出第一季，目前已成功举办三季，第四季即将拉开帷幕。《中国梦想秀》集选秀、访谈和娱乐于一身，旨在鼓励人们拥有信仰和梦想，并且乐观积极地去追求梦想。栏目口号是“不必是达人，有梦就有舞台”，即站在舞台上的意义，不是秀才艺，而是实现梦想。

《中国梦想秀》源自英国BBCW频道创全英收视第一的王牌综艺节目《就在今夜》(*Tonight's the Night*)，浙江卫视以重金购入模式版权后进行了一系列本土化的改造和创新，打造了一档“以公益为诉求，以真诚为基本，以梦想为依托，以现实为动力”的大型公益活动，让全国观众从节目中找寻到了快乐和公益的本质。

《中国梦想秀》logo

《中国梦想秀》在前两季节目中，主要围绕“明星给平民惊喜，帮平民圆梦”，让明星甘当绿叶和平民同台表演，从而实现参赛者的梦想。同时节目还关注一些社会中的弱势群体，号召全社会给予他们关爱，并帮助他们达成心愿。《中国梦想秀》第三季进行了模式创新和节目形态的改变，突破以往才艺展示、明星圆梦的局限，通过深入挖掘圆梦者的圆梦故事，深刻探讨圆梦价值，从而实现圆梦追求，真正把“让梦想照进现实”的节目理念落实到具体的行动中。节目不仅是普通人“秀”出梦想的舞台，更成为媒体为怀抱梦想的人指引方向、给予鼓舞的平台。

《中国梦想秀》在展示普通百姓多彩梦想的过程中有效地倡导了社会主流价值观，弘扬了积极向上的时代精神。节目内容励志向上、充满爱心，在思想性、艺术性和可看性上得到了有机结合，成为时下电视媒体践行主流价值、倡导公益理念、彰显梦想力量的示范引领标杆，获得广大观众和社会各界的广泛好评。

《中国梦想秀》第一季成为 2011 年省级卫视唯一一档平均收视过 1%的新节目，获得国家广电总局四次发函表扬。在第一季收官之作“梦想重聚”播出后热议微博达 1590 万条，“中国蓝”的新浪微博粉丝数由《中国梦想秀》开播前的 30 余万跃升到百万。根据央视一索福瑞在 37 城市的收视调查显示，83 版《射雕英雄传》剧组《重聚》单期节目收视率高达 1.4%，名列全国同时段第二位。由于周立波的加入和栏目内容的改版，《中国梦想秀》第三季更是获得了高收视率、高网络点击率和全社会的好评，平均收视率达 2.3%，最高一期达 2.597%，每期节目雄踞收视冠军宝座，网络总点击量突破 10 亿。《中国梦想秀》第三季引领了当时电视综艺类栏目的新风尚。

2012 年 8 月 11 日，广电总局印发《关于表彰 2012 年广播电视创新创优栏目的决定》，对 18 个电视栏目、10 个广播栏目予以表彰，《中国梦想秀》名列其中。广电总局评价其在拥有较好收视率的同时拥有很好的口碑，在引导社会舆论、弘扬主流价值观、传播科学知识、讴歌人间真善美、提供健康娱乐等方面发挥了积极作用，广播电视呈现出一股清新正气。

二、《中国梦想秀》栏目创意分析

1.“梦想”是观众参与的动力源泉

顾名思义，《中国梦想秀》的栏目主旨落在“梦想”二字上。“梦想”在字典中的基本解释为一种意识的追求、动力的源泉。每个人都有自己的梦想，也都希望实现自己的梦想，而且梦想不同于远大的理想，它可大可小，可远可近。作为《中国梦想秀》内容最基本要素的“梦想”成了吸引观众的最大亮点，参加节目的观众希望实现自己的梦想，电视机前的观众希望承载着普通人梦想的追梦人替代自己实现梦想。实现梦想成了观众参与节目和收看节目的“主要动力”。

《中国梦想秀》的主题就是展示百姓“梦想”、为百姓“圆梦”，以贴近生活的鲜活内容、公益娱乐的健康追求，为综艺节目的价值引领和品质提升，探索创造了全新模式。在《中国梦想秀》前两季节目中，以“展现百姓追梦故事”、“主持人乔装送惊喜”、“明星当绿叶共圆百姓梦”为主要特色。改版后的第三季进一步拓展百姓“梦想”的内涵外延，新增“梦想大使”点评、“梦想观察团”投票、“梦想助力团”资助等节目元素，使之成为展示当今百姓多元梦想、激励和支持励志人生的公益平台。

圆梦人：盲人按摩师吴光

在“梦想秀”的舞台上，观众看到的是一个个感人至深的圆梦故事：左眼几乎失明的“保洁叔”王世金为实现对爱女的承诺，学跳迈克·杰克逊的舞蹈，他精湛的舞技和所付出的艰辛努力引起了网络热议，他的跳舞视频在网上点击率三天超过 66 万；热衷义工事业的天津脑瘫女孩刘森，出生时不幸因小脑缺氧造成先天性瘫痪，但她并没有因天生的不幸而放弃生活信心，15 岁开始上网写自己的人生故事，并建立了自己的个人文学网站，她还热爱唱歌，最大的梦想是能在舞台上和偶像韩庚共歌一曲，《梦想秀》栏目组把她接到杭州，请来韩庚，圆了这个坚强女孩的歌唱梦；聋哑女孩刘霜霜，在面临是放弃梦想募集 20 万做耳蜗手术，还是放弃手术赞助而坚持自己的梦想做一个手语主持人的“梦想拷问”时毫不犹豫地选择了坚持梦想；盲人按摩师吴光用歌声照亮人生，始终坚信“为了不哭请大声笑”的人生宣言；“哈佛女孩”为鼓励、照顾换肾的哥哥，打工赚钱，录制自创歌曲，共唱“梦想”感动全场。这些典型事例、典型人物的重点开掘，使节目在分享快乐的同时，弘扬“真善美”,突显了节目精神格调的健康昂扬和温暖情感的生动底蕴。

2.公益是栏目的最终诉求

《中国梦想秀》栏目紧紧围绕梦想的实现铺陈了“小人物、大梦想”的转述空间,改变了“电视节目秀”纯娱乐的表述形态,让公益和社会责任嵌入栏目本质。《中国梦想秀》以平民化的叙事角度贴近了民众的生活体验,展现了圆梦人不平凡的行为、态度、情感、信念、希望,帮助他们实现梦想或者对“不切实际”的梦想进行引导,凸显了电视媒体的人文关怀与社会责任,塑造了卫视娱乐节目的健康形象。

为了帮助观众实现梦想,《中国梦想秀》栏目组设立了“圆梦基金”和“圆梦·助力热线”,让爱心企业家、各界群众和追梦人有一个沟通、联系的平台。同时在节目录制现场增设了“梦想助力团”席位,让慈善者和圆梦者在现场真诚携手,共同圆梦。他们还专门抽调二十多人成立“圆梦办公室”,整合各种社会资源,寻求社会公益支持。

一位来自黑龙江的父亲,因为儿子患有严重自闭症,所以他希望能拥有一家凉皮店,这样能为儿子提供稳定的收入保障。节目播出后,社会各界纷纷伸出援助之手,帮这位可敬的父亲实现了梦想。五岁女孩熊嘉琪患有肝硬化,她最大的梦想是登上梦想秀的舞台。节目播出后,观众在节目热线中给熊嘉琪提供了三百多条有关治疗肝病的医生和医疗机构的信息,甚至有十多人表示愿意无偿捐献自己的肝脏。聋哑姑娘刘霜霜梦想当一名手语主持人,浙江卫视当场与她签约,让她到台里做实习手语新闻主持人,等等。这一个个圆梦故事都让《中国梦想秀》充满了爱与责任。圆梦的过程就是社会公益的体现,也是栏目组最终的诉求。

3.平民化是栏目的“主角儿”

《中国梦想秀》打破普通娱乐节目“以明星为主线,以才艺为话题”的“精英式”叙述形态,而是以生活中的小人物为目标,以他们平凡人生中怀揣不平凡的梦想为诉求点,展现他们对某一种情感、某一首歌曲、某一项技艺的深切向往和美好憧憬,并给予他们实现梦想的勇气和机会。栏目提出了“不必是达人,有梦有舞台”的口号,舞台的“主角”只要怀揣梦想,不管才艺高低,都可以踏上这个舞台来追求他们的梦想。《中国梦想秀》在第一季中帮助52位圆梦者实现了梦想,这52人中不到三分之一的人拥有特殊才艺。而在第三季中参加圆梦的有卖猪肉个体户"杀猪姐"、服务员"绵羊妹妹",还有舞狮兄弟、盲人按摩师、地震孤儿、女子鼓乐队、刑满释放人员、广场舞团、支教志愿者、芭蕾情侣、身患癌症的作词人等。他们不一定有过人的才艺,但都有一个美丽而朴实的梦想。栏目组在锁定这些圆梦人的时候,看重的不是他们的身份、形象和才艺,而是他们身上所发生的"故事",因为梦想不分身份贵贱、地位高低,每一个人都有追求梦想的权利。

《中国梦想秀》栏目搭建了一个没有海选、没有晋级、没有PK、没有输赢的舞台,摒弃了传统"电视秀"节目的游戏规则,重塑了中心话语秩序,表征了电视娱乐文化的后现代转向。梦想照进现实,"小人物"的"大梦想"在这里一一实现,点亮了人间的温暖与祝福,成功突显了电视媒体自然回归的文化态势与文化使然,实现了电视娱乐节目价值评估由"收视率"向"公益性"的必然转变,使电视娱乐文化迸发出了时代激情,凝聚了向社会主义文化强国阔步前行的精神动力与力量源泉。[①]

圆梦人:服务员"绵羊妹妹"组合

《中国梦想秀》中让观众感动的故事数不胜数,如第二季第一期中的袁迪宝、李丹妮两位老人跨越56年不变的爱恋;第二季第二期中的高位截瘫女孩兰兰对唱歌的不懈追求;第二季第四期中的"炸鸡英雄"杨建的街舞梦;第三季第八期中的弱听者杨萍对于声音的向往等等。每一期,甚至每一个圆梦者都使观众饱含热泪倾听他们的故事,笑着看他们完成梦想。《中国梦想秀》不仅带给观众两小时的欢乐时光,更重要的是让观众看到生命的伟大、人性的善良、亲情的可贵等触及灵魂的感人情景。

① 赵红勋:《〈中国梦想秀〉的独特魅力》,《视听纵横》2011年第4期。

4. 明星是栏目的“配角儿”

《中国梦想秀》将平民百姓作为栏目的主要切入点，但也少不了明星的“点缀”。在前两季的节目中，明星作为圆梦者的“圆梦人”出现。“明星甘当绿叶，为平民成就梦想”的口号一经推出，立马赢得了无数有责任感的国内一线明星的积极响应，如陈奕迅、孙楠、韩庚、古巨基、光良、戴玉强、蔡依林等，纷纷争当“圆梦大使”。节目还吸引了《新白娘子传奇》剧组、83 版《射雕》剧组，他们在这一舞台上的重聚，圆了一代人心中的梦。

大张伟助圆梦者吴光圆梦

“圆梦大使”明星们的出场也颇具“戏剧性”，充满了故事色彩。作为刘淼“圆梦大使”的韩庚，在刘淼拍照的时候出现在刘淼的背后，主持人华少通过让刘淼观看照片发现她的偶像的到来，最后在刘淼不备的情况下韩庚出现并随意交谈，给这个小女孩带来了无限惊喜。“圆梦大使”羽泉装扮成录音棚里极为苛刻的老师，考验麦尔丹的演唱实力，挑剔、苛刻的他们唱着歌曲出现在麦尔丹的面前时，惊呆了这个新疆的帅小伙，感动与幸福顿时涌上心头，愉悦的心情难以言表。在“圆梦大使”大张伟为了圆盲人按摩师吴光与其同台演唱的梦想时，周立波假借让吴光与他（周立波）合唱花儿乐队《穷开心》的机会，让大张伟上台和吴光一起演唱，最开始吴光还没有发现是大张伟，发现后吴光留下了激动的泪水。

《中国梦想秀》第三季的两位主持人兼“圆梦大使”朱丹、华少为了能给圆梦人一个惊喜，他们坐过火车、汽车，走过山路。华少扮过阿拉伯商人、摇滚青年、文艺诗人、服务员、犀利哥、18 岁实习生、相亲男、表演老师等角色；朱丹演过煎饼大婶、鞋摊老板娘、京剧名伶、老年芭蕾舞学员等形象。三个月的时间他们扮演过的角色数量等同于一个一线演员五年扮演的角色数量。

《中国梦想秀》第三季请来海派清口文化的发起人周立波作为“梦想大使”。周立波以其个性鲜明、言辞犀利，以类似脱口秀的方式正话反说、针砭时事，漫谈政治、经济、人生、理想的主持风格而被观众所熟知。他主要在现场帮助圆梦人梳理梦想，并向追梦人灌输“脚踏实地、胸怀信仰、相信梦想、没有奇迹”的人生观和价值观。

《中国梦想秀》采用从国外引进版权的模式，本土化的改造必然成了栏目能否被国内观众接受并喜爱的重要一环。于是，《中国梦想秀》栏目在引进版权后进行了大的调整。《就在今夜》是以娱乐为主，伴随歌舞表演、真人秀以及场内观众游戏等形式的综艺节目。这种形式很难在国内众多娱乐真人秀中脱颖而出，所以《中国梦想秀》更偏重于实现梦想的人文情怀，着重于圆梦人的心理挖掘和故事讲述。

《中国梦想秀》栏目作为浙江卫视践行中国蓝“顶层设计”的一次探索，一改昔日“明星化”的娱乐风格，把聚光灯“转焦”在平民身上，透过镜子式的映射与烛照揭示了当代社会文化转型的积极意义。平民实现梦想的节点与场景在电视的镜像中多维呈现，更有超级明星现场帮助圆梦，惊喜连续不断，一时间观众也置身于电视娱乐文化情感场域之中，体验久违的感动与幸福。在推进梦想实现的进程中，精英文化与大众文化进行了创造性的黏合与交融，草根精神在华丽的舞台上尽情地狂欢与舞蹈。[①]《中国梦想秀》在内容、嘉宾和人物的设置以及价值意义上都为中国电视栏目做出了导向性的标准；同时它引领了健康的娱乐风潮，建构了娱乐节目的品牌意义，丰富了电视文化内涵，开启了电视娱乐节目的新时代。

---

① 赵红勋：《〈中国梦想秀〉的独特魅力》，《视听纵横》2011 年第 4 期。

浙江卫视《中国好声音》

一、《中国好声音》栏目简介

《中国好声音》是由浙江卫视联合星空传媒旗下灿星制作强力打造的大型音乐真人秀节目，2012 年 7 月 13 日正式在浙江卫视播出。节目以“真声音、真音乐”为宗旨，邀请那英、刘欢、杨坤、庾澄庆四位明星做导师，让四位明星导师在比赛过程中找到值得培养的乐坛新人，为中国乐坛的发展提供一批怀揣梦想、具有天赋才华的音乐人。节目组还承诺：“以振兴中国乐坛、培养未来巨星为己任，拒绝‘毒舌’，杜绝‘绯闻’。”《中国好声音》播出以来所传递的正能量非常巨大，节目给那些锲而不舍追求音乐梦想的人建立了一个表现自我的平台，虽然他们中的很多人没有晋级下一轮，但他们对音乐的执着和真诚令无数人为之动容。

《中国好声音》logo

《中国好声音》源于荷兰的 *The Voice*，《中国好声音》遵守了原节目的比赛规则——盲选，即海选期间评委背对选手，选手可以选择一首歌曲演唱，在歌曲结束前如果有评委按下“I want you”按钮则选手成功晋级；当有多位评委选择选手的时候，选择权则转移到选手身上。如此导师和选手之间的互动模式，一改往日选秀类节目中导师高高在上的形象，使节目充满平等、尊重和悬念，引人入胜。在海选环节中，那英、刘欢、杨坤、庾澄庆四位明星导师和选手的服饰都崇尚简约质朴，从形象上暗示观众关注的重点是选手的歌声而非着装打扮。在遵守节目比赛规则的前提下，《中国好声音》也对原版节目进行了本土化的改造，如在录制中更多地体现了节目组的人文关怀，关怀选手的内心世界和情感世界，带给观众更深层的感动和感悟。

《中国好声音》一开播就受到了电视观众的广泛关注，立即在国内掀起了一股音乐选秀热潮。《中国好声音》首播收视率达到了1.447%，此后更是节节攀升，"巅峰时刻"更是一举破六，多场次的重播收视率也超过了1%，被观众称为"今夏(2012年)最成功的音乐节目"。

《中国好声音》节目第一季各期收视率、收视份额及全国排名①

期数	播出时间	收视率(%)	收视份额(%)	全国同时段收视率排名
第一期	2012.7.13	1.477	4.11	2
第二期	2012.7.20	2.717	6.93	1
第三期	2012.7.27	3.075	7.89	1
第四期	2012.8.3	2.725	7.67	1
第五期	2012.8.10	3.31	9.74	1
第六期	2012.8.17	4.019	11.39	1
第七期	2012.8.24	4.133	13.04	1
第八期	2012.8.31	4.201	11.91	1
第九期	2012.9.7	4.281	13.31	1
第十期	2012.9.14	4.567	14.25	1
第十一期	2012.9.21	4.865	13.60	1
第十二期	2012.9.28	4.599	14.99	1
第十三期	2012.9.29	4.133	17.40	1

① 此表为浙江卫视CSM44数据，来源：http://baike.baidu.com/view/8700459.htm

续表

期数	播出时间	收视率(%)	收视份额(%)	全国同时段收视率排名
第十四期（巅峰之夜）	2012.9.30（19:43:34—21:05:17）群星演唱会	4.188	11.12	1
	2012.9.30（21:05:18—22:44:35）巅峰时刻	6.101	16.90	1
	2012.9.30（22:44:36—次日 0:28:46）颁奖盛典	5.652	29.47	1

证明《中国好声音》成功的另一个因素是其广告费的飙升，从最初的每 15 秒 15 万，到后来的每 15 秒 36 万，再到最后的每 15 秒 116 万的广告费，《中国好声音》创造了我国电视广告的增长神话。

二、《中国好声音》栏目创意分析

1.创新商业模式，节目制作精细

《中国好声音》的商业模式创新主要体现在制播分离与收入分配模式方面，不少业界人士把《中国好声音》誉为一档真正意义上制播分离的节目，即制作方和电视台共同投入，共担风险，共享利润。从国外买进版权到制作，《中国好声音》节目出自“灿星制作”之手，这个团队创作了在国内较知名的节目《中国达人秀》、《武林大会》以及《华语音乐榜中榜》。节目的播出平台是浙江卫视。灿星制作与浙江卫视在收入分配模式上的约定是：节目收视率达到一定的标准之上，双方共同参与广告的分成，而低于这个标准，由制作方进行赔偿。为了提高节目的品质，灿星制作聘请了非常专业的明星、制作人员。《中国好声音》宣传总监陆伟在接受记者采访时曾解释：“以往所谓的‘制播分离’通常是制作单位完成一档节目的创意、理念及制作，然后由电视台花钱购买。所以对于制作单位来说，收入是固定的，如果要获取更大的利润空间，他们只能从控制自身成本的方向努力。控制成本会影响节目的质量，这直接导致收视率不好，收视率不好电视台的广告营收也受影响，从而形成恶性循环。”[①]参与电视台广告分成的制播分离模式避免了过去的恶性循环，为了要获取更多的利润，制作单位会竭尽全力制作出最好的节目来确保收视率，这便形成了良性循环。

此外，《中国好声音》的创新商业模式还表现在与明星的合作方式上。《中国好声音》的四位导师参与节目的形式并非出场费的形式，而是让明星们长期共同投入，参与打造《中国好声音》的产业链并获得收益分成，这无疑使得明星效应在更大限度上发挥出来。

为了确保节目的质量，灿星制作在节目制作过程中几近苛刻，如导师对选手很挑剔，唱得好但没特色同样不会被“拍”，转身的比例只有 3∶1；播出 80 分钟的节目，每期素材录制在 1000 分钟以上；评委在赛前有机会听到选手的声音，但不能见到选手本人，从而能达到真实的现场反应；导演组跟选手至少有三次面谈，等等。[②]

《中国好声音》的录制过程也是“慢工出细活”，每位选手录完之后，节目都会有将近十分钟的等待，导演会在下一位选手上场之前，和四位导师进行交流，交代录制中需要注意的细节等，而观众在电视上看到的导师和学员对话只有三四分钟，其实录制现场远远不止这点时间。节目宣传总监陆伟解释这是为了让剪辑后期能把最精彩的点剪辑出来，“现场导师的问题相当分散随机，他们很反感设计。节目文案交给他们的，也只是极其常规的问题。像对学员徐海星来讲，‘父母陪你来了没有’，这个问题后面是有‘钩子’的。能不能引出来(故事)我们不知道，但不能把问题设计成‘你父母还在世吗?’太刻意了，导师也不会问。”[③]后期剪辑对选手的编排中也是进行精心设计的，每一期中至少会有一个声音绝佳的生面孔，也会有一些熟面孔，这让观众既保持了新鲜感，也对节目充满了期待。

作为声音选秀，现场音响尤其重要。在《中国好声音》的节目录制现场安装了 16 个主音喇叭，8 个超低音喇叭，还有无数的舞台监听设备，整个舞台所用设备可以供三万人欣赏，甚至比演唱会的效果还好。乐队阵容也非常强大，如贝司手由“中国第一贝司手”之称的王笑冬担任，键盘手由多次为那英、孙楠伴奏的刘卓担任，现场音乐总监由 2008 年奥运会开幕式的音响总工程师金少刚担任。

---

① 郑爽、胡芷滔:《好声音的生意经》,《第一财经日报》2012 年第 8 期。

②③ 《揭秘〈好声音〉如何炼成的录 1000 分钟只播 80 分钟》,http://ent.qq.com/zt2012/views/35.htm

2. 明星导师的强大号召力

一档具有强大吸引力的音乐选秀节目的亮点，不仅在于其有趣新颖的节目形式，还在于节目的嘉宾有没有号召力。《中国好声音》选取刘欢、那英、庾澄庆、杨坤四位明星作为导师，他们的名字脍炙人口、耳熟能详，且在不同风格的音乐领域取得了傲人的成就，是中国乐坛的明星翘楚。

刘欢，著名歌唱家，曾被誉为“中国歌王”、“中国流行歌坛第一人”、“中国主流音乐的教父级人物”、“中国流行乐坛的一面旗帜”、“流行乐坛的常青树、不倒翁”等称号，他的大量作品如《心中的太阳》、《弯弯的月亮》、《亚洲雄风》、《花落花开》、《从头再来》等均以磅礴之气势、炙热的演唱情感与技巧，带给听者震撼与感染，也表达了生活在同一时代的广大听众的共同情感。

那英，华语乐坛 90 年代首屈一指的实力派天后，多次在央视春晚演唱歌曲，出演过多部影视剧。[①] 那英声音独特、个性张扬、性格豪爽，极具人格魅力，时隔多年的回归让她重新聚集人气，受到媒体和观众的热烈关注。

庾澄庆，生于台湾，曾多次主持台湾综艺节目，是一位集作曲、编曲、演奏、演唱、制作于一体的全能歌手，由于创作曲风广泛、精通多样乐器、舞台魅力十足，故得“音乐顽童”之美誉。[②]

《中国好声音》四位明星导师

杨坤，著名创作歌手，2002 年发行首张专辑《无所谓》一炮走红，极具辨识度的嗓音让他在整个华语乐坛拥有很高的知名度。[③]

四位明星导师本身都有强大的粉丝号召力，且都具备自己的独特个性，有的沉

① http://baike.baidu.com/view/18282.htm
② http://baike.baidu.com/view/19520.htm
③ http://baike.baidu.com/view/27169.htm

稳有的风趣,有的搞怪有的热情,不仅为节目增加了人气更增加了看点。在“盲听”环节,刘欢、那英、杨坤、庾澄庆四位评委背对选手作出选择时,或纠结不已,或面面相觑;在转身的刹那夹杂着惊讶、狂喜、纳闷的表情,都成了推动收视率一路走高的主要动力。

在短时间内,四位导师的身价疯涨。杨坤神一般的“32 场演唱会”,已有演唱会商出动要求提高出场费,甚至有业内大佬提出要为其整体打包,由原来的 32 场增加到 64 场。杨坤身价从原来的 35 万飙升到 55 万,那英身价也从 65 万升值到 85 万,刘欢出场费已近百万,庾澄庆身价也有不同程度的增长。据有关数据分析,四位导师身价至少有 1.5 倍的增长值。

3.节目创新的营销手段

《中国好声音》能在《天籁之声》、《完美声音》等同类型节目中脱颖而出,成为整个夏天电视观众的焦点,还得益于其出色的营销方案和完善的执行计划,使其知名度和关注度迅速提升。《中国好声音》的营销方案主要从以下几个方面进行:

首先,节目宣传主题切合节目内容且很有特点。《中国好声音》由加多宝赞助,无论是节目过程还是广告宣传都打出了“正宗好凉茶,正宗好声音”的宣传口号。这一广告标语从销售角度来说,选取得十分出色也十分贴合。冠名商加多宝在经历了“王老吉”之争后失去了王老吉商标使用权,随之失去的也是多年来凉茶的代名词,“正宗好凉茶”寓意它才是正宗的。与之相对应的是,拥有荷兰 *The Voice* 内地版权的《中国好声音》也面临着诸多打着“盲听”、“盲选”旗号雷同的节目,“正宗好声音”也意在以正视听,告知观众它才是真正的中国版 *The Voice*。①

其次,节目超强的“前期营销”。在节目制播之前进行媒体预热是普通的宣传方式,与热门节目捆绑营销也是现在最常用的前期营销方式。浙江卫视已播出三季的《中国梦想秀》收视率和知名度都较高,《中国好声音》正好承接《中国梦想秀》并在《中国梦想秀》后期大肆宣传《中国好声音》,让大批“梦想秀”粉丝在节目收官

① 情情叶:《从营销角度分析〈中国好声音〉的爆红》,http://gcontent.oeeee.com/a/6f/a6fbd71014720752/Blog/d52/3c10b8.html

后有了另一个寄托。

再次，节目的“微博营销”。2005 年“超女”的成功是“电视＋手机短信”的成功；而《中国好声音》可以说是“电视＋微博”的成功。《中国好声音》抓住了时下最流行的社会化营销——微博，通过微博造势，吸引很多核心用户并成功地将很多不看电视的观众重新拉回到电视机旁。登录到其新浪官方微博，可以看到《中国好声音》粉丝数量达 135 万多人，微博发布 3887 条；再看导师们的粉丝数，那英 813 万，庾澄庆 328 万，杨坤也有 237 万，主持人华少也有 228 万的粉丝，这样庞大的粉丝团互动，推动《中国好声音》成为微博绝对的话题王，实现了浙江卫视品牌节目的有效传播，同时带来线上广告的“好生意”。①

最后也是最重要的是“话题营销”。《中国好声音》开播后，各种话题与争议便紧随而来。《中国好声音》的每个学员都有故事，而从这些故事中又演绎很多的话题，并伴随着各种争议，这显然是有组织有策划的全方位炒作。《中国好声音》每期节目都有选手身份被质疑，如黄勇被质疑为“富二代”，徐海星被质疑装纯，吉克隽逸被质疑身份造假，李维真被质疑王子身份及被亿万富婆包养传闻等。此外，导师和学员的话题也是接连不断，在真真假假和争议中赚足了观众的注意力和关注，如那英怒斥剧透及对媒体代表发飙，张玉霞临时遭节目组换歌落败及遭假冒羽毛球国家队队员侮辱，杨坤与丁丁私情，吴莫愁离奇发挥晋级等。这些话题让《中国好声音》一次次登上各大媒体的头条，一次次成为网民讨论的对象，最终成就了席卷全国的“好声音”风潮。

4. 节目全方位打造产业链条

《中国好声音》的创新之处还有全方位打造产业链。全方位打造产业链的意思就是灿星制作把选手签约以及签约之后的商业演出等项目都收归自己所有，并跟明星导师们合作，开发包括音乐学院、演唱会、音乐剧、线下演出等在内的全产业链。这不仅使得制作单位、浙江卫视、四位导师以及学员们名利双收，更在最大限度上扩大了品牌效应。《中国好声音》的收入主要还是广告收入，这也是节目最直接的收入。据不完全统计，《中国好声音》每期节目广告收入超过 2000 万，最后决

---

① 《〈中国好声音〉的成功营销》，http://u.cyzone.cn/blog/397808

赛广告过亿。在《中国好声音》的关注度扶摇直上的同时，其商业化运作也达到了一个新高度。从其赞助品牌来看，从最初的加多宝、娃哈哈等本土厂商的赞助，到最后国际品牌 HTC 的加入，这一节目国际化特点日益彰显。[①]《中国好声音》节目开发的后续产业链包括以下几种形式：

①网络版权销售

虽然目前各家视频网站都通过官方网站、微博等各种渠道加大对《中国好声音》及其相关视频的宣传力度，但在节目开播之前很多视频网站并不看好这档节目，节目网络播放权以不高的价格同时出售给了多家视频网站。节目火爆之后，其衍生节目《酷我真声音》的独家网络播放权被爱奇艺网独家"垄断"，成为拥有该节目完整版播放权利的唯一视频网站。

②衍生节目广告收入

随着《中国好声音》的火爆，节目组制作了衍生节目《酷我真声音》，是一档时长十分钟、由导师杨坤主持、面向学员的访谈节目。《酷我真声音》的广告销售也受到了多家广告商的追捧，这档只有十分钟的节目找到了哈尔滨啤酒作为冠名商。

③彩铃下载分红

作为全球 *The Voice* 系列节目的传统营销模式之一，选手所唱曲目的网络彩铃下载也成为《中国好声音》节目组非常重视的产业链条环节之一。彩铃下载利益不仅与整个节目组收入挂钩，还与导师和学员的个人收入密切相关。《中国好声音》在节目播出前就与中国移动"无线音乐俱乐部"展开合作，为节目提供学员彩铃下载平台。

④学员后续演艺收入

除了依靠《中国好声音》节目本身带来一些额外的衍生收入之外，节目制作方之一的星空华文传媒将成立好声音音乐公司，与学员签订开放式的工作合约，帮助学员进行各类演艺、音乐活动。目前已经启动的是《中国好声音》学员全球巡回演唱会，此后还会有音乐剧、音乐电视剧、音乐电影、巡回音乐酒吧等多项全方位演艺活动。另外，浙江卫视也在打造学员的演艺、音乐之路，利用卫视的频

① http://baike.baidu.com/view/8700459.htm

道优势扩大影响力，如自制剧、电视节目、微电影等，目前微电影已经拍摄完成。

《中国好声音》节目是我国电视行业的一个新形式，它不仅成就了浙江卫视，成就了灿星制作，成就了四位导师，成就了一批有梦想有实力的年轻人，更重要的是，它在中国电视节目的发展史上写下了浓重的一笔。《中国好声音》在以后被提起时，它不会只是一个好看的节目，而是一个第一个真正意义上实现制播分离的节目，是一个打造全方位产业链、知名品牌并且通向国际化的优秀节目。《中国好声音》购买了三季版权，所以这档节目至少会陪伴我国电视观众到2014年。让我们期待并见证《中国好声音》创造更多的奇迹。

参考文献

胡智锋:《创意与责任》,中国传媒大学出版社 2010 年版。

胡智锋、张国涛等:《内容为王:中国电视类型节目解读》,中国国际广播出版社 2006 年版。

朱虹、胡正荣主编:《中国电视名牌栏目》,红旗出版社 2010 年版。

李德刚、李岭涛、梁君健等:《中国最具网络影响力的十大省级卫视栏目》,中国广播电视出版社 2009 年版。

李德刚、李岭涛、陈鹏等:《中国最具网络影响力的十大 CCTV 栏目》,中国广播电视出版社 2009 年版。

李德刚、李岭涛、张学勤等:《中国最具网络影响力的十大社会制片栏目》,中国广播电视出版社 2009 年版。

翁佳:《名牌电视访谈节目研究报告》,中国经济出版社 2006 年版。

刘俊:《语态·编排·包装——谈〈新闻联播〉改版背后的新闻叙事之变》,《电视研究》2011 年第 12 期。

张瑜烨:《〈今日说法〉节目标题的四定位》,《当代传播》2005 年第 5 期。

成珊:《〈今日说法〉的选题艺术》,《中国广播电视学刊》2003 年第 6 期。

孟超:《〈今日说法〉的叙事学分析》,《声屏世界》2010 年第 6 期。

常惠惠、李晓、李振国:《"梦想照进现实的地方"——〈东方直播室〉节目研讨会综述》,《新闻大学》2011 年第 3 期。

卫霞:《浅析〈东方直播室〉成功之处及发展方向》,《实践与创新》2012 年第 5 期。

刘俐俐、李心妍:《浅析电视节目制作中新媒体技术的运用——以〈东方直播室〉为例》,《新闻世界》2011 年第 6 期。

王碧薇:《〈焦点访谈〉节目定位》,《商品与质量·理论研究》2011 年第 6 期 。

张遇哲:《对〈焦点访谈〉改版的三个期待》,《声屏世界》2011 年第 10 期。

王晓利:《〈焦点访谈〉的启示》,《活力》2011 年第 8 期。

陈芳:《南粤大地舆论监督的忠实守望者——浅议广东电视台〈社会纵横〉栏目》,《中国电视》2009 年第 3 期。

张步中:《纵横南粤大地,激荡民情民意——广东卫视〈社会纵横〉栏目舆论监督谈》,《中国电视》2007 年第 5 期。

王文堂:《〈新闻夜航〉如何创办名牌栏目》,《中国广播电视学刊》2002 年第 10 期。

王风光:《〈新闻夜航〉的风格》,《中国记者》2002 年第 10 期。

王晓利、柴万金:《〈新闻夜航〉:品牌栏目的成功因素探析》,《活力》2010 年第 8 期。

张瑜:《民生新闻栏目〈拉呱〉的分析》,《声屏世界》2008 年第 6 期。

刘兰芳:《曲艺形式和新闻本质两手抓——〈拉呱〉成功之道》,《南方论坛》2011 年第 6 期。

汤云敏:《浅析齐鲁电视台〈拉呱〉节目的成功因素》,《电影评介》2010 年第 6 期。

许娅:《〈拉呱〉成功要素分析》,《现代视听》2007 年第 4 期。

吴鑫、张海萍:《反思传统 回归本质——〈南京零距离〉成功的启示》,《南京晓庄学院学报》2007 年第 9 期。

张婷:《民生新闻栏目编排的稳定性与灵活性——以江苏电视台〈南京零距离〉为例》,《中国广播电视学刊》2011 年第 10 期。

吴辉:《求四个“零距离”提升新闻竞争力——浅谈〈南京零距离〉等栏目对电视新闻改革的启示》,《新闻记者》2006 年第 8 期。

张清华:《视民生新闻的角色定位与话语权——由〈南京零距离〉改版谈起》,《大众文艺》2010 年第 1 期。

陆锡初:《〈南京零距离〉是怎样实现“零距离”传播的》,《电视研究》2003 年第 3 期。

姜玥:《谈谈“说新闻”中应该注意的几个问题》,《采写编》2005 年第 1 期。

刘天鹏:《“说新闻”:走好明天的路》,《新闻知识》2004 年第 8 期。

曲亚春:《试论“说新闻”》,《活力》2011 年第 12 期。

周绍彬:《〈军情观察室〉看军事新闻传播》,《新闻世界》2010 年第 1 期。

周文:《普通人看得懂的军事节目——从凤凰卫视〈军情观察室〉透视军事新闻传播》,《新闻界》2006 年第 5 期。

金叶:《新闻谈话节目群口时代的主持人角色定位——以凤凰卫视〈一虎一席谈〉为例》,《广电传媒》2009 年第 2 期。

赵宁:《一虎一席谈的成功之处》,《青年记者》2008 年第 33 期。

彭小萍:《谈凤凰卫视脱口秀栏目的特点》,《考试周刊》2007 年第 35 期。

丁达、杜娟:《论〈锵锵三人行〉的窦式主持风格》,《东南传播》2010 年第 12 期。

张学霞:《论〈锵锵三人行〉的栏目形态》,《硅谷》2008 年第 1 期。

王宇飞、曹正文:《〈一虎一席谈〉的内在要素及发展方向》,《声屏世界》2011 年第 5 期。

韩蕊娟:《凤凰卫视〈锵锵三人行〉》,《解析》2009 年第 8 期。

李薇:《从〈艺术人生〉看情感类谈话节目的成功要素》,《科技信息》2011 年第 22 期。

于康:《专家、大众、媒体的共赢平台——从一个医生的角度看〈养生堂〉的成功模式》,《中国广播电视学刊》2012 年第 2 期。

李莉:《浅谈电视健康类谈话节目主持人的三重身份》,《新闻传播》2011 年第 4 期。

张楚瑶:《立足本土 回归健康——安徽养生健康类电视节目的发展浅析》,《新闻世界》2010 年第 2 期。

刘春、徐舫舟、胡智锋:《2009,中国电视创新对话》,《现代传播》2009 年第 1 期。

衣雨涵:《娱乐化浪潮下综艺谈话节目的走向——比较〈康熙来了〉和〈超级访问〉》,《文教资料》2009 年第 5 期。

徐明:《〈万家灯火〉的品牌建设》,《视听界》2011 年第 6 期。

沈忱:《〈万家灯火〉点亮健康生活——江苏广电总台〈万家灯火〉节目评析》,《中国电视》2011 年第 12 期。

周建青:《电视新闻节目编排如何创新——以凤凰卫视资讯台〈凤凰早班车〉、〈凤凰直通车〉为例》,《中国广播影视》2006 年第 6 期。

宋强、刘艳:《“说新闻”面临的困境及发展策略》,《新闻世界》2010 年第 8 期。

孙武:《“说新闻”浅说》,《今传媒》2009 年第 9 期。

朱小翠:《凤凰卫视新闻栏目的文化个性》,《当代电视》2010 年第 1 期。

夏百川、张瑞坤:《经典的无限魅力——浅析云南卫视的〈经典人文地理〉栏目》,《文学与传播》2009 年第 11 期。

杨明菊:《坚守经典——话说云南台〈经典人文地理〉栏目》,《当代电视》2009 年第 10 期。

王珂:《站在当下 解读天下——找寻纪录片栏目的话语空间》,《中国电视记录》2009 年第 11 期。

杨明菊:《善感·存真·述美——〈经典人文地理〉的品格追求》,《中国电视记录》2009 年第 11 期。

庞慧敏:《秉承文化力量承载社会责任——〈经典人文地理〉的价值内蕴》,《中国电视记录》2009年第11期。

陈芳:《彰显人文理念　担当社会责任——云南电视台〈经典人文地理〉浅析》,《中国电视》2010年第7期。

朱晓钟:《追求平实记录 开掘深层哲理——〈经典人文地理〉以严谨、纯朴和真实营造栏目魅力》,《当代电视》2006年第1期。

鲁丹:《谈云南卫视〈经典人文地理〉的跨文化传播特色》,《科技风》2011年第2期。

薛帆:《纪实栏目人才培养的问题与出路——以云南卫视〈经典人文地理〉为例》,《中国电视记录》2011年第6期。

欧阳杰群:《从〈越策越开心〉到〈天天向上〉看电视节目品牌延伸策略》,《电视研究》2009年第5期。

胡智锋:《〈中华医药〉:电视品牌建设的独特路径》,《中国电视》2010年第6期。

胡智锋:《〈今日说法〉十年发展的意义与启示》,《中国广播电视学刊》2009年第3期。

胡智锋:《〈南京零距离〉的五点启示》,《视听界》2004年第6期。

胡智锋、周建新:《当前中国电视节目创新发展的三种动向》,《中国社会科学报》2011年第9期。

胡智锋、杨乘虎:《中国电视节目创新问题之观察与思考——中国电视节目创新问题研究之一》,《现代传播》2011年第6期。

苗棣、王昕:《加冕游戏与明星神话——电视游戏节目〈非常6+1〉的文化分析》,《现代传播》2005年第1期。

游思聪:《在接受领域中解读〈非常6+1〉》,《中国电视》2004年第12期。

高亦丰:《影响电视娱乐节目质量的因素探析——以〈非常6+1〉为例》,《新闻世界》2009年第2期。

刘桐春、韩燕:《〈中国梦想秀〉:电视大片时代的"快乐公益"》,《中国广播电视学刊》2012年第8期。

许继锋:《〈中国梦想秀〉的品牌价值和媒介响应》,《中国广播电视学刊》2011年第8期。

王嘉海:《倡导主旋律　弘扬真善美——浙江卫视第三季〈中国梦想秀〉节目创新浅析》,《视听纵横》2011年第4期。

赵红勋:《〈中国梦想秀〉的独特魅力》,《视听纵横》2011年第4期。

后 记

本书所选择的电视栏目的标准为目前仍然在播，节目制作水平较高，社会影响力较大的国内知名栏目，这些栏目大部分都被收入《中国电视名牌栏目》，或被评为年度最具网络影响力的电视栏目，有些栏目还曾多次获得广播影视大奖（创新创优栏目、优秀栏目）和其他奖项。

为了让读者对我国不同时期具有代表性的电视栏目有一个了解，本书在排序时采用了“编年体”的编排方式，即按照栏目的开播时间进行排序。

进入传媒行业已有七年的时间了，从最初的简单爱到现在的大爱，从最初看电视是为了休闲到现在是为了专业，期间历经各种心态、各种转变，但慢慢发现越来越喜欢这一行业并希望能深入了解，且终身去研究、去探索。

这本书的问世得到诸多老师、亲朋好友的帮助和支持，在此一并致谢。

感谢胡智锋老师让我有机会参与重大项目并独立负责本书的编写工作，感谢胡老师对本书的架构、内容、编排进行的详细指导；感谢李岭涛老师对我多年来的专业指导和对本书写作的支持。

感谢中国传媒大学出版社李水仙老师的指导和帮助，她的认真负责和辛苦付出才能让本书顺利出版。

感谢我的同事周建新老师、刘娇老师的鼎力相助，在资料收集、提纲调整、文章写作等方面都给予了非常大的帮助；感谢王广元、石佳玉、张仁娟、马靖源、于甜甜、唐夏洁、潘屿晨等亲朋好友在资料收集、初稿写作方面的帮助。

感谢我爱人王浩龙在本书写作过程中给予的大力支持和帮助。

本书参考和援引了诸多专家同行、电视机构的专著、文章、专题报道和宣传资料,除已经注明出处的之外,对由于各种原因所限没能注明的文献成果作者,在此真诚地表示谢意,并希望包涵。由于本人经验和知识所限,在行文中难免有表述不准或不确切的地方,还请各位读者批评指正。

李素艳

2012年10月

图书在版编目(CIP)数据

新世纪中国电视栏目创意景观/李素艳著. —北京:中国传媒大学出版社,2013.12
ISBN 978—7—5657—0799—5

Ⅰ.①新… Ⅱ.①李… Ⅲ.①电视节目—研究—中国 Ⅳ.①G229.2

中国版本图书馆 CIP 数据核字（2013）第 202570 号

新世纪中国电视栏目创意景观

著　　者 李素艳
责任编辑 李水仙
责任印制 张　玥
封扉设计 阿　东
出 版 人 蔡　翔

出版发行 中国传媒大学出版社
社　　址 北京市朝阳区定福庄东街 1 号　邮编:100024
电　　话 86—10—65450528　65450532　传真:65779405
网　　址 http://www.cucp.com.cn
经　　销 全国新华书店

印　　刷 北京中科印刷有限公司
开　　本 730×988mm　1/16
印　　张 16.5
版　　次 2014 年 1 月第 1 版　　2014 年 1 月第 1 次印刷

书　　号 ISBN 978—7—5657—0799—5/G·0799　　**定　　价** 55.00 元